PROCÈS-VERBAL

DE

L'ASSEMBLÉE DE NOTABLES.

PROCÈS-VERBAL
DE
L'ASSEMBLÉE DE NOTABLES,
Tenue à Versailles,

EN L'ANNÉE M. DCCLXXXVII.

A PARIS,
DE L'IMPRIMERIE ROYALE.

___

M. DCCLXXXVIII.

PROCÈS-VERBAL
DE L'ASSEMBLÉE
DE NOTABLES,

Tenue à Versailles, en l'année M. DCCLXXXVII.

L'AN de grâce mil sept cent quatre-vingt-six, du règne de LOUIS XVI, Roi de France & de Navarre, le treizième; le vendredi vingt-neuf Décembre, à l'issue du Conseil des Dépêches, SA MAJESTÉ a déclaré que son intention étoit de convoquer une Assemblée composée de personnes *de diverses conditions, & des plus qualifiées de son État, pour leur communiquer les vues qu'Elle se propose pour le soulagement de son peuple, l'ordre de ses finances & la réformation de plusieurs abus.* SA MAJESTÉ avoit fait Elle-même une première Liste de ces personnes, qu'Elle a remise aux Secrétaires d'État chargés du département des provinces, afin qu'ils expédiassent les Lettres de convocation. Il y a eu quelques changemens peu considérables dans cette Liste : pour ne pas la rapporter deux fois, on la donne ici telle qu'elle s'est trouvée fixée au moment de l'ouverture de l'Assemblée, avec les notes que ces changemens ont rendues nécessaires.

N. B. Il a paru convenable de donner non-seulement le nom de famille des personnes composant l'Assemblée, mais encore leurs noms de baptême & leurs qualités, parce qu'on a reconnu que ces omissions dans les Procès-verbaux antérieurs rendoient difficile de distinguer quel étoit précisément chacun de ceux qui avoient été convoqués.

LISTE
DES NOTABLES CONVOQUÉS.

Princes.

Monseigneur LOUIS-STANISLAS-XAVIER DE FRANCE, Comte de Provence, MONSIEUR, Président.

Monseigneur CHARLES-PHILIPPE DE FRANCE, Comte d'Artois.

Monseigneur LOUIS-JOSEPH-PHILIPPE D'ORLÉANS, Duc d'Orléans.

Monseigneur LOUIS-JOSEPH DE BOURBON, Prince de Condé.

Monseigneur LOUIS-HENRI-JOSEPH DE BOURBON-CONDÉ, Duc de Bourbon.

Monseigneur LOUIS-FRANÇOIS-JOSEPH DE BOURBON, Prince de Conti.

Monseigneur LOUIS-JEAN-MARIE DE BOURBON, Duc de Penthièvre.

Noblesse.

Messire ALEXANDRE-ANGÉLIQUE DE TALLEYRAND-PÉRIGORD, Archevêque Duc de Reims, premier Pair de France, Légat-né du Saint-Siége & Primat de la Gaule Belgique.

Messire CÉSAR-GUILLAUME DE LA LUZERNE, Évêque Duc de Langres, Pair de France.

Messire ANNE-CHARLES-SIGISMOND

Montmorenci-Luxembourg, Duc de Luxembourg, de Piney & de Châtillon-sur-Loing, Pair, premier Baron, & premier Baron Chrétien de France, Maréchal des camps & armées du Roi, Lieutenant général pour Sa Majesté de la province d'Alsace.

Messire Armand-Joseph de Béthune, Duc de Béthune-Charost, Pair de France, Baron d'Ancenis & des États de Bretagne, Comte de Roucy, Vidame de Laon, Baron de Pierrepont; Maréchal des camps & armées du Roi, Lieutenant général pour Sa Majesté dans les provinces de Picardie & Boulonois, Gouverneur des ville & citadelle de Calais & du Calaisis ou pays reconquis, Membre de la Noblesse à l'Administration provinciale du Berry.

Messire Antoine-Éléonore-Léon le Clerc de Juigné, Archevêque de Paris, Duc de Saint-Cloud, Pair de France.

Messire François-Henri, Duc de Harcourt, Pair & Garde de l'Oriflamme de France, Marquis de Beuvron, Grand-Bailli de Rouen, Lieutenant général des armées du Roi, Chevalier de ses Ordres, Gouverneur & son Lieutenant général en la province de Normandie & y commandant en chef pour Sa Majesté, Gouverneur de Monsieur le Dauphin, Surintendant de sa Maison, premier Gentilhomme de sa Chambre, & Grand-Maître de sa garde-robe.

Messire Louis-Jules-Barbou-Mazarini-Mancini, Duc de Nivernois & Donziois, Pair de France, Chevalier des Ordres du Roi, Grand-d'Espagne de la première classe, Prince du Saint-Empire, Noble Vénitien, Baron Romain, Gouverneur pour le Roi des provinces de Nivernois & Donziois, ville, bailliage, ancien ressort & enclave de Saint-Pierre-le-Moutier, Lieutenant général des duchés de Lorraine & de Bar, ci-devant Ambassadeur extraordinaire de Sa Majesté auprès du Saint-Siége & des cours de Prusse & d'Angleterre, Brigadier des armées du Roi, l'un des Quarante de l'Académie Françoise, & de celle des Inscriptions & Belles-Lettres.

Messire LOUIS-ALEXANDRE, Duc DE LA ROCHEFOUCAULD & de la Rocheguion, Pair de France, Maréchal-de-camp, Honoraire de l'Académie royale des Sciences, de celle de Suède, de la Société royale de Médecine, de celle d'Agriculture, de la Société philosophique de Philadelphie.

Messire JULES-CHARLES-HENRI, Duc DE CLERMONT-TONNERRE, Pair de France, Chevalier des Ordres du Roi, premier Baron, Connétable, Grand-Maître héréditaire du Dauphiné, premier Commis-né des États de cette province, Lieutenant général des armées du Roi, & son Lieutenant général & Commandant en chef dans ladite province.

Messire LOUIS-GEORGE-ÉRASME DE CONTADES, Maréchal de France, Chevalier des Ordres du Roi, Commandant en chef en Alsace, Gouverneur des ville & château du Fort-Louis du Rhin, & de Beaufort-en-Vallée en Anjou.

Messire VICTOR-FRANÇOIS, Duc DE BROGLIE, Prince du Saint-Empire Romain, Maréchal de France, Chevalier des Ordres du Roi, Gouverneur des ville & citadelle de Metz & de la province des Évêchés, y commandant en chef, ainsi que sur le cours de la Meuse, frontière du Luxembourg & de la Champagne; & ci-devant Général en chef des armées du Roi en Allemagne.

Messire PHILIPPE DE NOAILLES, Maréchal, Duc DE MOUCHY, Grand-d'Espagne de la première classe, Baron des États de Languedoc, Chevalier des Ordres du Roi, Grand-croix de l'Ordre de Malte, Lieutenant général de la basse Guyenne.

Messire AUGUSTIN-JOSEPH DE MAILLY,

Comte de Mailly, Maréchal de France, Chevalier des Ordres du Roi, & Grand-croix de l'Ordre de Malte, Gouverneur d'Abbeville, Lieutenant général du Roussillon, & Commandant en chef dans cette province.

Messire JOSEPH-HENRI-BOUCHARD D'ESPARBÈS DE LUSSAN, Marquis D'AUBETERRE, Maréchal de France, Chevalier des Ordres du Roi, Conseiller d'État d'Épée.

Messire CHARLES-JUST DE BEAUVAU, Maréchal de France, Prince du Saint-Empire Romain, Grand-d'Espagne de la première classe, Chevalier des Ordres du Roi, Gouverneur & Lieutenant général du pays & comté de Provence, Marseille, Arles & terres adjacentes; Marquis de Craon, Baron de Lorquin, Saint-George, Gouverneur & Grand-bailli de Lunéville & de Bar-le-Duc, l'un des Quarante de l'Académie Françoise, Honoraire de celle des Inscriptions & Belles-Lettres.

Messire NOEL DE VAUX, Maréchal de France, Seigneur & Comte de Vaux, Baron de Roche & des États du Vélay, & de la terre d'Iroüer au duché de Bourgogne, Gouverneur de Thionville, Commandant en chef au comté de Bourgogne, & Grand-croix de l'Ordre royal & militaire de Saint-Louis.

Messire JACQUES-PHILIPPE DE CHOISEUL, Comte DE STAINVILLE, Maréchal de France, Chevalier des Ordres du Roi, Gouverneur de Strasbourg, Commandant en chef dans la province de Lorraine & moitié de Champagne.

Messire ANNE-EMMANUEL-FERDINAND-FRANÇOIS, DUC DE CROŸ, Prince du Saint-Empire, Grand-d'Espagne de la première classe, Maréchal des camps & armées du Roi, Chevalier de ses Ordres.

Messire CASIMIR D'EGMONT-PIGNATELLI,

Comte d'Egmont, de Braine, de Berlaimont, de la Cirignole, Duc de Bifache au royaume de Naples, Prince de Gavres & du Saint-Empire Romain, Pair du pays d'Aloſt & du comté de Hainault, l'un des quatre Seigneurs Haut-juſticiers de l'État des châtellenies de Lille, Douai & Orchies, Grand-d'Eſpagne de la première claſſe & de la première création, Chevalier de l'Ordre de la Toiſon d'Or, Lieutenant général des armées du Roi, Gouverneur & Lieutenant général de la province & ville de Saumur, pays Saumurois & haut Anjou.

Meſſire GABRIEL-MARIE DE TAILLEYRAND-PÉRIGORD, Comte de Périgord, Grand-d'Eſpagne de la première claſſe, Chevalier des Ordres du Roi, Lieutenant général de ſes armées, Gouverneur & Lieutenant général de la province de Picardie & pays reconquis, Commandant en chef dans celle de Languedoc.

Meſſire CHARLES-HENRI, Comte D'ESTAING, Vice-Amiral de France, Lieutenant général des Armées du Roi, Chevalier de ſes Ordres, Grand-d'Eſpagne de la première claſſe, & Gouverneur général de la province de Touraine.

Meſſire ANNE-LOUIS-ALEXANDRE DE MONTMORENCY, Prince DE ROBECQ, Premier Baron chrétien de France, Grand-d'Eſpagne de la première claſſe, Chevalier des Ordres du Roi, Lieutenant général de ſes armées, & Commandant en chef des provinces de Flandre, Hainault & Cambreſis.

Meſſire LOUIS-ANTOINE-AUGUSTE DE ROHAN-CHABOT, Duc de Chabot, Lieutenant général des armées du Roi, Chevalier de ſes Ordres.

Meſſire ADRIEN-LOUIS, Duc DE GUIGNES, Lieutenant général des armées du Roi, Chevalier de ſes Ordres, Inſpecteur d'Infanterie, Gouverneur de Maubeuge, & ci-devant ſon Miniſtre plénipotentiaire près du roi de Pruſſe, & ſon Ambaſſadeur près du roi d'Angleterre.

Meſſire LOUIS-MARIE-FLORENT, DUC DU CHÂTELET-D'HARAUCOURT, Chevalier des Ordres du Roi, Lieutenant général de ſes armées, Colonel-Lieutenant-Inſpecteur de ſon régiment d'Infanterie, ci-devant Ambaſſadeur de Sa Majeſté auprès des cours de Vienne & de Londres, Gouverneur général de la province du Toulois.

Meſſire ANNE-ALEXANDRE-MARIE-SULPICE-JOSEPH DE MONTMORENCY-LAVAL, Duc de Laval, Maréchal des camps & armées du Roi, & Gouverneur en ſurvivance de la ville de Sedan.

Meſſire HENRI-CHARLES DE THIARD-BISSY, Comte de Thiard, Lieutenant général des armées du Roi, Gouverneur des ville & château de Breſt, & des îles d'Oueſſant, Commandant pour Sa Majeſté dans ſa province de Bretagne, & premier Écuyer de Monſeigneur le Duc d'Orléans.

Meſſire PIERRE-LOUIS DE CHASTENET, Comte DE PUYSÉGUR, Lieutenant général des armées du Roi, Commandant en chef dans les provinces de Poitou, Saintonge & Aunis, Grand-croix de l'Ordre royal & militaire de Saint-Louis, & premier Gentilhomme de la Chambre de Monſeigneur le Duc de Bourbon.

Meſſire PHILIPPE-CLAUDE, Comte DE MONTBOISSIER, Lieutenant général des armées du Roi, Chevalier de ſes Ordres, Gouverneur de Bellegarde en Rouſſillon, Commandant en chef dans la haute & baſſe Auvergne.

Meſſire HENRI, Baron DE FLACHSLANDEN, Maréchal-de-camp employé pour le ſervice du Roi en Alſace, l'un des Directeurs de la Nobleſſe immédiate de la baſſe Alſace.

Meſſire CLAUDE-ANTOINE-CLÉRIADUS,

Marquis DE CHOISEUL-LA-BAUME, Lieutenant général des armées du Roi, & des provinces de Champagne & de Brie, ancien Inspecteur général de Cavalerie & de Dragons, Gouverneur des ville & citadelle de Verdun, Commandant en second en Lorraine.

Messire AIMERY-LOUIS-ROGER, Comte DE ROCHECHOUART, Maréchal des camps & armées du Roi, Gouverneur général de l'Orléanois.

Messire CHARLES-CLAUDE ANDRAULT DE LANGERON, Chevalier, Marquis de Maulévrier, Baron d'Oyé, Lieutenant général des armées du Roi, Chevalier de ses Ordres, Chevalier de l'Ordre royal & militaire de Saint-Louis, Gouverneur des ville & fort de Briançon.

Messire LOUIS-MARIE-ATHANASE DE LOMÉNIE, Comte DE BRIENNE, Lieutenant général des armées du Roi.

Messire FRANÇOIS-CLAUDE-AMOUR, Marquis DE BOUILLÉ, Lieutenant général des armées du Roi, Chevalier de ses Ordres, & son Gouverneur de la ville de Douai.

Messire LOUIS-FRANÇOIS-MARIE-GASTON DE LÉVIS, Seigneur, Marquis DE MIREPOIX, de Leran & autres places, Maréchal héréditaire de la Foi, Brigadier des armées du Roi, Baron des États de Languedoc.

Messire ALEXANDRE-LOUIS-FRANÇOIS, Marquis DE CROIX-D'HEUCHIN, ancien Capitaine de Cavalerie au régiment de Beauvilliers, & Chevalier de l'Ordre royal & militaire de Saint-Louis.

Messire MARIE-PAUL-JOSEPH-ROCH-YVES-GILBERT DU MOTIER, Marquis DE LA FAYETTE, Maréchal des camps & armées du Roi, ancien Major général dans l'armée des États-Unis de l'Amérique septentrionale.

Messire PHILIPPE-ANTOINE-GABRIEL-

VICTOR DE LA TOUR-DU-PIN-DE-LA-CHARCE-DE-GOUVERNET, Lieutenant général des armées du Roi, Lieutenant général du duché de Bourgogne, au comté de Charolois, Commandant en chef pour le service du Roi dans les provinces de Bourgogne, Bresse, Bugey, Valromey, pays de Gex & principauté de Dombes.

> *N. B.* LE ROI avoit d'abord nommé Monsieur le Comte DE MONTMORIN; mais dans l'intervalle qui s'est écoulé entre la convocation des Notables & l'ouverture de l'Assemblée, Sa Majesté l'ayant choisi pour remplacer Monsieur le Comte DE VERGENNES, en qualité de Ministre & Secrétaire d'État au département des Affaires étrangères, lui a substitué Monsieur le Marquis DE GOUVERNET.

Conseil du Roi.

Messire LOUIS-JEAN BERTHIER DE SAUVIGNY, Chevalier, Conseiller d'État & au Conseil des Dépêches, Doyen du Conseil.

Messire CHARLES-ROBERT BOUTIN, Chevalier, Conseiller d'État ordinaire, & au Conseil royal des Finances.

Messire MICHEL BOUVARD DE FOURQUEUX, Chevalier, Conseiller d'État ordinaire au Conseil des Dépêches, & au Conseil royal du Commerce.

Messire JEAN-CHARLES-PIERRE LENOIR, Chevalier, Conseiller d'État ordinaire, & au Conseil royal des Finances, Bibliothécaire du Roi.

Messire JEAN-JACQUES DE VIDAUD, Chevalier, Marquis de Velleron, Conseiller d'État ordinaire & au Conseil privé, Directeur général de la Librairie & Imprimerie de France, Docteur d'honneur de la Faculté de Droit.

Messire CLAUDE-GUILLAUME LAMBERT, Chevalier, Baron de Chémerolles, Conseiller d'État, Conseiller du Roi honoraire en sa Cour de Parlement de Paris, & Grand'Chambre d'icelle.

Meſſire GUILLAUME-JOSEPH DUPLEIX DE BACQUENCOURT, Chevalier, Seigneur de Bacquencourt, Conſeiller d'État, Maître des Requêtes honoraire de l'Hôtel du Roi, & Conſeiller honoraire au Grand-Conſeil.

Meſſire ANTOINE DE CHAUMONT DE LA GALAISIERE, Chevalier, Conſeiller d'État, Intendant d'Alſace.

Meſſire CHARLES-FRANÇOIS-HYACINTHE ESMANGART, Chevalier, Conſeiller du Roi en tous ſes Conſeils, Maître des Requêtes honoraire de ſon Hôtel, Intendant de juſtice, police & finances, en Flandre & Artois.

Meſſire LOUIS-BÉNIGNE-FRANÇOIS BERTIER, Chevalier, Conſeiller du Roi en tous ſes Conſeils, Maître des Requêtes ordinaire de ſon Hôtel, Intendant de juſtice, police & finances de la généralité de Paris, & Surintendant de la Maiſon de la Reine.

Meſſire FRANÇOIS-CLAUDE-MICHEL-BENOÎT LE CAMUS, Chevalier, Seigneur Châtelain & Patron DE NÉVILLE, Conſeiller du Roi en tous ſes Conſeils, Maître des Requêtes ordinaire de ſon Hôtel, ancien Conſeiller au Grand-Conſeil du Roi, Conſeiller honoraire à la Cour des Aides de Paris, Intendant de juſtice, police & finances de la généralité de Guyenne.

Meſſire PIERRE-CHARLES-LAURENT DE VILLEDEUIL, Chevalier, Conſeiller du Roi en tous ſes Conſeils, Maître des Requêtes ordinaire de ſon Hôtel, Secrétaire des commandemens de Monſeigneur Comte d'Artois, Intendant de juſtice, police & finances de la généralité de Rouen.

Clergé.

Meſſire ARTHUR-RICHARD DILLON, Conſeiller du Roi en tous ſes Conſeils, Archevêque &

Primat de Narbonne, Président-né des États généraux de la province de Languedoc, Commandeur de l'Ordre du Saint-Esprit.

Messire ÉTIENNE-CHARLES DE LOMÉNIE DE BRIENNE, Conseiller du Roi en tous ses Conseils, Archevêque de Toulouse, Commandeur de l'Ordre du Saint-Esprit, & l'un des Quarante de l'Académie Françoise.

Messire JEAN-DE-DIEU RAIMOND DE BOISGELIN, Conseiller du Roi en tous ses Conseils, Archevêque d'Aix, premier Procureur-né & Président des trois Ordres des États du pays & comté de Provence, & l'un des Quarante de l'Académie Françoise.

Messire JEAN-MARIE DULAU, Conseiller du Roi en tous ses Conseils, Archevêque d'Arles, Primat & Prince.

Messire JÉROME-MARIE CHAMPION DE CICÉ, Conseiller du Roi en tous ses Conseils, Archevêque de Bordeaux, Primat d'Aquitaine.

Messire MARIE-JOSEPH DE GALARD DE TERRAUBE, Conseiller du Roi en tous ses Conseils, Évêque & Seigneur du Puy, Comte de Vélay & de Brioude.

Messire ALEXANDRE-AMÉDÉE-ADON-ANNE-FRANÇOIS-LOUIS DE LAUZIERES-THÉMINES, Conseiller du Roi en tous ses Conseils, Évêque de Blois.

Messire SEIGNELAI-COLBERT DE CASTLE-HILL, Conseiller du Roi en tous ses Conseils, Évêque & Comte de Rhodez.

Messire PIERRE DE SÉGUIRAN, Conseiller du Roi en tous ses Conseils, Évêque de Nevers.

Messire FRANÇOIS DE FONTANGES, Conseiller du Roi en tous ses Conseils, Évêque de Nanci, Primat de Lorraine.

Messire LOUIS-FRANÇOIS DE BAUSSET, Conseiller du Roi en tous ses Conseils, Evêque d'Alais.

Parlemens.

Messire ÉTIENNE-FRANÇOIS D'ALIGRE, Chevalier, Marquis d'Aligre & de la Galaisière, Conseiller du Roi en tous ses Conseils, Premier Président du Parlement de Paris, & Commandeur des Ordres du Roi.

Messire LOUIS-FRANÇOIS-DE-PAULE LE FÉVRE D'ORMESSON DE NOYSEAU, Chevalier, Conseiller du Roi en tous ses Conseils, Président de sa cour de Parlement de Paris, Honoraire de l'Académie royale des Inscriptions & Belles-Lettres.

Messire JEAN-BAPTISTE-GASPARD BOCHART, Chevalier, Seigneur DE SARON, Conseiller du Roi en tous ses Conseils, Président de sa cour de Parlement de Paris, Honoraire de l'Académie des Sciences.

Messire CHRÉTIEN-FRANÇOIS DE LAMOIGNON, Chevalier, Conseiller du Roi en tous ses Conseils, Président de sa cour de Parlement de Paris.

Messire JEAN-JOSEPH-DOMINIQUE DE SÉNAUX, Chevalier, Baron de Montbrun, Conseiller du Roi en tous ses Conseils, remplissant les fonctions de Premier Président au Parlement de Toulouse.

Messire ANDRÉ-JACQUES-HYACINTHE LE BERTON, Chevalier, Conseiller du Roi en tous ses Conseils, Premier Président du Parlement de Bordeaux.

Messire AMABLE-PIERRE-ALBERT DE BÉRULLE, Chevalier, Marquis de Bérulle, Conseiller du Roi en tous ses Conseils, Premier Président du Parlement de Grenoble, & Commandant-né pour le Roi, en la province du Dauphiné.

N. B. La queſtion élevée depuis long-temps pour la préſéance entre les Parlemens de Bordeaux & de Grenoble, n'étant pas décidée, ils ont été placés alternativement l'un devant l'autre aux ſéances générales de l'Aſſemblée, celui de Bordeaux commençant.

Meſſire BÉNIGNE LE GOUZ DE SAINT-SEINE, Chevalier, Conſeiller du Roi en tous ſes Conſeils, Premier Préſident du Parlement de Dijon.

Meſſire LOUIS-FRANÇOIS-ÉLIE CAMUS DE PONTCARRÉ, Chevalier, Conſeiller du Roi en tous ſes Conſeils, Premier Préſident du Parlement de Rouen, & Préſident honoraire au Parlement de Paris.

Meſſire CHARLES-JEAN-BAPTISTE DES GALLOIS DE LA TOUR, Chevalier, Conſeiller du Roi en tous ſes Conſeils, Premier Préſident du Parlement, & Intendant de Provence, Inſpecteur du Commerce du Levant.

Meſſire CHARLES-MARIE-FRANÇOIS-JEAN-CÉLESTIN DU MERDY, Chevalier, Seigneur, Marquis DE CATUÉLAN, Conſeiller du Roi en tous ſes Conſeils, Premier Préſident du Parlement de Bretagne.

Meſſire JEAN-BAPTISTE-FRANÇOIS DE GILLET, Chevalier, Marquis DE LA CAZE, Conſeiller du Roi en tous ſes Conſeils, & Premier Préſident du Parlement de Pau.

Meſſire LOUIS-CLAUDE-FRANÇOIS HOCQUART, Chevalier, Conſeiller du Roi en tous ſes Conſeils, Premier Préſident du Parlement, Chambre des Comptes, Cour des Aides & Finances de Metz.

Meſſire CLAUDE-IRENÉE-MARIE-NICOLAS PERRENEY DE GROSBOIS, Chevalier Conſeiller du Roi en tous ſes Conſeils, Premier Préſident du

Parlement de Franche-Comté, Conseiller honoraire au Parlement de Paris.

Messire GASPARD-FÉLIX-JACQUES DE POLINCHOVE, Chevalier, Conseiller du Roi en tous ses Conseils, Premier Président du Parlement de Flandre, & Garde des Sceaux de la Chancellerie établie près ladite Cour.

Messire MICHEL-JOSEPH DE CŒURDEROI, Chevalier Conseiller du Roi en tous ses Conseils, Premier Président du Parlement de Nanci.

Messire FRANÇOIS-NICOLAS, Baron DE SPON, Chevalier, Conseiller du Roi en tous ses Conseils, Premier Président de son Conseil souverain d'Alsace, l'un des Membres du Directoire de la Noblesse immédiate de la basse Alsace.

Messire AMABLE-GABRIEL-LOUIS-FRANÇOIS DE MAURÈS, Comte DE MALARTIC, Chevalier, Conseiller du Roi en tous ses Conseils, Premier Président du Conseil souverain du Roussillon, & Premier Président honoraire de la Cour des Aides de Montauban.

Messire GUILLAUME-FRANÇOIS-LOUIS JOLY DE FLEURY, Chevalier, Conseiller du Roi en ses Conseils, & son Procureur général au Parlement de Paris.

Messire JEAN-LOUIS-AUGUSTIN-EMMANUEL DE CAMBON, Chevalier, Baron de la Bastide, Conseiller du Roi en ses Conseils, & son Procureur général au Parlement de Toulouse.

Messire PIERRE-JULES DUDON, Chevalier, Baron de Boynet, Conseiller du Roi en ses Conseils, & son Procureur général au Parlement de Bordeaux.

Messire JEAN-BAPTISTE DE REYNAUD, Chevalier, Conseiller du Roi en ses Conseils, & son

Procureur général en furvivance, avec exercice des fonctions, au Parlement de Grenoble.

 N. B. Voyez la note de la *page 14*, qu'il a paru inutile de répéter ici.

 Meffire BERNARD-ÉTIENNE PÉRARD, Chevalier, Confeiller du Roi en fes Confeils, Procureur général de Sa Majefté, & Confeiller honoraire au Parlement de Dijon.

 Meffire JEAN-PIERRE-PROSPER GODART BELLEBEUF, Chevalier, Marquis de Belbeuf, Confeiller du Roi en fes Confeils, fon Procureur général au Parlement de Rouen.

 Meffire JEAN-FRANÇOIS-ANDRÉ LE BLANC DE CASTILLON, Chevalier, Confeiller du Roi en fes Confeils, & fon Procureur général au Parlement de Provence.

 Meffire ANNE-JACQUES-RAOUL, Marquis DE CARADEUC, Chevalier, Seigneur dudit lieu, Chevalier de l'Ordre de Malte, Confeiller du Roi en fes Confeils, & fon Procureur général au Parlement de Bretagne.

 Meffire PIERRE DE BORDENAVE, Chevalier, Confeiller du Roi en fes Confeils, & fon Procureur général au Parlement de Pau.

 Meffire PIERRE-PHILIPPE-CLÉMENT LANÇON, Chevalier, Confeiller du Roi en fes Confeils, & fon Procureur général au Parlement, Chambre des Comptes, Cour des Aides & Finances de Metz.

 Meffire CLAUDE-THÉOPHILE-JOSEPH DOROZ, Chevalier, Confeiller du Roi en fes Confeils, & fon Procureur général au Parlement de Franche-Comté.

 Meffire ALBERT-MARIE-AUGUSTE BRUNEAU, Chevalier, Seigneur de Beaumez, Confeiller du Roi en ses Conseils, & son Procureur général au Parlement de Flandre.

Messire PASCAL-JOSEPH DE MARCOL, Chevalier, Conseiller du Roi en ses Conseils, & son Procureur général au Parlement de Nanci.

Messire ARMAND-GASTON-FRANÇOIS-XAVIER LOYSON, Chevalier, Conseiller du Roi en ses Conseils, premier Avocat général au Conseil souverain d'Alsace.

Messire FRANÇOIS-MICHEL-BONAVENTURE-GILLES-JOSEPH DE VILAR, Chevalier, Conseiller du Roi en ses Conseils, & son Procureur général au Conseil souverain du Roussillon.

Chambre des Comptes.

Messire AIMARD-CHARLES-MARIE DE NICOLAÏ, Chevalier, Conseiller du Roi en tous ses Conseils d'État & Privé, & Premier Président de la Chambre des Comptes de Paris.

Messire FRANÇOIS DE MONTHOLON, Chevalier, Conseiller du Roi en ses Conseils, & son Procureur général de la Chambre des Comptes de Paris.

Cour des Aides.

Messire CHARLES-LOUIS-FRANÇOIS-DE-PAULE BARENTIN, Chevalier, Conseiller du Roi en son Conseil d'État, Premier Président de la Cour des Aides de Paris.

Messire ANTOINE-LOUIS-HYACINTHE HOCQUART, Chevalier, Conseiller du Roi en ses Conseils, & Procureur général de Sa Majesté en sa Cour des Aides de Paris.

Députés des Pays d'États.

Messire ANNE-LOUIS-HENRI DE LA FARE,

Docteur de la Faculté de Théologie de Paris, de la Maison & Société royale de Navarre, Vicaire général du diocèse de Dijon, Abbé Commandataire de l'Abbaye royale de Licques, Doyen de la Sainte-Chapelle du Roi à Dijon, & en cette qualité Élu général du Clergé des États de Bourgogne.

Messire HENRI-GEORGE-CÉSAR, Comte DE CHASTELLUX, Changy, Roussillon, premier Chanoine héréditaire de l'église cathédrale d'Auxerre, Chevalier d'honneur de Madame Victoire, Brigadier des armées du Roi, Mestre-de-camp-commandant du régiment d'infanterie de Beaujolois, Élu général de la Noblesse des États de Bourgogne.

Monsieur FRANÇOIS NOIROT, Maire de la ville de Challon-sur-Saône, Élu général du Tiers-état des États de Bourgogne.

Messire FRANÇOIS DE PIERRE DE BERNIS, Conseiller du Roi en tous ses Conseils, Archevêque de Damas, Co-adjuteur de l'Archevêché d'Alby, & Député pour l'Ordre du Clergé des États de la province de Languedoc.

Messire PIERRE, Marquis D'HAUTPOUL SEYRÉ, Seigneur de la baronnie d'Hautpoul, Baron des États du Languedoc, & Député pour l'Ordre de la Noblesse des États de cette même province.

Monsieur FRANÇOIS CHEVALIER DUSUC DE SAINTAFFRIQUE, Seigneur dudit lieu, ancien Brigadier des Gardes-du-corps du Roi, compagnie Écossoise, & Député pour le Tiers-état des États de la province de Languedoc.

Messire URBAIN-RENÉ DE HERCÉ, Conseiller du Roi en tous ses Conseils, Évêque & Comte de Dol, Député pour l'Ordre du Clergé des États de la province de Bretagne.

Messire MATHURIN-JEAN LE PROVOST, Chevalier DE LA VOLTAIS, Député pour l'Ordre de la Noblesse des États de la province de Bretagne.

Monsieur YVES-VINCENT FABLET, Écuyer, sieur DE LA MOTTE-FABLET, Conseiller du Roi au Présidial, Maire & Lieutenant général de Police de la ville de Rennes, & Député pour l'Ordre du Tiers-état des États de la province de Bretagne.

Messire RAYMOND DE FABRY, Licencié en Théologie de la Faculté de Paris, Vicaire général du diocèse de Saint-Omer & Député des États d'Artois à la Cour, pour l'Ordre du Clergé.

Messire LOUIS-MARIE, Marquis D'ESTOURMEL, Baron de Cappy, Maréchal des camps & armées du Roi, Chevalier de l'Ordre royal & militaire de Saint Louis, Député des États d'Artois à la Cour, pour l'Ordre de la Noblesse.

Monsieur PIERRE-PHILIPPE DUQUESNOY, Écuyer, Seigneur d'Escomont, Avocat en Parlement, ancien Échevin de la ville d'Arras, & Député des États d'Artois à la Cour, pour l'Ordre du Tiers-état.

Lieutenant Civil.

Messire DENYS-FRANÇOIS ANGRAN D'ALLERAY, Chevalier, Comte DES MAILLIS, Conseiller du Roi en ses Conseils, Honoraire en sa Cour de Parlement, ancien Procureur général de Sa Majesté en son Grand-Conseil, Lieutenant civil en la Prévôté & Vicomté de Paris, & Conseiller d'État.

Chefs Municipaux des villes.

Messire LOUIS LE PELETIER, Chevalier, Seigneur DE MORTEFONTAINE, Conseiller d'État, Prévôt des Marchands de la ville de Paris.

Monsieur FRANÇOIS-PIERRE GOBLET, Écuyer, Conseiller du Roi en son Hôtel-de-ville de Paris, premier Échevin, & Avocat du Roi au Grenier à sel de ladite ville.

Meſſire LOUIS TOLOZAN DE MONTFORT, Chevalier, Prévôt des Marchands Commandant de la ville de Lyon.

Monſieur JEAN-PIERRE D'ISNARD, Maire de la ville de Marſeille.

Meſſire ANDRÉ-BERNARD DUHAMEL, Vicomte de Caſtel, Lieutenant de Maire de la ville de Bordeaux.

Meſſire JEAN-BAPTISTE-LOUIS DUPERRÉ DUVENEUR, Chevalier, Seigneur Duveneur, Conſeiller du Roi, Maitre ordinaire en ſa Cour des Comptes, Aides & Finances de Normandie, Maire de la ville de Rouen.

Meſſire PHILIPPE, Marquis DE BONFONTAN, Chevalier, Baron d'Andouſielle, premier Capitoul Gentilhomme de la ville de Toulouſe.

Meſſire CONRAD-ALEXANDRE GÉRARD, Chevalier, Conſeiller du Roi en ſon Conſeil d'État privé, Direction & Finances, ci-devant Miniſtre plénipotentiaire de Sa Majeſté près les États-Unis de l'Amérique ſeptentrionale, Préteur royal de la ville de Straſbourg, Chevalier de Cincinnatus & de l'Ordre de Saint-Hubert de Bar, Membre de la Société philoſophique de Philadelphie.

Monſieur LOUIS-JEAN-BAPTISTE-JOSEPH HUVINO, Écuyer, Seigneur de BOURGHELLES, Mayeur de la ville de Lille.

N. B. Il avoit d'abord été adreſſé une lettre de convocation à Monſieur DENYS DU PÉAGE, Reward de Lille; mais ſur la réclamation du Mayeur de la même ville, en qualité de premier Officier municipal, le Roi a convoqué celui-ci par une nouvelle lettre.

Monſieur PIERRE-GUILLAUME-HENRI GIRAUD DUPLESSIX, Conſeiller, Avocat du Roi au Présidial, & Procureur du Roi, Syndic de la ville & communauté de Nantes.

> *N. B.* Monsieur GUÉRIN DE BAUMONT, Maire de Nantes qui avoit reçu une première lettre de convocation, étant décédé avant l'ouverture de l'Assemblée, Sa Majesté en a adressé une nouvelle au Procureur du Roi Syndic de ladite ville.

Messire PIERRE MAUJEAN, Chevalier, Seigneur de Labry, Maître-Échevin, Chef de Police & Président des trois Ordres de la ville de Metz.

Messire CHARLES-FRANÇOIS DE MANÉZY, Chevalier, Maire royal de la ville de Nanci.

Noble BERNARDIN-DANIEL DEYDÉ, Chevalier de l'Ordre royal & Militaire de Saint-Louis, Maire & Viguier de la ville de Montpellier.

Messire ALEXANDRE-DENYS-JOSEPH DE PUJOL, Chevalier, né Baron de la Grave, Conseiller du Roi, Commissaire principal des Guerres en Hainault, Chevalier de l'Ordre royal & militaire de Saint-Louis, Prévôt, Chef de la ville & du Magistrat de Valenciennes.

Messire FRANÇOIS-JOSEPH SOUYN, Chevalier de l'Ordre royal & militaire de Saint-Louis, Maréchal des camps & armées du Roi, Maire de la ville de Reims, sous la dénomination de Lieutenant des Habitans de la ville de Reims, & Gouverneur particulier de ladite ville.

Messire ANTOINE-FRANÇOIS LE CARON, Chevalier, Seigneur de CHOCQUEUSE, Maire de la ville d'Amiens.

Monsieur CLAUDE HUEZ, Doyen des Conseillers au Bailliage & Siége Présidial, & Maire de la ville de Troyes.

Messire JACQUES-ALEXANDRE LE FORESTIER, Comte DE VENDEUVRE, Chevalier, Seigneur &

Patron de Vendeuvre, Maire de la ville de Caen, & Membre de l'Académie des Belles-Lettres de ladite ville.

Monsieur FRANÇOIS-ANSELME CRIGNON DE BONVALET, Écuyer, Maire de la ville d'Orléans.

Monsieur PIERRE-JEAN-BAPTISTE-CLÉMENT DE BEAUVOIR, Écuyer, Conseiller au Présidial de la ville de Bourges, & Maire de ladite ville.

Monsieur ÉTIENNE-JACQUES-CHRISTOPHE BENOIT DE LA GRANDIÈRE, Écuyer, Conseiller au Bailliage & Siége Présidial de Tours, & Maire de la même ville.

Monsieur GUILLAUME-GRÉGOIRE DE ROULHAC, Écuyer, Conseiller du Roi, Lieutenant général en la Sénéchaussée & Siége Présidial de Limoges, Maire de la même ville.

Monsieur PHILIPPE DUVAL DE LA MOTHE, Écuyer, Chevalier de l'Ordre royal & militaire de Saint Louis, ancien Capitaine du régiment ci-devant de Belsunce, à présent Maire de la ville de Montauban en Quercy.

Monsieur LOUIS-ANNE REBOUL, Écuyer, Seigneur de Villars, ancien Lieutenant général de la Sénéchaussée & Siége Présidial de Clermont, ancien Président du Conseil supérieur, & Maire actuel de la même ville.

Messire JOSEPH VERDIER, Chevalier, Conseiller du Roi, Greffier en chef du Bureau des Finances de la généralité d'Auch, Maire de la ville de Bayonne.

N. B. Le Roi avoit nommé Monsieur DE PARVILÉ, Maire de Châlons en Champagne, qui a supplié Sa Majesté de vouloir bien l'en dispenser à cause de son âge & de ses infirmités : ce qui lui a été accordé.

LE ROI a résolu que l'Assemblée seroit présidée, en son absence, par MONSIEUR, Frère de SA

MAJESTÉ; mais il n'a été expédié aucun brevet ni lettre à cette occasion.

Outre les personnes comprises dans la Liste ci-dessus, le Roi ayant décidé que les quatre Secrétaires d'État & le Contrôleur général de ses Finances assisteroient à ladite Assemblée, il a été jugé nécessaire, pour la plus grande exactitude du présent Procès-verbal, de donner ici leurs noms & qualités, comme il suit :

Messire CHARLES-EUGÈNE DE LA CROIX, Marquis DE CASTRIES, Maréchal de France, Chevalier des Ordres du Roi, Baron des États de Languedoc, Gouverneur des ville & citadelle de Montpelliér & port de Cette, Capitaine-lieutenant des Gendarmes Écossois, Commandant général & Inspecteur du corps de la Gendarmerie, Ministre & Secrétaire d'État ayant le département de la Marine.

Messire PHILIPPE-HENRI, Marquis DE SÉGUR, Maréchal de France, Chevalier des Ordres du Roi, Gouverneur général, & Grand-Sénéchal des pays de Foix, Donnezan & Andore, Gouverneur particulier du château de Foix, Lieutenant général en Champagne & Brie, Ministre & Secrétaire d'État ayant le département de la Guerre.

Messire LOUIS-AUGUSTE LE TONNELIER, Baron DE BRETEÜIL, Chevalier des Ordres du Roi, Maréchal de ses camps & armées, Conseiller d'État d'Épée, Ministre & Secrétaire d'État ayant le département de la Maison du Roi.

Messire ARMAND-MARC, Comte DE MONTMORIN DE SAINT-HÉREM, Maréchal des camps & armées du Roi, Chevalier de ses Ordres & de la Toison d'or, Conseiller du Roi en tous ses Conseils, Ministre & Secrétaire d'État & des Commandemens & Finances de Sa Majesté, ayant le département des Affaires étrangères.

Meſſire CHARLES-ALEXANDRE DE CALONNE, Grand-Tréſorier Commandeur de l'Ordre du Saint-Eſprit, Miniſtre d'État, & Contrôleur général des Finances.

Dès le ſoir du même jour, & le lendemain matin les lettres de convocation ont été envoyées par Meſſieurs les Secrétaires d'État, dans les différentes provinces de leurs départemens, par courriers dans les plus éloignées, & par la poſte ordinaire dans les autres. Il s'y eſt trouvé quelques variétés dans les expreſſions, les Bureaux n'ayant pas eu le temps de ſe concerter pour une parfaite uniformité; elles étoient, pour la majeure partie, rédigées dans la forme ſuivante :

LETTRE DU ROI

Pour les Prélats & pour les Nobles, auxquels le Roi ne donne pas la qualité de Mon Couſin.

MONS (N) ayant eſtimé que le bien de mes affaires & de mon ſervice exigeoit que les vues que je me propoſe pour le ſoulagement de mes peuples, l'ordre de mes Finances & la réformation de pluſieurs abus, fuſſent communiquées à une Aſſemblée de perſonnes de diverſes conditions & des plus qualifiées de mon État; j'ai penſé, attendu le rang que vous tenez, & l'eſtime dont vous jouiſſez, ne pouvoir faire un meilleur choix que de votre perſonne, & je ſuis aſſuré qu'en cette occaſion, vous me donnerez de nouvelles preuves de votre fidélité & de votre attachement. J'indique l'ouverture de cette Aſſemblée, au 29 du mois de Janvier prochain 1787, à Verſailles, où vous vous rendrez pour cet effet, afin d'aſſiſter à ladite ouverture, & entendre ce qui ſera propoſé de ma part; & m'aſſurant que vous ne manquerez pas de vous y rendre conformément à ma volonté, je prie Dieu qu'il vous ait, Mons. (N), en ſa ſainte garde. Écrit à Verſailles, le 29 Décembre 1786. *Signé* LOUIS. *Et plus bas, par le Secrétaire d'État du département.*

LETTRE DU ROI

Aux Membres de son Conseil.

Mons (N.) ayant résolu d'assembler des personnes de diverses conditions & des plus qualifiées de mon État, afin de leur communiquer mes vues pour le soulagement de mes peuples, l'ordre de mes Finances & la réformation de plusieurs abus, j'ai jugé à propos d'y appeler des Membres de mon Conseil. Je vous fais cette lettre, pour vous dire que j'ai fixé ladite Assemblée, au 29 du mois de Janvier prochain 1787, à Versailles; & que mon intention est que vous vous trouviez ledit jour à son ouverture, pour y assister & entendre ce qui sera proposé de ma part. Je suis assuré que j'y recevrai de vous le service que j'en dois attendre, pour le bien de mon Royaume qui est le principal objet. Sur ce, je prie Dieu qu'il vous ait, Mons. (N.) en sa sainte garde. Écrit à Versailles, le 30 Décembre 1786. *Signé* LOUIS. *Et plus bas*, LE BARON DE BRETEÜIL.

LETTRE DU ROI

Pour les Premiers Présidens, Présidens & Procureurs généraux.

Mons (N.) ayant résolu d'assembler des personnes de diverses conditions & des plus qualifiées de mon État, afin de leur communiquer mes vues pour le soulagement de mes peuples, l'ordre de mes Finances & la réformation de plusieurs abus, j'ai jugé à propos d'y appeler les Premiers Présidens, & mes Procureurs généraux de mes Cours souveraines. Je vous fais cette lettre, pour vous dire que vous ayez à vous rendre à Versailles, pour le 29 Janvier 1787, jour auquel j'ai fixé l'ouverture de ladite Assemblée; pour y assister & entendre ce qui sera proposé de ma part; & je suis assuré que j'y recevrai de vous le service que j'en dois attendre pour le bien de mon Royaume qui est mon principal objet. Sur ce, je prie Dieu qu'il vous ait, Mons. (N.) en sa sainte garde. Écrit à Versailles, le 29 Décembre 1786. *Signé* LOUIS. *Et plus bas, par le Secrétaire d'État du département.*

Pour les Chefs des Municipalités.

DE PAR LE ROI.

CHER ET BIEN AMÉ, ayant réfolu de communiquer à une Affemblée de perfonnes de diverfes conditions de notre Royaume, les vues que nous avons pour le foulagement de nos peuples, l'ordre de nos Finances & la réformation de plufieurs abus, notre intention eft que vous vous rendiez à Verfailles, pour le 29 de Janvier prochain 1787, jour auquel nous avons fixé l'ouverture de ladite Affemblée, pour y affifter & entendre ce qui fera propofé de notre part; & nous fommes affurés que vous nous y donnerez de nouvelles preuves de votre fidélité & de votre zèle pour notre fervice; fi, n'y faites faute: CAR TEL EST NOTRE PLAISIR. Donné à Verfailles le 29 Décembre 1786. *Signé* LOUIS. *Et plus bas, par le Secrétaire d'État du département.*

ENTRE plufieurs projets relatifs au lieu où fe tiendroit l'Affemblée, que Monfieur le Baron de Breteüil, Miniftre & Secrétaire d'État au département de la Maifon du Roi, & Monfieur de Calonne, Contrôleur général des Finances, avoient eu l'honneur de préfenter à SA MAJESTÉ, Elle s'eft décidée le 13 Janvier pour celui dont Monfieur le Maréchal Duc de Duras, l'un des quatre premiers Gentilshommes de fa Chambre, avoit donné l'idée, favoir, l'hôtel des Menus-plaifirs du Roi, fitué à Verfailles, dans l'avenue de Paris, où il fe trouvoit un très-grand bâtiment neuf deftiné à fervir de magafin, & fufceptible d'être décoré à volonté: en conféquence, Monfieur le Baron de Breteüil a envoyé ordre à Monfieur de la Ferté, Commiffaire général de la Maifon du Roi pour les Menus-plaifirs, d'y faire faire le plus tôt poffible les difpofitions néceffaires pour la tenue de l'Affemblée & la commodité de fes féances. Ce travail a été exécuté d'après les plans du fieur Paris, Deffinateur du Cabinet du Roi & des Menus-plaifirs.

Le même jour, les ordres ont été donnés à Monsieur Thierry de VILLE-D'AVRAY, Commissaire général de la Maison du Roi, pour le Garde-meuble de la Couronne, de fournir tout ce qui seroit nécessaire pour l'ameublement du lieu de l'Assemblée & des dépendances.

Le Roi ayant fait retenir un nombre suffisant d'appartemens parmi ceux qui se trouvoient vacans à Versailles, pour y pouvoir loger Messieurs les Notables, a pareillement donné ordre à Monsieur Thierry de Ville-d'Avray, de fournir tous les meubles convenables pour meubler ces logemens.

Le Roi considérant qu'il étoit nécessaire de donner la plus grande facilité pour l'abord & la sortie du lieu de l'Assemblée, a jugé à propos de faire paver la rue Saint-Martin, qui longe l'Hôtel des Menus-plaisirs au levant; l'ordre en a été envoyé par Monsieur le Baron de Breteüil à Monsieur Chaumont de la Millière, Maître des Requêtes & Intendant des Ponts & Chaussées.

Le Roi a fait choix, pour tenir la plume dans cette Assemblée, du sieur Hennin, Secrétaire du Conseil d'État & du Cabinet de Sa Majesté, & du sieur du Pont, Commissaire général du Commerce. Ils ont été nommés Secrétaires-Greffiers par brevets du 26 Janvier, dont la teneur suit :

Brevet de Secrétaire-Greffier en l'Assemblée des Notables, pour le sieur Hennin.

AUJOURD'HUI vingt-sixième jour du mois de Janvier mil sept cent quatre-vingt-sept, le Roi étant à Versailles, ayant résolu de faire tenir une Assemblée de plusieurs notables personnages de son Royaume, que Sa Majesté a convoqués près d'Elle, pour prendre leurs bons avis & conseils, sur les propositions importantes qui leur seront faites pour le bien de son service & de son État; au moyen de quoi, il est nécessaire de nommer quelque personne de capacité & de fidélité requises, pour servir de Secrétaire-Greffier en ladite Assemblée ; entre plusieurs sujets qui lui ont été proposés, Sa Majesté a fait choix du sieur Pierre - Michel HENNIN, Secrétaire du Conseil d'État, & Secrétaire du Cabinet de Sa Majesté, lequel Elle a nommé, commis & député, pour servir de Secrétaire-Greffier en ladite Assemblée, durant la tenue d'icelle : en témoin de quoi, Sa Majesté a voulu le présent brevet lui être expédié, qu'Elle a signé de sa main, & fait contre-signer par moi, son Conseiller-Secrétaire d'État & de ses Commandemens. *Signé* LOUIS. *Et plus bas,* LE BARON DE BRETEÜIL.

Le brevet pour le sieur Pierre-Samuel du Pont, Commissaire général du Commerce, est conçu dans les mêmes termes, aux noms & qualités près.

Le 29 Janvier 1787, fixé dans les lettres de convocation pour le jour de l'ouverture de l'Assemblée approchant, Sa Majesté a d'abord décidé qu'elle seroit renvoyée au 7 Février suivant, parce que Monseigneur Huë de Miroménil, Garde des Sceaux de France, Monsieur le Comte de Vergennes, Ministre & Secrétaire d'État au département des Affaires étrangères, & Chef du Conseil royal des Finances ; & Monsieur de Calonne, Ministre & Contrôleur général des Finances, se trouvoient malades en même-temps. Les lettres pour en donner avis aux Mandés, ont été expédiées le 28 Janvier.

Le Roi a écrit, le même jour, à Monseigneur le Prince de Lambesc, Grand-Écuyer de France, pour qu'il eût à faire avertir le Roi-d'armes & quatre Hérauts-d'armes, qui devoient accompagner Sa Majesté à l'ouverture de l'Assemblée.

LETTRE DU ROI

A Monseigneur le Prince de Lambesc.

Mon Cousin, j'ai résolu de faire, le mercredi sept Février prochain, l'ouverture de l'Assemblée de Notables de mon Royaume que j'ai convoquée ; & je vous fais cette lettre, pour vous dire d'y envoyer le Roi-d'armes & quatre Hérauts-d'armes, pour m'accompagner, lorsque je me rendrai en ladite Assemblée, suivant & ainsi que le Grand-Maître ou le Maître des cérémonies vous l'expliquera de ma part. Sur ce, je prie Dieu qu'il vous ait, mon Cousin, en sa sainte & digne garde. Écrit à Versailles, le 28 Janvier 1787. *Signé* LOUIS. *Et plus bas,* LE BARON DE BRETEUIL.

Les Archevêques & Évêques convoqués ayant tous eu l'honneur d'être présentés précédemment au Roi, SA MAJESTÉ n'a pas jugé à propos de recevoir leur hommage en corps.

La même chose a été décidée pour la Noblesse & pour les Membres du Conseil.

Mais comme il est d'usage que les Membres des Cours souveraines & les Députés des pays d'États soient présentés au Roi, toutes les fois qu'ils viennent à la Cour, & que parmi les Chefs des Municipalités, il se trouvoit beaucoup de personnes qui n'avoient jamais paru devant Sa Majesté, Elle a bien voulu que ces trois classes de Notables lui fussent présentées en même-temps le dimanche 4 Février.

Les Premiers Présidens & Procureurs généraux des Cours souveraines ont été avertis par Monseigneur le Garde des Sceaux, des jour & heure de cette présentation, & les Députés des pays d'États, ainsi que les Chefs des Municipalités, par le Secrétaire d'État de la Maison du Roi.

Les deux Secrétaires-Greffiers de l'Assemblée ont

également été appelés à jouir de cet honneur, & en ont aussi été avertis par Monsieur le Baron de Breteüil.

Le dimanche 4 Février, à l'heure du lever du Roi, c'est-à-dire à l'heure où Sa Majesté, après s'être habillée & avoir fait sa prière, rentre dans son cabinet, les Membres des Cours souveraines, mandés pour l'Assemblée, ont été appelés par l'Huissier de la Chambre, & présentés à Sa Majesté par Monseigneur le Garde des Sceaux. Le Roi les a reçus dans le cabinet du Conseil, de même que les Députés des pays d'États, qui lui ont été ensuite présentés par Monsieur le Baron de Breteüil.

Après eux ont été appelés, par le nom de leurs places, les Chefs des Municipalités, & Sa Majesté étant venue pour les recevoir dans la chambre de parade, ils lui ont été successivement présentés par Monsieur le Baron de Breteüil.

Enfin les deux Secrétaires-Greffiers de l'Assemblée ont été appelés par leurs noms propres, & présentés à Sa Majesté par Monseigneur le Garde des Sceaux.

Dès la veille, les différentes classes de Mandés avoient été averties dans la forme usitée, savoir : le Clergé & la Noblesse, par Monsieur le Marquis de Dreux de Brézé ; les Magistrats par Monseigneur le Garde des Sceaux ; & les Députés des pays d'États, ainsi que les Chefs des Municipalités, par Monsieur le Baron de Breteüil, que l'Assemblée ne pourroit avoir lieu le 7 du mois de Février. Monseigneur le Garde des Sceaux étoit rétabli, mais la maladie de Monsieur le Comte de Vergennes empiroit, & Monsieur le Contrôleur général étoit hors d'état de marcher ; ce qui a décidé Sa Majesté à remettre encore l'Assemblée au 14.

Mais le 11 on s'est aperçu que le délai n'étoit pas suffisant, & les lettres pour en donner avis aux

Notables, & leur annoncer qu'elle étoit fixée au 22, ont été expédiées comme les précédentes.

Le Roi defiroit beaucoup que Monfieur le Comte de Vergennes, qui avoit affifté aux comités tenus en fa préfence, pour préparer tout le travail dont l'Affemblée devoit s'occuper, fût en état d'y paroître: Sa Majefté comptoit fur l'expérience de ce Miniftre, fur la confidération dont il jouiffoit, & fur fa manière de traiter les affaires; mais Monfieur le Comte de Vergennes eft mort la nuit du 12 au 13 de ce mois. Le Roi l'a regretté comme un homme auffi habile que vertueux, attaché à fa perfonne & à fa gloire, & la Nation a été profondément affectée de fa perte.

Pendant l'intervalle depuis la convocation jufqu'à l'ouverture de l'Affemblée, le Roi a bien voulu s'occuper lui-même de régler tout ce qui concerne les rangs & le cérémonial. Sa Majefté a en conféquence donné fucceffivement fes ordres à Monfieur le Marquis de Dreux de Brézé, Grand-Maître des cérémonies, & à Meffieurs de Nantouillet père & fils, Maîtres des cérémonies, & c'eft d'après leurs Mémoires que tout ce qui aura trait à ces objets fera rapporté dans le préfent Procès-verbal.

PREMIÈRE SÉANCE.

Le Jeudi 22 Février 1787.

LE jeudi 22 Février, jour auquel le Roi avoit fixé l'ouverture de l'Assemblée des Notables, la salle & toutes les pièces qui en dépendent, furent fermées dès le matin, & on n'y laissa entrer personne, non plus que dans les pièces de l'appartement destiné pour le Roi. Cet appartement étoit composé d'une première pièce pour les pages de Sa Majesté & des Princes; d'une salle des Cent-Suisses, d'une salle des Gardes, d'une pièce dites des Nobles, dans laquelle devoient attendre les personnes de la suite de Sa Majesté & de celle des Princes, qui n'avoient pas les entrées de la chambre : il y avoit, après cette pièce, une autre pièce représentant le grand cabinet de Sa Majesté ; on y avoit placé une table, un fauteuil, & un certain nombre de ployans.

On avoit encore construit, près de ce cabinet, un autre petit cabinet dans lequel on avoit mis un bureau avec un fauteuil & plusieurs chaises : cette pièce étoit destinée à l'usage particulier de Sa Majesté, au cas qu'Elle voulût se retirer.

Du cabinet de Sa Majesté, on passoit dans une espèce de petite galerie, qui précédoit immédiatement la salle d'Assemblée.

A neuf heures & demie du matin, la garde de Sa Majesté, composée d'une compagnie de Gardes-Françoises, détachée de la garde du château, & d'un pareil détachement des Gardes-Suisses, s'est rendue à la porte donnant sur l'avenue de Paris, elle y a pris poste en dehors, & s'est emparée de tout le tour

extérieur

extérieur de la cour & des bâtimens qui en dépendent.

Quelques instans après, les Gardes de la Prévôté, Gardes de la Porte, Cent-Suisses & Gardes-du-corps, sont arrivés & ont pris poste, savoir : les Gardes de la Prévôté en-dehors de la grille ; les Gardes de la Porte, en-dedans de la même grille ; les Cent-Suisses ont pris poste dans leur salle, & se sont emparés de toutes les issues extérieures de la salle d'assemblée, & de l'appartement de Sa Majesté.

Les Gardes-du-corps ont également pris poste dans leur salle qui étoit la petite galerie précédant immédiatement la salle d'Assemblée, & dans la salle même de l'Assemblée, derrière les barrières qui terminoient la séance. Les Cent-Suisses avoient aussi pris poste dans une petite pièce qui précède la salle d'Assemblée, du côté de la rue des Chantiers. Les Gardes de la Prévôté, gardoient de ce côté le vestibule, & étoient chargés de faire la police & de maintenir l'ordre dans l'anti-chambre destinée aux laquais & à la suite de Messieurs les Notables.

Le Roi avoit lui-même réglé toutes les séances & les avoit marquées de sa main plusieurs jours d'avance, sur un plan que Messieurs les Officiers des cérémonies avoient eu l'honneur de mettre sous les yeux de Sa Majesté. Elle avoit également décidé les diverses questions qui avoient pu s'élever, & avoit donné ses ordres les plus précis aux Officiers des cérémonies.

Conséquemment à ce que Sa Majesté avoit réglé, Messieurs les Prélats & Notables de la Noblesse avoient été avertis par le Grand-maître des cérémonies, du jour & de l'heure de l'ouverture de l'Assemblée, ainsi que du costume que Sa Majesté avoit décidé. Le Grand-maître des cérémonies avoit eu l'honneur d'aller de la part du Roi chez MONSIEUR, Monseigneur Comte d'Artois, & chez Messeigneurs les Duc d'Orléans, Prince de Condé, Duc de Bourbon, Prince de Conti & Duc de Penthièvre, pour avoir celui de les inviter de la part de Sa Majesté à la Messe qu'Elle devoit entendre dans sa chapelle en bas, à l'ouverture de l'Assemblée & aux séances subséquentes. Il les avoit prévenus de l'heure & du costume que Sa Majesté avoit réglé.

Messieurs les Députés des pays d'États avoient été avertis du jour & de l'heure de l'Assemblée par les Secrétaires d'État dans le département desquels ils se trouvoient. Monseigneur le Garde des Sceaux avoit averti les Présidens & Procureurs généraux des Parlemens & Conseils souverains, ainsi que les Membres du Conseil du Roi qui étoient convoqués. Monsieur le Baron de Breteüil, Ministre & Secrétaire d'État ayant la ville de Paris & la Maison du Roi dans son département, avoit averti Messieurs les Officiers municipaux des villes.

Vers les dix heures & demie du matin, Sa Majesté sortit de son cabinet en habit à manteau, précédée de Monseigneur le Duc de Penthièvre, Monseigneur le Prince de Conti, Monseigneur le Duc de Bourbon, Monseigneur le Prince de Condé, Monseigneur le Duc d'Orléans, Monseigneur Comte d'Artois & de MONSIEUR, aussi en habits à manteau. Les Princes étoient accompagnés des principaux Officiers de leur maison, & Sa Majesté étoit précédée & suivie de ses grands & premiers Officiers & des Huissiers-massiers. Sa Majesté descendit à la chapelle, où Elle entendit une messe basse. La séance fut telle qu'elle est dans toutes les occasions de cérémonies; on avoit seulement placé des deux côtés, en avant & derrière le Roi, plusieurs rangs de bancs destinés à Messieurs les Notables, au cas qu'ils fussent venus à la messe : Sa Majesté n'avoit pas jugé à propos de les y inviter.

Le Grand-maître des cérémonies fit disposer la séance dans la chapelle, & y accompagna Sa Majesté. Pendant ce temps, le Maître des cérémonies s'étoit rendu à la salle d'Assemblée pour préparer la séance, & indiquer à chacun de Messieurs les Notables, les places que Sa Majesté leur avoit destinées.

Pendant ce temps, Monseigneur le Garde des Sceaux arriva, accompagné dans ses carrosses, des Membres du Conseil ; il étoit escorté par deux Brigadiers & douze Gardes de la Prévôté : il entra avec tout ce cortége dans la cour royale ; il descendit au fond de la cour, & monta par le petit escalier qui conduit à la salle des Gardes, précédant celle de l'Assemblée. Messieurs les Conseillers d'État entrèrent dans la salle ainsi que les deux Huissiers de la Chancellerie. Monseigneur le Garde des Sceaux fut attendre le Roi dans son cabinet, ainsi que Sa Majesté lui en avoit donné une permission particulière. Le cortége de Monseigneur le Garde des Sceaux se retira sur le champ. A la même heure, Messieurs les Notables commencèrent à arriver par la porte de la rue des Chantiers ; ils étoient tous en habit de cérémonie, c'est-à-dire, Messieurs les Prélats en soutane, rochet, camail & bonnet carré ; Messieurs les Notables de la Noblesse en habit à manteau, avec la cravate & le chapeau à plumes. Sa Majesté avoit décidé que Messieurs les Notables, Chevaliers de ses Ordres n'en prendroient point l'habit pour cette cérémonie. Ces Messieurs ne mirent point non plus le collier de l'Ordre par-dessus leurs manteaux. Messieurs les Présidens & Procureurs généraux étoient en robes noires & en bonnets carrés ; Messieurs les Officiers municipaux des villes étoient chacun dans l'habit de cérémonie propre à leurs places de Chefs de corps municipaux. Messieurs les Députés des pays d'États étoient chacun dans l'habit de leur Ordre, & Messieurs les Membres du Conseil du Roi dans leurs robes de cérémonie. Sa Majesté ayant permis à Monsieur l'Archevêque de Reims, à Monsieur l'Évêque de Langres, Pairs ecclésiastiques, ainsi qu'à Monsieur l'Archevêque de Paris,

Pair laïc, de siéger avec Messieurs les Ducs & Pairs, ils prirent leurs habits de Pairs.

Les Gardes de la Prévôté étoient en haie & en armes au passage des Notables.

Quelques instans avant l'arrivée du Roi, le Maître des cérémonies ayant prié Messieurs les Notables de prendre séance, ils prirent leurs places dans l'ordre suivant, & conformément à l'ordre précis que Sa Majesté en avoit donné aux Officiers des cérémonies.

Sur le haut dais, à la droite du trône de Sa Majesté, le Maître des cérémonies plaça sur un premier banc faisant face au bas de la salle, Monsieur l'Archevêque de Reims, Monsieur le Duc de Luxembourg, Monsieur l'Archevêque de Paris, Monsieur le Duc de Nivernois, Monsieur le Duc de Clermont-Tonnerre ; & sur la suite de ce banc prolongé un peu en retour, deux de Messieurs les Notables de la Noblesse ; sur un pareil banc, à gauche du trône de Sa Majesté, il plaça Monsieur l'Évêque de Langres, Monsieur le Duc de Béthune-Charost, Monsieur le Duc de Harcourt, Monsieur le Duc de la Rochefoucauld ; & sur le reste de ce banc & son prolongement en retour le long du mur, plusieurs de Messieurs les Notables de la Noblesse sans rang. Ceux de ces Messieurs qui n'avoient pu être sur ces deux premiers bancs, se mirent sans aucune espèce de rang, sur deux bancs derrière celui à gauche, faisant face au bas de la salle.

Du côté droit du trône de Sa Majesté, derrière le banc de la Noblesse, il plaça Messieurs du Conseil du Roi sur deux bancs ; Messieurs les Conseillers d'État occupant le premier, & Messieurs les Maîtres des Requêtes le second.

Messieurs les Maréchaux de France occupèrent un banc placé sur le haut dais suivant la longueur de la salle, à la droite du trône de Sa Majesté ; ce banc étoit éloigné d'environ cinq pieds du mur ; & n'alloit pas tout-à-fait jufqu'à celui de la Nobleffe. Sa Majefté avoit trouvé bon que Meffieurs les Maréchaux de Ségur & de Caftries, qui n'étoient à l'Affemblée que comme Secrétaires d'État, l'un au département de la Guerre, & l'autre à celui de la Marine, occupaffent une place fur le haut dais avec Meffieurs les Maréchaux de France convoqués.

Meffieurs les Prélats occupèrent un banc placé dans le bas de la falle, parallèlement au mur du côté droit; ils y étoient fuivant leur rang de facre, Meffieurs les Archevêques les premiers.

En face de ce banc, le Maître des cérémonies plaça Meffieurs les Premiers Préfidens des Parlemens, fuivant le rang de leurs Cours, celui de Bordeaux précédant celui de Grenoble. Meffieurs les Préfidens d'Ormeffon, de Saron & de Lamoignon fuivoient immédiatement Monfieur le Premier Préfident du Parlement de Paris. Les Premiers Préfidens des Confeils fouverains étoient à la fuite des Premiers Préfidens des Parlemens, fur le même banc. Meffieurs les Procureurs généraux des Parlemens & Confeils fouverains furent placés fur un banc, immédiatement derrière celui-ci & à même hauteur que leurs Préfidens. Monfieur le Premier Préfident de la Chambre des Comptes de Paris fut placé fur le banc & à la fuite de Meffieurs les Prélats; Monfieur le Procureur général de la Chambre des Comptes fur un petit banc derrière lui. Monfieur le Premier Préfident de la Cour des Aides de Paris fut placé à côté de Monfieur le Premier Préfident de la Chambre des Comptes, & Monfieur le Procureur général derrière lui, à côté de Monfieur le Procureur général de la Chambre des Comptes.

Le Maître des cérémonies plaça Monfieur le Lieutenant civil fur un banc faifant face au haut dais à l'extrémité de la falle; il avoit à côté de lui Monfieur le Prévôt des Marchands de Paris & Monfieur le premier Échevin : Monsieur le Prévôt des Marchands de Lyon fut placé immédiatement après le premier Échevin de Paris, & Messieurs les Officiers municipaux des villes se placèrent sans rang entr'eux sur ce même banc, ainsi que sur un autre banc derrière. Ces bancs occupoient toute la largeur de la salle, laissant seulement dans le milieu un passage de huit pieds. Messieurs les Députés des pays d'États furent placés sur deux bancs à droite & à gauche près les marches du haut dais, attenant & un peu en arrière le banc de Messieurs les Prélats & celui de Messieurs les Premiers Présidens.

Monsieur le Baron de Breteüil & Monsieur le Comte de Montmorin, tous deux Secrétaires d'État, Commissaires de Sa Majesté, se mirent sur une banquette placée sur la dernière marche du haut du dais, vis-à-vis du bureau, faisant face à l'Assemblée; Monsieur le Contrôleur général, sur un petit banc placé au petit côté de ce bureau à droite : ils étoient, comme les Membres de la Noblesse, en habits à manteau.

Le Roi avoit trouvé bon que les sieurs Hennin & du Pont, Secrétaires-Greffiers de l'Assemblée, fussent placés sur un banc hors rang ; ils furent, cette séance, derrière Messieurs les Prélats près les barrières ; ils étoient l'un & l'autre en leurs habits ordinaires.

N. B. Le plan de l'aire de la salle avec la position de tous les siéges, est joint au présent Procès-verbal.

Le Roi sortit du château sur les onze heures, étant dans ses carrosses de cérémonie, & escorté des détachemens de sa maison militaire à cheval. Sa Majesté avoit dans son carrosse MONSIEUR, Monseigneur Comte d'Artois, Messeigneurs les Duc d'Orléans, Prince de Condé, & Duc de Bourbon. Le Roi fut reçu à la descente de son carrosse, par Messeigneurs les Princes de Conti & Duc de Penthièvre, qui s'étoient rendus d'avance, n'ayant pu avoir place dans le carrosse de Sa Majesté. Le Grand-maître, le Maître & l'aide des Cérémonies, reçurent également Sa Majesté à la descente de son carrosse. On marcha à l'appartement dans l'ordre suivant: les Hérauts-d'armes, le Roi-d'armes, Messeigneurs les Duc de Penthièvre, Prince de Conti, Duc de Bourbon, Prince de Condé & Duc d'Orléans, tous entourés des principales personnes de leur maison; Monseigneur Comte d'Artois, précédé de ses principaux Officiers, & suivi de son Capitaine des Gardes; MONSIEUR, également précédé de ses principaux Officiers, & suivi de son Capitaine des Gardes.

Les Officiers des Gardes-du-corps, le Capitaine des Cent-Suisses, les trois Capitaines des Gardes-du-corps du Roi, qui n'étoient pas de service, mais en uniforme & avec leur bâton; Monsieur le Duc de Fleury représentant le Grand-Chambellan, les Huissiers-massiers, l'Aide, le Maître & le Grand-maître des cérémonies sur les ailes, SA MAJESTÉ ayant à sa gauche le Grand-Écuyer, à sa droite le premier Écuyer, & suivi de Monsieur le Duc d'Ayen, Capitaine des Gardes de quartier, & du Grand-maître de la Garde-robe.

Il n'entra avec le Roi dans son cabinet, que les personnes ayant les entrées.

Sa Majesté s'étant reposée quelques instans, & ayant été avertie par les Officiers des cérémonies, que la séance étoit prête, se rendit à l'Assemblée.

Le Roi étoit précédé des Hérauts-d'armes, du Roi-d'armes, de Monseigneur le Duc de Penthièvre, Monseigneur le Prince de Conti, Monseigneur le Duc de Bourbon, Monseigneur le Prince de Condé, Monseigneur le Duc d'Orléans, de Monseigneur Comte d'Artois, suivi de son Capitaine des Gardes, en habit à manteau; de MONSIEUR, suivi de son Capitaine des Gardes, aussi en habit à manteau; des Officiers de

Gardes-du-corps, & des trois Capitaines des Gardes, non de service, tous en uniforme & avec leur bâton; du Capitaine des Cent-Suisses, aussi en uniforme; de Monsieur le Duc de Fleury représentant le Grand-Chambellan, en habit à manteau; des Huissiers-massiers en leur habit ordinaire, des Officiers des cérémonies en habits à manteau : SA MAJESTÉ avoit à sa gauche & à sa droite le Grand & le Premier Écuyer en habits à manteau, & Elle étoit suivie de son premier Gentilhomme de la Chambre, & du Grand-maître de la Garde-robe, aussi en habits à manteau; Monseigneur le Garde des Sceaux vêtu de sa simarre de velours cramoisi, suivoit aussi le Roi.

Sa Majesté entrant dans l'Assemblée, alla se placer à son trône, sur une estrade élevée de deux marches & couverte du tapis de pied de velours tanné, avec des fleurs-de-lys sans nombre; le trône de Sa Majesté étoit surmonté d'un dais violet parsemé de fleurs-de-lys, & le Roi avoit deux carreaux sous les pieds.

MONSIEUR se plaça sur un ployant posé à la droite de Sa Majesté sur la première marche de l'estrade; Monseigneur Comte d'Artois sur un ployant placé de la même manière du côté gauche. Monseigneur le Duc d'Orléans, Monseigneur le Duc de Bourbon & Monseigneur le Duc de Penthièvre se placèrent sur des ployans posés à droite sur la même ligne que celui de MONSIEUR, hors du tapis de pied. Monseigneur le Prince de Condé & Monseigneur le Prince de Conti furent placés également du côté gauche sur des ployans, hors le tapis de pied & sur la même ligne que Monseigneur Comte d'Artois.

Monsieur le Duc de Fleury, représentant le Grand-Chambellan, se plaça sur un carreau aux pieds de Sa Majesté; Monseigneur le Prince de Lambesc, Grand-Écuyer de France, sur un tabouret placé à droite en avant du Roi, hors du tapis de pied. Les quatre

Capitaines des Gardes se placèrent sur deux petits bancs posés l'un devant l'autre, derrière le fauteuil de Sa Majesté. Monsieur le Maréchal Duc de Duras, premier Gentilhomme de la Chambre, Monsieur le Duc de Liancourt, Grand-Maître de la Garde-robe, Monsieur le Duc de Coigny, premier Écuyer, & Monsieur le Duc de Brissac, Capitaine des Cent-Suisses, se placèrent à droite & à gauche, sur des tabourets, derrière Sa Majesté. Monsieur le Maréchal Duc de Lévis, Capitaine des Gardes de quartier de MONSIEUR, & Monsieur le Bailli de Crussol, Capitaine des Gardes de quartier de Monseigneur Comte d'Artois se placèrent sur des tabourets à l'extrémité de ce rang.

Les Officiers des Gardes-du-corps du Roi restèrent debout & découverts derrière le Capitaine des Gardes.

Monsieur le Chevalier de la Haye, Roi-d'armes de France, se plaça à genoux sur la première marche de l'estrade à droite, en avant du Roi; les deux Huissiers-massiers de même à la gauche. Monsieur le Marquis de Dreux de Brézé, Grand-maître des cérémonies, se plaça sur un tabouret à droite au haut des marches du haut dais; Monsieur de Nantouillet, Maître des cérémonies de même à gauche; Monsieur de Watronville, Aide des cérémonies, se plaça sur un tabouret posé près le Grand-maître des cérémonies, sur la seconde marche du haut dais. Les quatre Hérauts-d'armes étoient à genoux sur le haut des marches; six Gardes de la Manche étoient postés à droite & à gauche du tapis de pied.

Monseigneur Huë de Miroménil, Garde des Sceaux de France, se plaça sur son siége à bras & sans dossier en avant & à gauche du Roi, ayant les deux Huissiers de la Chancellerie à genoux derrière lui.

Il n'entra aucune autre personne dans la salle, Sa Majesté l'ayant expressément défendu; Elle avoit seulement permis que quelques personnes des Menus-plaisirs & du Garde-meuble, fuffent placées au bas de la falle, derrière les Gardes-du-corps, pour le fervice qui pourroit être néceffaire.

Le Roi, après s'être affis fur fon trône, avoir ôté & remis fon chapeau, a prononcé le difcours fuivant :

DISCOURS DU ROI.

Messieurs, je vous ai choifis dans les différens Ordres de l'État, & je vous ai raffemblés autour de moi pour vous faire part de mes projets.

C'eft ainfi qu'en ont ufé plufieurs de mes prédéceffeurs, & notamment le Chef de ma branche dont le nom eft refté cher à tous les François, & dont je me ferai gloire de fuivre toujours les exemples.

Les projets qui vous feront communiqués de ma part font grands & importans. D'une part, améliorer les revenus de l'État, & affurer leur libération entière par une répartition plus égale des Impofitions ; de l'autre, libérer le Commerce des différentes entraves qui en gênent la circulation, & foulager autant que les circonftances me le permettent, la partie la plus indigente de mes fujets : telles font, Meffieurs, les vues dont je fuis occupé & auxquelles je me fuis fixé, après le plus mûr examen. Comme elles tendent toutes au bien public, & connoiffant le zèle pour mon fervice dont vous êtes tous animés, je n'ai point craint de vous confulter fur leur exécution ; j'entendrai & j'examinerai attentivement les obfervations dont vous les croirez fufceptibles. Je compte que vos avis confpirant tous au même but, s'accorderont facilement, & qu'aucun intérêt particulier ne s'élevera contre l'intérêt général.

N. B. Les Huiffiers-maffiers, le Roi-d'armes & les Hérauts-d'armes auroient dû être à genoux pendant toute la féance, mais Sa Majefté a trouvé bon qu'ils fe levaffent quand Elle a eu fini de parler.

Après le difcours du Roi, Monfeigneur le Garde des Sceaux s'eft approché du trône en faifant trois profondes inclinations, la première avant de quitter fa place, la feconde après avoir fait quelques pas, & la

troisième lorsqu'il a été fur le premier degré du trône ;
puis il a pris, à genoux, les ordres de Sa Majesté.

Il est ensuite retourné à sa place en faisant encore
trois profondes inclinations à Sa Majesté.

Lorsqu'il a été à sa place, il a dit : *Le Roi ordonne
que l'on prenne séance.* Toute l'Assemblée a pris séance.
Monseigneur le Garde des Sceaux a dit : *Le Roi permet
que l'on se couvre.* Ceux qui avoient droit de se couvrir
se sont couverts, ainsi que Monseigneur le Garde des
Sceaux ; après quoi il a prononcé le discours suivant assis
& couvert.

DISCOURS

De Monseigneur le Garde des Sceaux.

MESSIEURS,

LE ROI, moins touché de l'éclat dont son trône est
environné, que de la véritable gloire réservée aux Monarques
uniquement occupés du bonheur de leurs sujets, vous a
assemblés, afin de vous communiquer les vues dont il est
animé pour l'avantage des peuples dont il est le père, &
pour assurer la prospérité d'une Nation distinguée de tout
temps par l'amour réciproque du Souverain & de ses sujets.

Depuis l'avénement de Sa Majesté à la couronne, chaque
année de son règne a été marquée par des actes dignes de
sa justice, de sa bonté & de sa vigilance. On a vu les premiers
tribunaux du Royaume reprendre leur ancien lustre ; les
forces maritimes de la France se régénérer, la discipline militaire se perfectionner ; l'Agriculture & le Commerce recevoir
de nouveaux encouragemens : telle a été, Messieurs, l'influence des premiers regards de Sa Majesté, sur les États
que la Providence divine a soumis à son empire.

La vie entière d'un Monarque vertueux, est une longue
suite de travaux que la nécessité commande sans cesse, & que
la grandeur de son ame ne lui permet jamais d'interrompre.
Persuadé de cette vérité, le Roi est dans la résolution de
prendre de justes mesures pour soulager ses peuples, établir
dans l'administration des Finances un ordre que rien ne

puisse altérer, & réformer les abus qui pourroient rendre moins efficaces les soins paternels auxquels Sa Majesté se livre toujours avec un nouveau courage.

Il est impossible que tous les sujets d'un grand Royaume jouissent, chacun dans leur condition, d'un bonheur égal; mais il ne l'est pas d'adoucir le sort de ceux qu'aucune puissance humaine ne sauroit préserver du malheur.

Assurer la tranquillité de ceux auxquels la Providence a accordé une fortune plus considérable, protéger les talens de ceux qui peuvent trouver dans leur industrie des moyens d'augmenter leur fortune & leur aisance; procurer au peuple la ressource de trouver sa subsistance dans le fruit de son travail : tels sont, Messieurs, les objets que le Roi se propose de remplir.

Sa Majesté s'est convaincue, par une étude approfondie, des avantages & des ressources de la France, ainsi que par l'expérience que douze années de règne lui ont acquise, que les moyens les plus sûrs d'y parvenir sont de rendre plus exacte & plus équitable la répartition des subsides indispensables pour subvenir aux charges de l'État ; de rendre la perception plus simple & moins onéreuse, de choisir par un juste discernement les genres d'Impositions qui tombent le moins sur la classe de ses sujets la plus indigente; d'assurer à jamais le gage des dettes de l'État, d'en diminuer la masse par les effets d'une sage économie, enfin de se préparer des ressources pour repousser, sans être obligé de surcharger ses sujets, les efforts d'Ennemis étrangers qui voudroient un jour troubler la paix que Sa Majesté a donnée à l'Europe.

C'est pour vous consulter, Messieurs, sur ces grands objets que le Roi vous a choisis : je n'ai pas besoin de vous faire sentir le prix de la confiance dont Sa Majesté vous honore, je vois dans vos yeux la reconnoissance dont vos ames sont pénétrées.

Ministres d'une Religion sainte que les Rois prédécesseurs de Sa Majesté ont toujours défendue, & qu'Elle ne cessera jamais de protéger, vous avez reconnu dans tous les temps que c'est de la munificence du Souverain que vous tenez les biens attachés à vos Églises, & vous vous êtes toujours portés avec zèle à contribuer aux besoins de l'État.

Et vous, Messieurs, qui, à l'exemple de vos ancêtres, ne connoissez d'autre bonheur & d'autre gloire que l'avantage de verser votre sang pour la défense du Roi & de l'État, vous qui savez réunir à cette haute valeur dont vos races tiennent leur illustration, la sagesse dans les Conseils lorsque Sa Majesté vous y appelle.

Magistrats, qui partagez le dépôt précieux de la portion la plus essentielle de l'autorité royale, qui présidez aux jugemens de ces Corps recommandables dont le ministère consiste non-seulement à protéger la veuve & l'orphelin, & à rendre une exacte justice, mais encore à éclairer la religion du Monarque sur tout ce qui intéresse le bien de son service;

Vous enfin Chefs zélés de ces cités toujours fidèles, toujours affectionnées à leur auguste Souverain.

Le Roi compte, Messieurs, que vous vous réunirez tous, afin de donner à Sa Majesté, par la sagesse de vos avis, de nouvelles preuves de votre respect, de votre amour & de votre zèle.

Après son discours fini, Monseigneur le Garde des Sceaux est remonté aux pieds du trône avec le même cérémonial que ci-dessus, pour prendre les ordres du Roi; redescendu & remis à sa place, il a fait signe à Monsieur le Contrôleur général, qui, après avoir salué & s'être assis & couvert, a dit:

DISCOURS

De Monsieur le Contrôleur général.

MESSIEURS,

CE qui m'est ordonné en ce moment m'honore d'autant plus, que les vues dont le Roi me charge de vous présenter l'ensemble & les motifs, lui sont devenues entièrement personnelles par l'attention très-suivie que Sa Majesté a donnée à chacune d'elles avant de les adopter.

La seule résolution de vous les communiquer, & les paroles toutes paternelles que vous venez d'entendre de sa bouche, suffisent sans doute pour exciter en vous la plus juste confiance: mais ce qui doit y mettre le comble, ce qui doit y ajouter l'émotion de la plus vive sensibilité, c'est d'apprendre avec quelle application, avec quelle assiduité, avec quelle constance le Roi s'est livré au travail long & pénible qu'ont exigé d'abord l'examen de tous les états que j'ai mis fous fes yeux, pour lui faire connoître fous tous les points de vue, la véritable fituation de fes Finances ; enfuite la difcuffion de chacun des moyens que je lui ai propofés pour les améliorer & y rétablir l'ordre.

Après avoir créé une Marine & rendu le Pavillon françois refpectable dans toutes les mers; après avoir protégé & affermi la liberté d'une nouvelle Nation qui, démembrée d'une Puiffance rivale, eft devenue notre alliée ; après avoir terminé une guerre honorable par une paix folide, & s'être montré à toute l'Europe digne d'en être le modérateur, le Roi ne s'eft pas livré à une ftérile inaction ; Sa Majefté ne s'eft point diffimulée combien il lui reftoit à faire pour le bonheur de fes fujets, premier objet de tous fes foins, & véritable occupation de fon cœur.

Affurer à fes peuples des relations de commerce tranquilles & étendues au-dehors ;

Leur procurer au-dedans tous les avantages d'une bonne adminiftration ;

C'eft ce que le Roi s'eft propofé, c'eft ce qu'il n'a pas ceffé d'avoir en vue.

Déja d'heureux effets ont prouvé la fageffe des mefures prifes par Sa Majefté.

Déja des traités de commerce conclus prefque au même inftant avec la Hollande, avec l'Angleterre & avec la Ruffie, ont fait difparoître des principes exclufifs auffi contraires aux loix fociales qu'à l'intérêt réciproque des Nations, ont cimenté les bafes de la tranquillité publique, & ont fait voir à l'Europe ce que peut l'efprit pacifique & modéré d'un Prince auffi jufte que puiffant, pour multiplier & fortifier les précieux liens de cette concorde univerfelle fi défirable pour l'humanité entière.

Déja auffi les affaires de l'intérieur ont pris la direction qui doit conduire à la profpérité de l'État.

La plus parfaite fidélité à remplir tous les engagemens, a rendu au crédit le reffort qu'il ne peut avoir que par l'effet d'une confiance méritée.

Des témoignages de protection donnés au Commerce, des encouragemens accordés aux Manufactures ont ranimé l'induftrie & produit par-tout cette utile effervefcence dont les premiers fruits en promettent de plus abondans pour l'avenir.

Enfin, le peuple a reçu des commencemens de soulagement qu'il n'étoit pas possible de rendre ni plus prompts, ni plus considérables, avant d'avoir rétabli l'ordre dans les finances de l'État.

C'est cet ordre qui est le principe & la condition essentielle de toute économie réelle ; c'est lui qui est la véritable source du bonheur public.

Pour l'asseoir sur une base solide, & pour pouvoir balancer les recettes avec les dépenses, il falloit nécessairement commencer par liquider le passé, par solder l'arriéré, par se remettre au courant dans toutes les parties.

C'étoit le seul moyen de sortir de la confusion des exercices entre-mêlés l'un dans l'autre, & de pouvoir distinguer ce qui appartient à chaque année, séparer l'accidentel de l'état ordinaire, & voir clair dans la situation.

Trois années ont été employées à ce préliminaire indispensable, & ces trois années n'ont pas été perdues.

Lorsqu'à la fin de 1783, le Roi daigna me confier l'administration de ses Finances, elles étoient, on ne l'a que trop su, dans l'état le plus critique.

Toutes les Caisses étoient vides, tous les Effets publics baissés, toute circulation interrompue ; l'alarme étoit générale, & la confiance détruite.

En réalité il y avoit 220 millions à payer pour restant des dettes de la guerre, plus de 80 millions d'autres dettes exigibles, soit pour l'arriéré des dépenses courantes, soit pour l'acquittement de plusieurs objets conclus ou décidés antérieurement; 176 millions d'anticipations sur l'année suivante ; 80 millions de déficit dans la balance des revenus & dépenses ordinaires ; le payement des rentes excessivement retardé ; le tout ensemble faisant un vide de plus de 600 millions : & il n'y avoit ni argent ni crédit.

Le souvenir en est trop récent, pour qu'il soit besoin de preuves ; & d'ailleurs j'ai mis sous les yeux du Roi tous les états justificatifs : Sa Majesté les a vus & examinés ; ils sont restés entre ses mains.

AUJOURD'HUI l'argent est abondant, le crédit est rétabli, les Effets publics sont remontés, leur négociation est fort active, & sans le trouble causé par les effets de l'agiotage (fléau éphémère que les mesures prises par Sa Majesté feront bientôt disparoître), elle ne laisseroit rien à desirer.

La caisse d'Escompte a repris toute la faveur qui lui est

dûe, & qui ne pourra que s'accroître par l'extenfion de fon utilité.

Les billets des Fermes, & tous les autres genres d'affignation, font en pleine valeur.

Les dettes de la guerre font acquittées, tout l'arriéré eft foldé, toutes les dépenfes font au courant.

Le payement des rentes n'éprouve plus le moindre retard; il eft enfin ramené au jour même des échéances, & 48 millions d'extraordinaire ont été employés à cet utile rapprochement qu'on n'avoit pas encore vu, & qu'on n'ofoit efpérer.

Trente-deux millions du reftant des refcriptions fufpendues fous le dernier règne, ont été rembourfés avant leur terme; & leur nom, qui étoit un fcandale en finance, n'exifte plus.

Les rembourfemens à époques, dont j'ai trouvé le Tréfor royal furchargé, s'effectuent à jour nommé, & la liquidation des dettes de l'État s'opère annuellement, ainfi que Sa Majefté l'a réglé par fon édit de 1784, conftitutif du falutaire & inébranlable établiffement de la Caiffe d'amortiffement.

Enfin, l'exactitude des payemens a produit une telle confiance, & par elle des reffources fi fécondes, que non-feulement il a été obvié à tous les dangers que la pofition de la fin de 1783 faifoit craindre; non-feulement il a été fatisfait à la maffe énorme d'engagemens & de dettes qui exiftoit alors, mais de plus, il s'eft trouvé affez de moyens pour faire face à une infinité de dépenfes imprévues & indifpenfables, telles que, d'une part, les fommes employées en préparatifs de précaution & autres frais politiques qu'ont exigé les affaires de la Hollande; & d'autre part, les fecours, les foulagemens, les indemnités que l'intempérie des faifons, & diverfes calamités ont néceffité en 1784 & 1785.

Dans le même temps, Sa Majefté convaincue par de grandes & judicieufes confidérations, qu'il étoit également important & économique d'accélérer les travaux de Cherbourg, a fait quadrupler les fonds, qui d'abord avoient été deftinés annuellement à cette immortelle opération, que Sa Majefté a confacré par fa préfence, dans le voyage mémorable, où Elle a goûté la jufte fatisfaction de recueillir les bénédictions & les acclamations attendriffantes d'une Nation qui fait fi bien adorer fes Rois, quand elle fe voit aimée par eux, quand elle voit les foins qu'ils prennent pour fon bonheur.

Les utiles travaux du Havre & ceux de la Rochelle ont été suivis avec la même activité ; ceux de Dunkerque & de Dieppe ont été déterminés & entamés.

De nouveaux canaux ont été ouverts en plusieurs provinces, & Sa Majesté a contribué à leur entreprise.

Elle a rendu au département des Ponts & Chaussées la totalité des fonds destinés aux routes publiques, & les a même augmentés.

Elle a supprimé plusieurs droits nuisibles au Commerce, & le sacrifice qu'Elle a bien voulu faire de leur produit, en favorisant l'exportation de nos denrées, est devenu une nouvelle source de richesses.

SA MAJESTÉ a créé, soutenu, vivifié plusieurs branches d'industrie, qui désormais approvisionneront le Royaume de grand nombre d'objets qui se tiroient de l'Étranger.

Plusieurs établissemens de grande conséquence ont été secourus & ont reçu des marques signalées d'une protection vigilante ; tels entr'autres, celui des forges de Mont-Cenis, le plus considérable qui existe en ce genre ; & celui de la pêche de la Baleine, qui prend naissance sous les auspices les plus favorables, en même-temps que toutes les autres pêches du Royaume sont encouragées, prospèrent & préparent à la Marine une pépinière de Matelots.

Notre commerce dans l'Inde, prend aussi consistance ; la nouvelle Compagnie fait les plus grands efforts pour répondre à l'objet de son établissement, & elle a doublé les effets de son zèle, depuis que le Roi lui a permis de doubler ses fonds.

En s'occupant de tout ce qui intéresse le Commerce, Sa Majesté n'a pas perdu de vue ce qui, dans un Royaume agricole, peut s'appeler la première & la plus importante de toutes les manufactures, la culture des terres. L'Assemblée qu'Elle a établie pour correspondre, tant avec les Intendans des Provinces, qu'avec les Sociétés d'Agriculture, & les particuliers appliqués à cet objet, a excité la plus utile émulation, & réuni les renseignemens les plus intéressans. Il s'est formé des associations champêtres entre des propriétaires, des ecclésiastiques des cultivateurs éclairés, pour faire des expériences, & donner aux habitans des campagnes la seule leçon qui les persuade, celle de l'exemple.

L'exploitation des Mines, trop long-temps négligée en France, a fixé aussi les regards & l'attention de Sa Majesté,

D

qui fait combien de reffources on peut en tirer. Une école publique devenue intéreffante pour la curiofité même des Étrangers, des Profeffeurs pleins de zèle & de talens, des Élèves animés de la plus vive ardeur, des Directeurs envoyés dans toutes les Provinces pour y faire des recherches utiles, ont déjà répandu l'inftruction dans le Royaume, & l'ont portée jufqu'au fond de ces dépôts des richeffes fouterraines qu'on n'obtient que par des efforts bien dirigés.

L'opération fur les monnoies d'Or, en faifant ceffer la difproportion qui exiftoit entre le prix de ce premier métal & celui de l'argent, a produit le triple avantage d'arrêter l'exportation de nos louis, qui devenoit exceffive, d'en rétablir la circulation qui étoit prefque nulle, & de procurer un bénéfice confidérable à l'État en même temps qu'un jufte profit aux particuliers.

Si j'ajoute qu'il s'élève de toutes parts des monumens dignes d'illuftrer un règne, c'eft qu'ils font du genre de ceux qui, réuniffant l'utilité publique à la décoration du Royaume, ont droit à la reconnoiffance nationale. Tel eft le caractère de tous ceux dont Sa Majefté m'a ordonné de fuivre l'entreprife.

Les nouveaux quais qui vont embellir Marfeille, favoriferont le commerce, ainfi que la population de cette antique cité.

La fuperbe place qui s'érige à Bordeaux fur les ruines d'une inutile fortereffe, procurera les communications les plus intéreffantes, en même temps qu'un des plus beaux points de vue de l'Univers.

A Lyon, les travaux deftinés à faire fortir un quartier habitable du fein d'un marais fétide, étoient néceffaires pour la falubrité de cette riche & grande ville.

A Nifmes, la reftauration des Arènes fera difparoître des mafures mal-faines, qui déshonoroient ces magnifiques reftes de la grandeur des Romains.

Aix aura enfin un Palais de Juftice, digne de l'importance de fa deftination.

Dunkerque verra réparer fes longs malheurs, par le rétabliffement de fes éclufes & de fon Port.

Dans la Capitale, les travaux commencés pour efpacer les anciennes halles, pour en conftruire de nouvelles plus commodes, pour en défobftruer les accès, & pour délivrer les ponts des bâtimens difformes & caducs dont ils étoient surchargés, sont autant de bienfaits que Sa Majesté consacre à l'humanité bien plus qu'à la gloire; & ce qui rend ces importans ouvrages encore plus précieux, c'est que leur exécution s'opère & s'achevera entièrement par des moyens qui ne sont onéreux, ni au Trésor royal, ni aux peuples, des moyens qui ne dérangent aucune destination, qui ne retardent aucun payement.

En effet, Messieurs, au milieu de toutes ces entreprises, chaque département a reçu ce qu'il a jugé nécessaire pour son service; chaque Intendant a obtenu les secours qu'il a demandés pour sa Généralité; chaque créancier de l'État a touché ce qu'il avoit droit de prétendre; aucun ne se plaint, aucune partie prenante ne se présente vainement, aucune n'est repoussée par cette triste allégation *de la situation fâcheuse des finances*, qui fut si long-temps la formule des réponses de l'Administration.

SA MAJESTÉ a même fait solder plusieurs indemnités reconnues justes, mais renvoyées à des circonstances plus heureuses. Elle a fait justice à tout le monde, & Elle a pu suivre les mouvemens de sa bienfaisance sans éprouver le regret d'aggraver les charges de son peuple, sans qu'il y ait eu directement ni indirectement aucune sorte d'augmentation d'impôts, sans qu'aucuns droits nouveaux aient été établis, même pour remplacer ceux qui ont été supprimés.

PAR ce tableau raccourci des payemens & des opérations effectuées depuis trois ans, d'après les décisions du Roi qui en font preuve, vous pouvez juger, Messieurs, si les dépenses ont été surveillées avec attention, & s'il y a eu de l'ordre dans le régime des Finances. Des effets salutaires ne permettent pas de présumer un principe vicieux; & quels que puissent être les vains propos des gens mal-instruits, c'est toujours par les grands résultats qu'on doit apprécier l'économie dans une vaste administration.

J'ai remis au Roi des détails exacts & détaillés de tout ce qui a été *donné, acquis, échangé, emprunté & anticipé*, depuis que Sa Majesté a daigné me charger de ses Finances; j'y ai joint tous les renseignemens, tous les titres justificatifs de l'autorisation & de l'emploi. Sa Majesté les a tous examinés, Elle les a gardés, Elle est continuellement en état d'en vérifier par Elle-même tous les articles; & je ne crains pas que la malignité la plus venimeuse puisse rien citer de réel qui ne s'y trouve compris.

Il ne m'est pas permis sans doute de parler de moi dans cette auguste Assemblée, où il ne doit être question que des plus grands intérêts de l'Etat. Mais ce que j'ai à dire sur l'économie ne leur est point étranger; & avant de développer ce qui a conduit Sa Majesté aux résolutions qu'Elle veut, Messieurs, vous communiquer, il n'est pas inutile de faire voir que leur nécessité ne peut être regardée comme suite de relâchement sur les dépenses.

En général l'économie d'un Ministre des Finances peut exister sous deux formes si différentes, qu'on pourroit dire que ce sont deux sortes d'économies.

L'une qui frappe tous les yeux par des dehors sévères, qui s'annonce par des refus éclatans & durement prononcés, qui affiche la rigueur sur les moindres objets, afin de décourager la foule des demandeurs. C'est une apparence imposante qui ne prouve rien pour la réalité, mais qui fait beaucoup pour l'opinion; elle a le double avantage d'écarter l'importune cupidité, & de tranquilliser l'inquiète ignorance.

L'autre, qui tient au devoir plutôt qu'au caractère, peut faire plus en se montrant moins; stricte & réservée pour tout ce qui a quelqu'importance, elle n'affecte pas l'austérité pour ce qui n'en a aucune; elle laisse parler de ce qu'elle accorde, & ne parle pas de ce qu'elle épargne : parce qu'on la voit accessible aux demandes, on ne veut pas croire qu'elle en rejette la plus grande partie; parce qu'elle tâche d'adoucir l'amertume des refus, on la juge incapable de refuser; parce qu'elle n'a pas l'utile & commode réputation d'inflexibilité, on lui refuse celle d'une sage retenue; & souvent, tandis que par une application assidue à tous les détails d'une immense gestion, elle préserve les Finances des abus les plus funestes, & des impéritie les plus ruineuses, elle semble se calomnier elle-même par un extérieur de facilité que l'envie de nuire a bientôt transformé en profusion.

Mais qu'importe l'apparence, si la réalité est incontestable? Persuadera-t-on que les libéralités sont devenues excessives, lorsqu'il est constaté par le compte effectif de l'année dernière, que les pensions qui s'élevoient notoirement à 28 millions, ne montent plus qu'à environ 26; & qu'elles continueront nécessairement de décroître chaque année par l'exécution du Règlement que Sa Majesté a rendu le 8 mai 1785;

Refusera-t-on de reconnoître que dans un Royaume comme la France, la plus certaine, la plus grande des économies consiste à ne pas faire de fausses opérations ; qu'une seule méprise en administration, une spéculation erronée, un emprunt mal calculé, un mouvement rétrograde coûte infiniment plus au Trésor public, sans qu'on le sache, que les dépenses ostensibles dont on parle le plus ; & que le titre d'administrateur économe est plutôt dû à celui dont on ne peut citer aucune opération manquée qu'à celui qui ne s'attacheroit qu'à des épargnes souvent illusoires, & toujours plus avantageuses au Ministre qui s'en fait un mérite, qu'à l'État dont l'utile splendeur est incompatible avec une stérile parcimonie !

Au surplus, les circonstances commandent : j'aurois tout perdu si j'avois pris l'attitude de la pénurie au moment que je devois en dissimuler la réalité. Toutes mes ressources, lorsque le Roi m'a confié la conduite de ses Finances, consistoient dans le crédit ; tous mes efforts ont dû tendre à le rétablir. L'argent manquoit, parce qu'il ne circuloit pas : il a fallu en répandre pour l'attirer, en faire venir du dehors pour faire sortir celui que la crainte tenoit caché au dedans, se donner l'extérieur de l'abondance, pour ne pas laisser apercevoir l'étendue des besoins. L'essentiel étoit alors de ramener la confiance égarée ; & pour y parvenir il y avoit beaucoup à réparer dans l'opinion. Il falloit porter l'exactitude des payemens au-delà même de l'exigibilité pour qu'elle ne parût pas rester en-deçà. Il falloit rembourser infiniment pour pouvoir recevoir encore plus ; il falloit abolir la terreur de ces moyens sinistres dont la seule appréhension seroit une tache dans un règne que caractérisent la sagesse & la vertu ; il falloit enfin égaler aux yeux de l'Étranger les Nations les plus fidèles à leurs engagemens, & donner à toute l'Europe une juste idée de la fécondité de nos ressources.

Le Roi, à qui j'ai rendu compte de tout, a jugé mes motifs, & réglé en conséquence la marche que j'ai suivie. Sa Majesté a reconnu la nécessité de commencer par rappeler les forces & ranimer la vigueur du corps politique, avant d'oser en sonder les plaies invétérées, & sur-tout avant de les découvrir, ce qui n'est permis que quand on peut en même-temps présenter le remède curatif.

C'EST LE POINT où je suis enfin parvenu. Depuis un an, je n'ai pas cessé de travailler à prendre une connoissance plus certaine qu'on ne l'avoit eue jusqu'à présent de la situation des Finances, & de méditer profondément sur ce qu'elle exige.

Il semble qu'il soit bien facile à un Ministre des Finances de former un compte exact des recettes & dépenses ordinaires & annuelles. On croiroit qu'il doit le trouver dans les états de situation qu'on lui remet à la fin de chaque année, & qu'il présente lui-même au Roi, pour le règlement des fonds de l'année suivante.

Mais ces états, quelque soin qu'on apporte à leur confection, ne peuvent servir qu'à faire apercevoir les ressources extraordinaires qu'on est dans le cas de se procurer dans l'année pour laquelle ils sont faits; on ne peut en conclure rien de précis ni de certain sur la situation ordinaire. Le nombre prodigieux de parties hétérogènes & variables dont ils sont composés, l'enchevêtrement des différens exercices, la confusion provenante des prélèvemens locaux sur des recouvremens plus ou moins retardés, le rejet des valeurs & assignations reportées d'une année sur l'autre, la multitude incalculable des causes imprévues qui peuvent changer l'ordre des dépenses & celui des remboursemens; enfin le mélange presque inévitable de l'arriéré, du courant & du futur, du fixe & de l'éventuel; de ce qui n'est que le résultat des viremens, d'avec ce qui doit être compté pour effectif; toutes ces causes réunies rendent extraordinairement difficile de discerner ce qui appartient à chaque année, pour former une balance juste de l'état ordinaire & annuel.

Persuadé qu'il est de la plus grande importance de s'en assurer, & qu'en instruire le Roi sans aucune dissimulation, c'est un devoir rigoureux de ma place, en même-temps que c'est servir, suivant ses principes, un Monarque qui aime la vérité; je n'ai rien négligé pour parvenir à mettre sous ses yeux un compte général de ses Finances, dont je pusse lui garantir & justifier l'exactitude. J'y ai distingué soigneusement, & par colonnes, les revenus dans leur intégrité, les prélèvemens qu'ils subissent avant d'arriver au Trésor royal, & leur montant net, tel qu'il s'y verse effectivement pour chaque année.

J'ai suivi le même ordre pour les dépenses; j'ai séparé tout l'extraordinaire de celles qu'il faut regarder comme annuelles; j'ai compris dans celles-ci les parties acquittées sur les lieux, & je les ai classées toutes par date, par assignat, & suivant les époques auxquelles elles doivent se rapporter.

Ces comptes dressés sous deux points de vue, l'un pour l'année 1787, l'autre pour une année ordinaire, présentent une balance très-correcte des recettes & dépenses annuelles; je les ai remis au Roi, appuyés de soixante-trois états particuliers qui donnent le détail de tous les articles, & Sa Majesté qui a bien voulu en faire une étude approfondie avec l'application qu'Elle ne refuse jamais à ce qui la mérite, est à présent plus instruite que qui que ce soit ne peut l'être dans son Royaume, de la véritable situation de ses Finances.

LES RÉSULTATS de cette connoissance n'ont pu lui paroître ni douteux ni satisfaisans.

Je dois l'avouer, & je n'ai eu garde d'en rien déguiser; le déficit annuel est très-considérable. J'en ai fait voir au Roi l'origine, les progrès & les causes.

Son origine est fort ancienne; le déficit en France existe depuis des siècles. Le système, en bouleversant les fortunes particulières, devoit du moins rétablir le niveau dans les finances de l'État : ce but a été manqué, & même sous l'administration économique du Cardinal Fleury, on ne l'a point atteint. Ce n'est pas l'opinion commune, mais c'est la vérité; & il est constaté par un travail fait au Trésor royal sur les comptes de ce Ministère, que pendant sa durée le déficit a toujours subsisté.

Ses progrès sont devenus effrayans sous le dernier règne. Le déficit passoit 74 millions, quand l'Abbé Terray fut appelé à l'administration des Finances; il étoit encore de 40 quand il en sortit. Cependant par le Mémoire qu'il remit au Roi en 1774, accompagné d'un état des recettes & dépenses pour la même année, il n'avoit porté le déficit annuel qu'à 27,800,000 livres; mais il est reconnu & prouvé par le compte effectif de cette même année, qu'en réalité il étoit alors de 40,200,000 livres.

Cette différence confirme ce que j'ai dit de la difficulté de former une balance exacte des recettes & des dépenses ordinaires.

Les finances étoient donc encore dans un grand dérangement lorsque SA MAJESTÉ est montée sur le trône. Elles restèrent à-peu-près au même état jusqu'en 1776, époque à laquelle le déficit fut estimé être de 37 millions par celui même qui, peu de temps après, fut chargé de la direction des Finances.

Entre cette époque & celle du mois de Mai 1781, le rétablissement de la Marine & les besoins de la guerre firent emprunter 440 millions.

Il est évident que le produit de toutes les réformes, de toutes les bonifications qui ont été faites dans cet intervalle, quelqu'évaluation qu'on puisse leur donner, n'a pu compenser à beaucoup près, l'augmentation de dépense qui a résulté nécessairement de l'intérêt de ces emprunts, qu'il faut toujours compter sur le pied de neuf à dix pour cent, soit comme viagers, soit eu égard aux remboursemens, & qui par conséquent s'est élevé à plus de 40 millions par an. Le déficit s'est donc accrû, & les comptes effectifs le prouvent.

Il s'est accrû encore depuis le mois de Mai 1781 jusqu'au mois de Novembre 1783; & l'on ne doit pas s'en étonner, puisque les emprunts faits pendant cet espace, montèrent à environ 450 millions.

J'ai constaté qu'à la fin de 1783, le déficit s'est trouvé être de 80 millions.

Il y avoit en outre 176 millions d'anticipations que j'ai compris dans la masse des dettes, lorsque j'ai dit qu'à cette époque, elles s'élevoient à plus de 600 millions. Il est prouvé par les états remis au Roi, qu'elles montoient à 604, en sorte qu'en y joignant le déficit de 80 millions; je puis bien dire que le vide étoit de 684 millions dans l'exercice de 1784.

Je n'ai pu ni dû le faire porter entièrement sur cette seule année, il a fallu en rejeter une partie sur les exercices suivans, & l'on sent combien ce rejet, joint au déficit annuel, a dû les rendre pénibles; on voit combien les emprunts faits à la fin des années 1783, 1784 & 1785, même en y joignant celui fait par la ville de Paris en Décembre 1786, sont au-dessous de ce que j'avois à payer, & l'on ne doit pas s'étonner que, pour y suppléer, il ait été inévitable de recourir à d'autres ressources de crédit moins directes, moins ostensibles, mais toutes expressément approuvées par Sa Majesté, qui en a connu les motifs & l'emploi.

La réunion de tous ces moyens de crédit dont il n'a été usé qu'avec la plus grande réserve possible, ne forme pas, à beaucoup près, une somme égale à celles des acquittemens qui ont été effectués pendant le cours de ces trois années: l'ordre, l'économie & les arrangemens dont une grande manutention est susceptible, ont fait le reste, & tout est soldé.

Mais il n'en résulte pas moins que le déficit annuel a pris de nouveaux accroissemens. Les causes en sont trop publiques, pour que les effets en soient mystérieux.

Ces causes s'expliquent toutes par une seule observation; le déficit étoit de 37 millions à la fin de 1776, & depuis cette époque jusqu'à la fin de 1786, il a été emprunté 1250 millions.

Vous savez, Messieurs, combien ces emprunts étoient nécessaires. Ils ont servi à nous créer une Marine formidable; ils ont servi à soutenir glorieusement une guerre qui, d'après son principe & son but, a été appelée avec raison *Guerre nationale*; ils ont servi à l'affranchissement des Mers; ils ont servi enfin à procurer une paix solide & durable, qui doit donner le temps de réparer tout le dérangement qu'une dépense aussi énorme a causé dans les Finances.

Ce seroit cependant prendre une idée fort exagérée du déficit actuel, que de joindre pour en mesurer l'étendue, l'intérêt de cette masse d'emprunts, à ce qu'il étoit déjà antérieurement. D'un côté le revenu du Roi se trouve augmenté, tant par le produit des sous pour livre imposés en 1781, que par les bonifications considérables obtenues dernièrement aux renouvellemens des baux des différentes Compagnies de Finance: d'un autre côté, il y a eu pour 250 millions au moins, de remboursemens, qui ont diminué proportionnellement les intérêts, & suivant l'ordre réglé tant pour ceux de ces remboursemens qui sont à époques fixes, que pour ceux que doit opérer la Caisse d'amortissement, il s'éteindra encore, pendant les dix années prochaines, un capital de plus de 400 millions; après quoi le Roi rentrera dans la libre jouissance de plus de 60 millions de revenu, absorbé présentement, tant par les remboursemens assignés, que par les intérêts.

Mais jusque-là, c'est-à-dire jusqu'à la fin de 1797, il est impossible de laisser l'État dans le danger sans cesse imminent auquel l'expose un déficit tel que celui qui existe; impossible de continuer à recourir chaque année à des palliatifs

& des expédiens, qui, en retardant la crise, ne pourroient que la rendre plus funeste ; impossible de faire aucun bien, de suivre aucun plan d'économie, de procurer aux peuples aucun des soulagemens que la bonté du Roi leur destine, aussi long-temps que ce désordre subsistera.

J'ai dû le dire, j'ai dû dévoiler au Roi cette triste vérité ; elle a fixé toute son attention, & Sa Majesté s'est vivement pénétrée de la nécessité d'employer les moyens les plus efficaces pour y apporter remède.

Mais quels peuvent être ces moyens !

Toujours emprunter, seroit aggraver le mal & précipiter la ruine de l'État.

Imposer plus, seroit accabler les Peuples que le Roi veut soulager.

Anticiper encore, on ne l'a que trop fait, & la prudence exige qu'on diminue chaque année la masse des anticipations actuelles.

Économiser, il le faut sans doute : Sa Majesté le veut ; Elle le fait, Elle le fera de plus en plus. Tous les retranchemens possibles de dépenses jusque dans sa propre Maison, tous ceux dont les différens départemens sont susceptibles sans nuire aux forces de l'État, Elle les a résolus, & ses résolutions sont toujours suivies d'effet : mais l'économie seule, quelque rigoureuse qu'on la suppose, seroit insuffisante, & ne peut être considérée que comme moyen accessoire.

Je n'ai garde de mettre au rang des ressources ce qui, en détruisant le crédit, perdroit tout ce que l'immuable fidélité du Roi à ses engagemens ne permet pas d'envisager comme possible, ce qui répugneroit à son cœur autant qu'à sa justice.

Que reste-t-il donc pour combler un vide effrayant, & faire trouver le niveau désiré !

Que reste-t-il qui puisse suppléer à tout ce qui manque, & procurer tout ce qu'il faudroit pour la restauration des Finances !

Les Abus.

Oui, Messieurs, c'est dans les abus même que se trouve un fonds de richesses que l'État a droit de réclamer, & qui doivent servir à rétablir l'ordre. C'est dans la proscription des abus que réside le seul moyen de subvenir à tous les besoins. C'est du sein même du désordre que doit jaillir une source féconde, qui fertilisera toutes les parties de la Monarchie.

Les abus ont pour défenseurs l'intérêt, le crédit, la fortune, & d'antiques préjugés que le temps semble avoir respectés; mais que peut leur vaine confédération contre le bien public & la nécessité de l'État!

Le plus grand de tous les abus, seroit de n'attaquer que ceux de moindre importance, ceux qui n'intéressant que les foibles, n'opposent qu'une foible résistance à leur réformation, mais dont la réformation ne peut produire une ressource salutaire.

Les abus qu'il s'agit aujourd'hui d'anéantir pour le salut public, ce sont les plus considérables, les plus protégés, ceux qui ont les racines les plus profondes, & les branches les plus étendues.

Tels sont les abus dont l'existence pèse sur la classe productive & laborieuse; les abus des priviléges pécuniaires, les exceptions à la loi commune, & tant d'exemptions injustes, qui ne peuvent affranchir une partie des contribuables, qu'en aggravant le sort des autres;

L'inégalité générale dans la répartition des subsides, & l'énorme disproportion qui se trouve entre les contributions des différentes Provinces, & entre les charges des Sujets d'un même Souverain;

La rigueur & l'arbitraire de la perception de la Taille;

La crainte, les gênes, & presque le déshonneur imprimés au commerce des premières productions;

Les Bureaux de traites intérieures, & ces Barrières qui rendent les diverses parties du Royaume étrangères les unes aux autres;

Les droits qui découragent l'industrie, ceux dont le recouvrement exige des frais excessifs & des préposés innombrables; ceux qui semblent inviter à la contrebande, & qui tous les ans font sacrifier des milliers de citoyens;

Le dépérissement du domaine de la Couronne, & le peu d'utilité que produisent ses foibles restes;

La dégradation des forêts du Roi, & les vices de leur administration;

Enfin tout ce qui altère les produits, tout ce qui affoiblit les ressources du crédit, tout ce qui rend les revenus insuffisans, & toutes les dépenses superflues qui les absorbent.

Si tant d'abus, sujets d'une éternelle censure, ont résisté jusqu'à présent à l'opinion publique qui les a proscrits, & aux efforts des Administrateurs qui ont tenté d'y remédier, c'est qu'on a voulu faire, par des opérations partielles, ce qui ne pouvoit réussir que par une opération générale; c'est qu'on a cru pouvoir réprimer le désordre sans en extirper le germe; c'est qu'on a entrepris de perfectionner le régime de l'État, sans en corriger les discordances, sans le ramener au principe d'uniformité, qui peut seule écarter toutes les difficultés de détail, & revivifier le corps entier de la Mornarchie.

Les vues que le Roi veut vous communiquer tendent toutes à ce but : ce n'est ni un système, ni une invention nouvelle; c'est le résumé, & pour ainsi dire, le ralliement des projets d'utilité publique, conçus depuis long-temps par les hommes d'État les plus habiles, souvent présentés en perspective par le Gouvernement lui-même, dont quelques-uns ont été essayés, en partie, & qui tous semblent réunir les suffrages de la Nation; mais dont jusqu'à présent l'entière exécution avoit paru impraticable par la difficulté de concilier une foule d'usages locaux, de prétentions, de priviléges, & d'intérêts opposés les uns aux autres.

Quand on considère par quels accroissemens successifs, par combien de réunion de contrées diversement gouvernées, le Royaume est parvenu à sa consistance actuelle, on ne doit pas être étonné de la disparité de régimes, de la multitude de formes hétérogènes, & de l'incohérence de principes qui en désunissent toutes les parties.

Ce n'étoit pas au sein de l'ignorance & de la confusion dont le voile a couvert le temps des premières races;

Ce n'étoit point lorsque les Rois, mal affermis sur leurs trônes, n'étoient occupés qu'à repousser sans cesse les usurpations des grands vassaux;

Ce n'étoit pas au milieu des désordres & de l'anarchie du régime féodal, lorsqu'une foule de petits tyrans, du fond de leurs châteaux fortifiés, exerçoient les brigandages les plus révoltans, bouleversoient tous les principes de constitution, & interposoient leurs prétentions chimériques entre le Souverain & ses sujets;

Ce n'étoit point lorsque la manie des croisades, échauffée par le double enthousiasme de la religion & de la gloire, portoit sous un autre hémisphère les forces, la bravoure & les malheurs de la France;

Ce n'étoit point lorsqu'un Prince, qui obtint le surnom d'Auguste, recouvroit les principaux démembremens de sa

Couronné, & en augmentoit la puissance & l'éclat ; ni lorsque la sombre politique d'un de ses successeurs, en donnant de l'extension au Gouvernement municipal, préparoit les moyens de réunir dans la main du Souverain tous les ressorts de la force publique ; ni lorsque le Monarque le plus avide de gloire & le plus valeureux des Chevaliers disputoit au Souverain son rival, la célébrité qu'ils acquirent tous deux aux dépens de leurs peuples ;

Ce n'étoit pas dans ces temps orageux & sinistres, où le fanatisme déchirant le sein de l'État, le remplissoit de calamités & d'horreurs ; ni lorsque ce bon Roi, si chéri des François, conquéroit son Royaume à la pointe de son épée, & avoit à réparer les longs désordres, & les effets désastreux des guerres civiles ;

Ce n'étoit pas lorsque toute l'énergie d'un Ministre habile & redouté se concentroit dans le double dessein d'enchaîner l'ambition d'une Puissance devenue formidable à l'Europe, & d'assurer la tranquillité de la France par l'affermissement du pouvoir monarchique ;

Ce n'étoit pas non plus sous ce règne éclatant, où les intentions bienfaisantes d'un grand Monarque furent trop souvent interrompues par des guerres ruineuses, où l'État s'appauvrissoit par des victoires, tandis que le Royaume se dépeuploit par l'intolérance où le soin d'imprimer à tout un caractère de grandeur, ne permettoit pas toujours celui de procurer à l'État une solide prospérité ;

Ce n'étoit point enfin avant que la Monarchie eût étendu ses limites jusqu'aux points naturellement destinés à les fixer, avant qu'elle fût parvenue à sa maturité, & que le calme tant au dehors qu'au dedans, fût affermi solidement par la sage modération de son Souverain, qu'il étoit possible de songer à réformer ce qu'il y a de vicieux dans la constitution, & de travailler à rendre le régime général plus uniforme.

Il étoit réservé à un Roi jeune, vertueux, & qui n'a d'autre passion que de faire le bonheur des sujets dont il est adoré, d'entreprendre après un mûr examen, & d'exécuter avec une volonté inébranlable, ce qu'aucun de ses prédécesseurs ne pouvoit faire ; de mettre de l'accord & de la liaison entre toutes les parties du corps politique, d'en perfectionner l'organisation, & de poser enfin les fondemens d'une prospérité inaltérable.

C'est pour y parvenir, que s'arrêtant à l'idée la plus simple & la plus naturelle, celle de l'unité de principes, qui est le vœu de la justice & la source du bon ordre, il en a fait l'application aux objets les plus essentiels de l'administration de son Royaume, & qu'il s'est assuré par une longue médiation sur les conséquences qui devoient en résulter, qu'il y trouveroit le double avantage d'augmenter ses revenus, & de soulager ses peuples.

CETTE VUE GÉNÉRALE a conduit SA MAJESTÉ à s'occuper d'abord des différentes formes d'administrer qui ont lieu dans les différentes provinces du Royaume, où il n'y a point de convocation d'États. Pour que la répartition des charges publiques cesse d'y être inégale & arbitraire, Elle a résolu d'en confier le soin aux propriétaires eux-mêmes, & Elle a puisé dans les premiers principes de la Monarchie le plan uniforme d'un ordre graduel de délibérations, suivant lequel l'émanation du vœu des contribuables & leurs observations sur tout ce qui les intéresse, se transmettroient des Assemblées *paroissiales* à celles de *district*, de celles-ci aux Assemblées *provinciales*, & par elles jusques au Trône.

SA MAJESTÉ s'est ensuite attachée avec une attention toute particulière à établir le même principe d'uniformité, & l'égalité proportionnelle dans la répartition de l'Impôt territorial qu'Elle a regardé comme étant la base, & devant être la mesure de toutes les autres contributions. Elle a reconnu par le compte qu'Elle s'est fait rendre de la manière dont se perçoivent aujourd'hui les Vingtièmes, qu'au lieu d'être assis, comme ils devroient l'être, sur l'universalité des terres de son Royaume, dans la juste proportion de leurs valeurs & de leurs productions, ils souffroient une infinité d'exceptions tolérées plutôt que légitimes; que les pays d'États s'en acquittoient par des abonnemens disproportionnés; que le crédit & l'opulence parvenoient par des moyens indirects à s'en exempter en partie, tandis que les moins aisés en supportoient toute la rigueur; que des vérifications toujours inquiétantes, souvent interrompues & très-incomplettes dans l'état actuel, ne pouvoient donner une règle certaine de fixation; enfin que les résultats de cette imposition générale, au lieu de procurer au Gouvernement la connoissance essentiellement nécessaire, des productions du Royaume, & de la balance comparative des forces de chaque province, ne servoient qu'à manifester l'inégalité choquante de leurs charges respectives, & ne présentoient pas à beaucoup près, un produit égal à la valeur annoncée par la dénomination même de cet impôt.

SA MAJESTÉ a jugé que le moyen de remédier à ces inconvéniens par la seule application des règles d'une justice exactement distributive, de ramener l'impôt à son principe fondamental, de le porter à sa vraie valeur, en ne surchargeant personne, en accordant même du soulagement au peuple, & de rendre tout privilège inapplicable au mode de sa perception, seroit de substituer aux Vingtièmes une Subvention générale qui, s'étendant sur toute la superficie du Royaume, consisteroit dans une quotité proportionnelle de tous les produits, soit en nature pour ceux qui en seroient susceptibles, soit en argent pour les autres, & n'admettroit aucune exception même à l'égard de son Domaine, ni aucunes autres distinctions, que celles résultantes des différentes qualités du sol, & de la variété des récoltes.

Les biens ecclésiastiques se trouvent nécessairement compris dans cette répartition générale, qui, pour être juste, doit embrasser l'universalité des terres, comme la protection dont elle est le prix. Mais pour que ces biens ne soient point surchargés en continuant de payer les décimes qui se lèvent pour la dette du Clergé, le Roi, souverain protecteur des Églises de son Royaume, a résolu de pourvoir au remboursement de cette dette, en accordant au Clergé les autorisations nécessaires pour s'en libérer.

Par une suite du même principe de justice qui n'admet aucune exception quant à l'imposition territoriale, Sa Majesté a trouvé équitable que les premiers Ordres de son État, qui sont en possession de distinctions honorifiques qu'Elle entend leur conserver, & dont Elle veut même qu'ils jouissent à l'avenir plus complettement, fussent exempts de toute espèce de taxe personnelle, & conséquemment qu'ils ne payassent plus la capitation, dont la nature & la dénomination même semblent peu compatibles avec leur état.

SA MAJESTÉ auroit voulu que le produit du tribut territorial qui doit remplacer les Vingtièmes, la mît dès-à-préfent en état de diminuer le fardeau de la Taille autant qu'Elle fe le propofe.

Elle fait combien cette impofition & l'arbitraire de fon recouvrement pèfent fur la partie la plus fouffrante de fes fujets; & s'il eft de fa fageffe de fufpendre l'entier accompliffement de fes vues bienfaifantes, jufqu'à ce qu'Elle ait connu les réfultats de la nouvelle forme de perception fur les terres, & que les Adminiftrations provinciales l'aient éclairée fur les moyens de rectifier la répartition de la Taille, Elle veut du moins en corriger provifoirement les principaux vices, & ne pas différer à faire jouir fes peuples d'un commencement de réduction fur la maffe totale de cet impôt.

L'ENTIÈRE LIBERTÉ du commerce des Grains, affurée en faveur de l'Agriculture & de la propriété, fous la feule réferve de déférer aux demandes des Provinces lorfque quelques-unes d'entr'elles croiront néceffaire d'interdire momentanément l'exportation à l'étranger, & fans que la follicitude paternelle du Roi pour tout ce qui intéreffe la fubfiftance de fes peuples, ceffe de donner à cet important objet les foins utiles & jamais inquiétans d'une furveillance inaperçue;

L'ABOLITION de la Corvée en nature, & la converfion de cette trop dure exigeance en une preftation pécuniaire répartie avec plus de juftice, & employée de manière que fa deftination foit inviolablument affurée;

L'AFFRANCHISSEMENT de la circulation intérieure; le reculement des bureaux aux frontières; l'établiffement d'un tarif uniforme combiné avec les intérêts du Commerce; la fuppreffion de plufieurs droits nuifibles à l'induftrie, ou trop fufceptibles d'occafionner des vexations, & l'allégement du fardeau de la gabelle, dont je n'ai jamais parlé à Sa Majefté, fans que fon ame ait été fenfiblement émue par le regret de n'en pouvoir décharger entièrement fes fujets.

Ce font, Meffieurs, autant d'opérations falutaires qui entrent dans le plan dont Sa Majefté vous fera développer les détails, & qui toutes concourent aux vues d'ordre & d'uniformité qui en font la bafe.

APRÈS avoir avoir donné fa principale attention à ces grands objets, le Roi s'eft occupé des moyens d'accélérer

la

la libération de la dette publique, libération déjà assurée par l'assignat invariable des sommes qui se versent chaque année dans la Caisse d'amortissement, & par l'emploi perpétuel du fonds progressif résultant des intérêts combinés des différentes extinctions.

SA MAJESTÉ a considéré que ses Domaines, dont une grande portion s'est depuis long-temps éclipsée par des engagemens, des apanages, des concessions de toute espèce, & dont les foibles restes, quoique mieux administrés depuis quelques années, supportent des frais & charges qui absorbent la moitié de leurs produits, ne pouvoient jamais acquérir entre ses mains une valeur proportionnée à celle des propriétés particulières ; qu'ils étoient & seroient perpétuellement attaqués par une foule de demandes, dont la bonté du Souverain le plus réservé dans ses libéralités, a peine à se défendre, & qu'il étoit possible d'en tirer un parti beaucoup plus avantageux par la voie de l'inféodation, puisque sans diminution de revenu, & en conservant la supériorité directe qui est l'objet essentiellement inaliénable, leur produit pourroit servir à l'extinction d'une partie des dettes constituées de l'État.

SA MAJESTÉ n'a pas jugé à propos d'user du même moyen par rapport à ses forêts ; Elle s'en réserve l'entière propriété, & se propose d'en améliorer les produits par une administration mieux dirigée, moins incommode pour le public, & moins dispendieuse que ne l'est celle des Maîtrises.

VOUS VERREZ, Messieurs, en dernier résultat, l'influence de ces différentes opérations par rapport aux Finances de Sa Majesté ; vous aurez connoissance de quelques dispositions qui y sont plus directement relatives, & qui tendent, les unes à bonifier les recettes par des moyens qui ne seront pas onéreux, tels qu'une perception plus exacte du droit de Timbre ; les autres, à faire sur les dépenses tous les retranchemens possibles ; & toutes à rétablir entr'elles l'équilibre, sans lequel il ne peut y avoir ni véritable économie, ni puissance solide, ni tranquillité durable.

LES SOINS que le Roi a pris pour étendre les opérations de la Caisse d'escompte, pour les rendre plus utiles au Commerce, & pour augmenter en même temps la sûreté de ſes engagemens, acheveront de vous faire voir combien Sa Majeſté eſt attentive à tout ce qui peut procurer quelqu'avantage à ſes Sujets, combien Elle veille ſur l'intérêt public.

VOUS RECONNOÎTREZ enfin dans tout l'enſemble du plan ſur l'exécution duquel Sa Majeſté veut vous conſulter, qu'il eſt ſi utile pour le bon ordre, ſi néceſſaire pour le redreſſement des abus, & ſi avantageux pour le Peuple, qu'il faudroit en deſirer l'exécution, quand la ſituation des Finances ne l'exigeroit pas impérieuſement.

QUI POURROIT DOUTER des diſpoſitions dans leſquelles vous allez vous pénétrer de ces grands intérêts ! appelés par le Roi à l'honorable fonction de coopérer à ſes vues bienfaiſantes, animés du ſentiment du plus pur patriotiſme qui, dans tous les cœurs François, ſe confond avec l'amour pour leur Souverain & l'amour de l'honneur, vous n'enviſagerez dans l'examen que vous allez faire, que le bien général de la Nation, dont les regards ſont fixés ſur vous.

Vous vous ſouviendrez qu'il s'agit du ſort de l'État, & que des moyens ordinaires ne pourroient ni lui procurer le bien que le Roi veut lui faire, ni le préſerver des maux qu'il veut prévenir.

Les obſervations que vous préſenterez à Sa Majeſté, auront pour but de ſeconder & de perfectionner l'accompliſſement de ſes intentions; elles ſeront inſpirées par le zèle, & mêlées des expreſſions de la reconnoiſſance dûe à un Monarque qui n'adopte de projets que ceux où il voit le ſoulagement de ſes Peuples, qui s'unit à ſes Sujets, qui les conſulte, qui ne ſe montre à eux que comme leur père.

Que d'autres rappellent cette maxime de notre Monarchie : *ſi veut le Roi, ſi veut la Loi* ; la maxime de Sa Majeſté eſt : *ſi veut le bonheur du Peuple, ſi veut le Roi*.

Le diſcours de Monſieur le Contrôleur général fini, Monſeigneur le Garde des Sceaux a été prendre les ordres du Roi ; revenu à ſa place, aſſis & couvert, il a dit : *Si quelqu'un deſire exprimer au Roi ſes ſentimens, Sa Majeſté lui permet de parler.*

Monsieur le Premier Président du Parlement de Paris s'est levé, & a fait le discours suivant.

DISCOURS

De Monsieur le Premier Président du Parlement de Paris.

SIRE,

LE bonheur de vos Peuples a toujours été l'objet du cœur paternel de Votre Majesté; votre avénement au Trône fut signalé par votre amour pour la justice & pour la fidélité des engagemens de votre État. Tous les momens de votre règne ont été marqués, SIRE, par votre amour pour vos Sujets. Après leur avoir procuré une paix glorieuse, rétabli la tranquillité de l'Europe, & calmé par l'appareil de votre puissance ou par l'appui de votre médiation, tout nouveau sujet de dissention & de trouble, les soins de Votre Majesté se sont portés, SIRE, vers le projet depuis long-temps arrêté dans les résolutions de votre sagesse, de vous mettre en état de procurer le soulagement de vos Sujets. Un plan présenté comme capable de contribuer à ces vues de bienfaisance, intéresse aussitôt Votre Majesté, toujours portée à ce qu'Elle croit pouvoir tendre à leur bonheur.

Puisse, SIRE, l'esprit d'ordre & d'économie dont Votre Majesté est animée, pénétrer dans toutes les branches de son administration, & montrer à la France & à l'Univers, combien Votre Majesté est occupée du bonheur de ses Peuples & de la prospérité de son Royaume.

Monsieur l'Archevêque de Narbonne s'est levé, & après avoir salué Sa Majesté, a dit:

DISCOURS

De Monsieur l'Archevêque de Narbonne.

SIRE,

SI nous avions pu prévoir que quelqu'un dût élever la voix dans cette assemblée, pour offrir à VOTRE MAJESTÉ

E ij

des remercîmens & des hommages, le premier Ordre de votre Royaume se feroit fait une gloire & un devoir de n'être prévenu par personne. Nous supplions VOTRE MAJESTÉ de nous permettre de mettre à ses pieds la première impression que fait naître dans nos ames le spectacle aussi auguste qu'imposant de cette assemblée, & sur-tout la vive & respectueuse reconnoissance qu'elle inspire envers le Souverain qui a bien voulu la convoquer & qui daigne la présider.

Monseigneur le Garde des Sceaux est monté au trône pour prendre les ordres du Roi, & redescendu à sa place, a dit : *L'intention du Roi est, lorsque les Commissaires de Sa Majesté auront remis à l'Assemblée les objets sur lesquels le Roi se propose de les consulter, qu'elle se partage en sept Bureaux pour les examiner. Le Roi ordonne qu'il soit fait lecture de la Liste des Bureaux.*

Monsieur le Baron de Breteüil a remis la Liste au sieur Hennin, premier Secrétaire-greffier de l'Assemblée, lequel en a fait la lecture debout & découvert.

LISTE DES BUREAUX.

Premier Bureau.

MONSIEUR, Président.

Messieurs,

L'Archevêque de Narbonne.
L'Évêque de Nevers.
Le Duc de la Rochefoucauld.
Le Maréchal de Contades.
Le Maréchal de Beauvau.
Le Duc du Châtelet.
Le Comte de Brienne.
Le Baron de Flachslanden.
De Sauvigny, Conseiller d'État.
De Fourqueux, Conseiller d'État.
Le Premier Président du Parlement de Paris.
Le Président d'Ormesson.
Le Président de Saron.
Le Président de Lamoignon.
Le Procureur général du Parlement de Paris.
Le Député du Clergé de Languedoc.
Le Député de la Noblesse de Bretagne.
Le Préteur royal de Strasbourg.
Le Prévôt des Marchands de Lyon.
Le Maire de Marseille.
Le Maire de Rouen.

Second Bureau.

MONSEIGNEUR COMTE D'ARTOIS, Préfident.

MESSIEURS,

L'ARCHEVÊQUE de Touloufe.
L'Évêque de Langres.
Le Duc DE HARCOURT.
Le Maréchal DE STAINVILLE.
Le Prince DE ROBECQ.
Le Duc DE LAVAL.
Le Duc DE GUINES.
Le Marquis DE LA FAYETTE.
LAMBERT, Confeiller d'État.
DE VILLEDEUIL, Maître des Requêtes.
Le Premier Préfident de la Chambre des Comptes de Paris.
Le Premier Préfident du Parlement de Bordeaux.
Le Premier Préfident du Parlement de Nanci.
Le Procureur général du Parlement d'Aix.
Le Député du Clergé des États d'Artois.
L'Élu général de la Nobleffe de Bourgogne.
Le Prévôt des Marchands de Paris.
Le Lieutenant civil de Paris.
Le Maire de Montpellier.
Le Maire de Bourges.
Le Maire de Limoges.

Troisième Bureau.

MONSEIGNEUR LE DUC D'ORLÉANS,
Président.

MESSIEURS,

L'ARCHEVÊQUE d'Aix.
L'Évêque de Nanci.
Le Duc DE CLERMONT-TONNERRE.
Le Maréchal DE BROGLIE.
Le Comte DE THIARD.
Le Comte DE ROCHECHOUART.
Le Marquis DE BOUILLÉ.
DE VIDAUD, Conseiller d'État.
BERTIER, Maître des Requêtes.
Le Premier Président du Parlement de Grenoble.
Le Premier Président du Parlement de Rouen.
Le Premier Président de la Cour des Aides de Paris.
Le Procureur général du Parlement de Toulouse.
Le Procureur général du Parlement de Rennes.
Le Député de la Noblesse d'Artois.
Le Député du Tiers-état de Bretagne.
Le Maire d'Orléans.
Le Maire d'Amiens.
Le Maire de Nanci.

Quatrième Bureau.

MONSEIGNEUR LE PRINCE DE CONDÉ,
Président.

MESSIEURS,

L'ARCHEVÊQUE d'Arles.
L'Évêque de Blois.
Le Duc DE BÉTHUNE-CHAROST.
Le Maréchal D'AUBETERRE.
Le Comte D'ESTAING.
Le Marquis DE LANGERON.
Le Marquis DE MIREPOIX.
DE BACQUENCOURT, Conseiller d'État.
DE NÉVILLE, Maître des Requêtes.
Le Premier Président du Parlement de Dijon.
Le Premier Président du Parlement de Besançon.
Le Procureur général de la Chambre des Comptes de Paris.
Le Procureur général du Parlement de Pau.
L'Élu général du Clergé de Bourgogne.
Le Député de la Noblesse de Languedoc.
Le Député du Tiers-état d'Artois.
Le Premier Capitoul de Toulouse.
Le Lieutenant de Maire de Bordeaux.
Le Prévôt de Valenciennes.

Cinquième Bureau.

MONSEIGNEUR LE DUC DE BOURBON,
Président.

MESSIEURS,

L'ARCHEVÊQUE de Reims.
L'Évêque d'Alais.
Le Duc DE NIVERNOIS.
Le Maréchal de MAILLY.
Le Comte D'EGMONT.
Le Comte DE PUYSÉGUR.
Le Marquis DE CHOISEUL-LA-BAUME.
LE NOIR, Conseiller d'État.
ESMANGART, Maître des Requêtes.
Le Premier Président du Parlement d'Aix.
Le Premier Président du Parlement de Pau.
Le Premier Président du Parlement de Metz.
Le Premier Président du Conseil souverain d'Alsace.
Le Procureur général du Parlement de Dijon.
Le Procureur général de la Cour des Aides de Paris.
L'Élu général du Tiers-état de Bourgogne.
Le Mayeur de Lille.
Le Maire de Troyes.
Le Maire de Reims.

Sixième Bureau.

Monseigneur le PRINCE DE CONTI,
Préfident.

Messieurs,

L'Archevêque de Paris.
L'Évêque de Rhodès.
Le Duc de Luxembourg.
Le Maréchal de Vaux.
Le Duc de Rohan-Chabot.
Le Marquis de Croix d'Heuchin.
De la Galaisiere, Confeiller d'État.
Le Premier Préfident du Parlement de Rennes.
Le Premier Préfident du Parlement de Flandre.
Le Procureur général du Parlement de Bordeaux.
Le Procureur général du Parlement de Grenoble.
Le Procureur général du Parlement de Metz.
Le Procureur général du Parlement de Befançon.
L'Avocat général du Confeil fouverain d'Alface.
Le Député du Tiers-état de Languedoc.
Le Maire de Bayonne.
Le Maire de Tours.
Le Maître Échevin de Metz.
Le Maire de Clermont.

Septième Bureau.

MONSEIGNEUR LE DUC DE PENTHIÈVRE,
Président.

MESSIEURS,

L'ARCHEVÊQUE de Bordeaux.
L'Évêque du Puy.
Le Maréchal DE MOUCHY.
Le Duc DE CROŸ.
Le Comte DE PÉRIGORD.
Le Marquis DE GOUVERNET.
Le Comte DE MONTBOISSIER.
BOUTIN, Conseiller d'État.
Le Premier Président du Parlement de Toulouse.
Le Premier Président du Conseil souverain de Roussillon.
Le Procureur général du Parlement de Rouen.
Le Procureur général du Parlement de Flandre.
Le Procureur général du Parlement de Nancy.
Le Procureur général du Conseil souverain de Roussillon.
Le Député du Clergé de Bretagne.
Le Maire de Caën.
Le Maire de Montauban.
Le Procureur-Syndic de Nantes.
Le Premier Échevin de Paris.

Monseigneur le Garde des Sceaux a été prendre les ordres du Roi, & revenu à sa place, a dit :

Le Roi compte sur le zèle de l'Assemblée, & Sa Majesté est assurée que tous ceux qui la composent, éviteront avec soin toutes les discussions qui pourroient nuire à son objet principal. En conséquence, Sa Majesté a donné une Déclaration par laquelle Elle ordonne que rien ne pourra tirer à conséquence pour les rangs, ni préjudicier aux droits de personne. L'intention de Sa Majesté, est qu'il soit fait lecture de sa Déclaration, & qu'elle soit insérée dans le Procès-verbal de l'Assemblée, qui sera rédigé par son ordre.

Monsieur le Baron de Breteüil a remis la Déclaration au sieur du Pont, second Secrétaire-greffier de l'Assemblée, qui en a fait la lecture, debout & découvert.

DÉCLARATION DU ROI.

LOUIS, PAR LA GRÂCE DE DIEU, ROI DE FRANCE ET DE NAVARRE : A tous ceux qui ces présentes Lettres verront; SALUT. Depuis notre avénement au Trône, nous avons toujours eu à cœur de maintenir chacun de nos Sujets dans tous les droits auxquels ils peuvent prétendre. Le desir dont nous sommes animés pour le bonheur de nos Peuples, nous ayant fait convoquer en ce lieu une Assemblée composée d'une partie des plus notables Personnages de notre Royaume, dont la fidélité, l'attachement à notre Personne, & le zèle pour la gloire & la splendeur de notre État, nous sont connus; & fait desirer que parmi eux il y eût un nombre de Prélats, Gentilshommes, Magistrats & Officiers municipaux de nos principales villes, pour être aidés de leurs conseils, comme ils ont aidé les Rois nos prédécesseurs & nous, de leurs lumières & même de leur sang, pour le maintien de notre Royaume &

la prospérité de nos armes; ils ont satisfait à notre volonté, & pris la place que nous leur avons expressément choisie, & que nous avons commandé à nos Officiers des cérémonies, de leur donner de notre part, comme honorable & avantageuse; & parce que quelques-uns pourroient n'être pas satisfaits à cause de leur dignité personnelle, ces places n'étant celles qu'ils ont accoutumé de tenir aux États-généraux, Lits de justice & autres Cérémonies auxquelles ils se trouvent en Corps; Nous leur avons voulu déclarer, comme nous faisons par ces présentes, mues de la bonne volonté que nous avons toujours eue pour les Prélats & Noblesse de notre Royaume, & autres nos Sujets, que notre intention n'a point été en cette convocation, de tenir une Assemblée d'États, Lit de justice ou autre de pareille nature, & que nous leur avons ordonné cette séance proche de notre Personne & de ceux qui présideront en notre absence, comme très-honorable, avantageuse & convenable à l'action tant de l'ouverture de ladite Assemblée que de la continuation d'icelle, sans qu'elle puisse préjudicier ni rien diminuer des honneurs & prérogatives qui leur sont ordinairement attribués, & que nous entendons & voulons leur être conservés. MANDONS à ces fins à tous qu'il appartiendra, que du contenu en ces présentes ils les laissent user pleinement & paisiblement: CAR TEL EST NOTRE PLAISIR. En témoin de quoi nous avons fait mettre notre scel à cesdites présentes. DONNÉ à Versailles le vingt-deuxième jour de Février, l'an de grâce mil sept cent quatre-vingt-sept, & de notre règne le treizième. Signé LOUIS. Et plus bas, Par le Roi. LE BARON DE BRETEÜIL.

Monseigneur le Garde des Sceaux a été prendre les ordres du Roi, & revenu à sa place, a dit :

MESSIEURS,

L'INTENTION du Roi est que, tant dans l'Assemblée générale, que dans les Bureaux, l'on prenne les voix par tête, & que l'on commence par ceux qui seront les derniers en séance. La volonté de Sa Majesté, est que vous vous assembliez demain à onze heures, pour entendre ce que ses Commissaires vous proposeront de sa part, & que le travail ne soit pas interrompu.

Le Roi a terminé la séance.

Sa Majesté s'est retirée dans le même ordre qu'Elle étoit arrivée.

SECONDE SÉANCE.
Le Vendredi 23 Février 1787.

LE ROI ayant fixé au lendemain vendredi 23 Février, la seconde des Séances de l'Assemblée de Notables, la salle fut disposée à cet effet totalement de niveau, le haut dais supprimé, conformément au plan que Sa Majesté avoit arrêté de sa main & aux ordres qu'Elle avoit donnés à Messieurs les Officiers des cérémonies.

Vers les neuf heures du matin, un détachement des Gardes de la Prévôté s'empara du vestibule donnant sur la rue des Chantiers, & de la petite pièce précédant immédiatement la salle d'Assemblée, ayant une Sentinelle à la porte de la salle en-dehors.

A la même heure, un détachement des Gardes-du-corps du Roi, prit poste à la petite galerie précédant immédiatement la salle d'Assemblée du côté de l'appartement. Les Cent-Suisses occupoient le petit escalier, qui de cette salle descend dans la cour.

Il n'y eut aucune garde dans la salle; deux Huissiers du Conseil, la chaîne d'or au cou, tenoient les portes en-dedans.

MONSIEUR & Monseigneur Comte d'Artois avoient envoyé d'avance des détachemens de leurs Gardes & de leurs Suisses, qui avoient pris les salles de l'appartement du Roi, qui étoit devenu celui de MONSIEUR & de Monseigneur Comte d'Artois.

Environ à dix heures & demie, Messieurs les Notables commencèrent à arriver par la porte de la rue des Chantiers; Messieurs les Conseillers d'État & Maîtres des Requêtes vinrent par ce même côté. Tous ces Messieurs furent reçus comme la veille, en haie & en armes par les Gardes de la Prévôté. Ils avoient les mêmes habits que le jour de l'ouverture de l'Assemblée.

La Séance fut prise dans l'ordre suivant : sur un banc circulaire à la droite des Princes, Monsieur l'Archevêque de Reims, Monsieur le Duc de Luxembourg, Monsieur l'Archevêque de Paris, Monsieur le Duc de Nivernois, Monsieur le Duc de Clermont-Tonnerre; Monsieur le Maréchal de Broglie, Monsieur le Maréchal de Mailly, Monsieur le Maréchal de Beauvau; Monsieur le Maréchal de Stainville, & plusieurs de Messieurs les Notables de la Noblesse sans rang. Sur un pareil banc à gauche des Princes, Monsieur l'Évêque de Langres, Monsieur le Duc de Béthune-Charost, Monsieur le Duc de Harcourt, Monsieur le Duc de la Rochefoucauld, Monsieur le Maréchal de Contades, Monsieur le Maréchal de Mouchy, Monsieur le Maréchal d'Aubeterre, Monsieur le Maréchal de Vaux, & ceux de Messieurs les Notables de la Noblesse qui n'avoient pu être sur l'autre banc de même sans rang.

Meſſieurs les Prélats furent placés comme ils l'avoient été la veille, de même que Meſſieurs les Premiers Préſidens & Procureurs généraux des Parlemens, Conſeils ſouverains, Chambre des Comptes & Cour des Aides; Monſieur le Premier Préſident de Grenoble précéda celui de Bordeaux, les Officiers municipaux des villes, eurent la même ſéance que le jour de l'ouverture.

Meſſieurs les Députés des pays d'États furent placés ſur deux bancs à droite, faiſant face aux Princes, proche le banc de Meſſieurs les Premiers Préſidens & un peu en arrière de la table des Greffiers.

Meſſieurs les Membres du Conſeil furent placés ſur deux pareils bancs, près Meſſieurs les Prélats.

En avant de la table, faiſant face aux Princes, il y avoit un banc pour Monſieur le Baron de Breteüil & Monſieur le Comte de Montmorin, tous deux Commiſſaires du Roi.

Il y avoit un autre petit banc à la droite de cette même table, comme la veille, pour Monſieur le Contrôleur général.

Tous ces bancs étoient à doſſiers.

Les ſieurs Hennin & du Pont étoient placés ſur un banc ſans doſſier, près de ladite table, du côté oppoſé à celui des Commiſſaires de Sa Majeſté; ils étoient en leurs habits ordinaires.

N. B. Le plan de l'aire de la Salle & de la diſpoſition de cette ſeconde Séance, eſt joint au préſent Procès-verbal.

Pendant le temps qu'on arrangeoit & prenoit ainſi la ſéance, Meſſeigneurs les Princes du Sang arrivèrent chacun dans leurs carroſſes, accompagnés des principales perſonnes de leur maiſon, & ils ſe rendirent à l'appartement de MONSIEUR. Quelques inſtans après, MONSIEUR arriva dans ſes carroſſes de cérémonie, accompagné de ſes Gardes-du-corps, & ayant avec lui

lui les principaux Officiers de sa maison. Monseigneur Comte d'Artois arriva ensuite avec un semblable cortége.

Les Officiers de cérémonies allèrent recevoir MONSIEUR, Monseigneur Comte d'Artois & Messeigneurs les Princes du Sang, à la descente de leurs carrosses, & les conduisirent à leur appartement.

La séance étant prête, les Officiers des cérémonies avertirent MONSIEUR qui se rendit aussitôt à la salle d'Assemblée dans l'ordre suivant :

MONSIEUR ayant à sa droite le Grand-maître des cérémonies, & le Maître des cérémonies à sa gauche, suivi de Monsieur le Maréchal Duc de Lévis son Capitaine des Gardes; de Monsieur le Prince de Saint-Mauris son Capitaine des Suisses, en habits à manteau; & du sieur Taillepied de la Garenne son Secrétaire des Commandemens, en habit ordinaire;

Monseigneur Comte d'Artois, suivi de Monsieur le Bailli de Crussol son Capitaine des Gardes, de Monsieur le Vicomte de Monteil son Capitaine des Suisses, en habits à manteau; & du sieur Oursin de Montchevreil son Secrétaire des Commandemens, en habit ordinaire; Monseigneur le Duc d'Orléans, Monseigneur le Prince de Condé, Monseigneur le Duc de Bourbon, Monseigneur le Prince de Conti & Monseigneur le Duc de Penthièvre. Il n'entra aucune autre personne dans l'assemblée, ainsi que Sa Majesté l'avoit expressément ordonné; & dès que les Princes furent entrés, les Huissiers fermèrent les portes & demeurèrent auprès debout & découverts.

MONSIEUR & Monseigneur Comte d'Artois se placèrent dans des fauteuils de velours cramoisi, surmontés d'un dais de pareille couleur, & posés sur un petit tapis de la Savonnerie, ayant chacun un carreau de velours sous les pieds.

Monseigneur le Duc d'Orléans, Monseigneur le

Duc de Bourbon & Monseigneur le Duc de Penthièvre, eurent des siéges à dos de velours cramoisi, à la droite de MONSIEUR; Monseigneur le Prince de Condé & Monseigneur le Prince de Conti, eurent de pareils siéges, à la gauche de Monseigneur Comte d'Artois.

MONSIEUR & Monseigneur Comte d'Artois avoient derrière eux sur un tabouret, leurs Capitaines des Gardes; leurs Capitaines des Suisses demeurèrent debout & découverts derrière leurs fauteuils; leurs Secrétaires des Commandemens furent également debout & découverts derrière leurs Capitaines des Gardes.

Le Grand-maître & le Maître des cérémonies se placèrent sur des tabourets à droite & à gauche & en avant de MONSIEUR, l'Aide des cérémonies sur un tabouret proche le Grand-maître, à sa droite.

MONSIEUR, Monseigneur Comte d'Artois & les Princes, saluèrent l'Assemblée, puis s'étant assis & couverts, tout le monde s'assit & se couvrit.

Alors le sieur Hennin s'est levé, a salué & se couvrant, a dit:

MONSIEUR,

MESSEIGNEURS & MESSIEURS,

L'ASSEMBLÉE voudra bien agréer que, malgré l'usage, la présente séance ne commence pas par la lecture du Procès-verbal de la précédente, parce que tous les documens & toutes les pièces qui doivent y entrer, ne nous ont pas été remis.

Monsieur le Baron de Breteüil, Ministre & Secrétaire d'État de la Maison du Roi, premier Commissaire du Roi, s'est levé & après avoir salué, a prononcé le Discours suivant, couvert:

DISCOURS

De Monsieur le Baron de Breteüil.

MESSIEURS,

DE grands événemens immortalisent le règne du Roi, & la manière dont sa sagesse les a conduits, a mérité l'admiration & la reconnoissance de son Peuple & des Nations étrangères; mais un autre genre de gloire est plus cher encore au cœur de Sa Majesté, c'est le perpétuel accroissement de la prospérité intérieure de son Royaume; Elle vous a, Messieurs, appelés auprès d'Elle, dans le dessein de vous associer à des vues si bienfaisantes & si magnanimes, & nous a chargés de vous les faire connoître.

Monsieur le Contrôleur général va vous en faire part.

Monsieur le Contrôleur général des Finances a ensuite pris la parole; il a résumé de mémoire le Discours qu'il avoit fait la veille, a développé les intentions générales du Roi, pour le soulagement des Peuples & l'amélioration de diverses parties des Finances. Il a appuyé principalement sur la nécessité indispensable de chercher des ressources dans l'extirpation des abus, & a annoncé qu'il alloit exposer à l'Assemblée, la première partie du plan adopté par le Roi, consistant en six articles qu'il alloit traiter successivement.

Ce Discours préparatoire fini, il a lû sur chacun des objets, un Mémoire séparé, s'interrompant quelquefois pour étendre ou développer certains points, & ramenant souvent l'attention de l'Assemblée aux principes qu'il avoit posés au commencement de la séance.

Monsieur de Calonne a lû ensuite les six Mémoires dans l'ordre & dans les termes qui suivent.

MÉMOIRES

DE LA

PREMIÈRE DIVISION.

N.º I.er

MÉMOIRE

Sur l'Établissement des Assemblées Provinciales.

LE ROI instruit & touché des maux qu'entraînent l'inégalité, le défaut de proportion, & l'arbitraire dans la répartition des charges publiques, a regardé comme le plus important de ses soins, & le premier des soulagemens qu'il devoit à ses Peuples, de les en préserver.

Faire participer les contribuables eux-mêmes à l'assiette de leurs contributions, lui a paru être le moyen de les leur faire trouver plus supportables, de les rendre plus justes, d'en alléger le fardeau dans l'opinion autant que dans la réalité, de prévenir les réclamations & de faire naître enfin cet intérêt national qui, unissant les sujets entr'eux, & les peuples à leur Souverain, assure à l'autorité éclairée l'hommage d'une obéissance volontaire.

Ces motifs qui avoient déterminé Sa Majesté à établir dans quelques-unes des généralités de son Royaume, des administrations provinciales par forme d'essai, ont fixé son attention sur les avantages qu'elles ont produits, sur les inconvéniens dont elles peuvent paroître susceptibles, sur l'utilité qu'il y auroit à former des institutions du même genre dans toutes les Provinces où il n'y a point de convocations d'États, & sur les changemens, les redressemens & les modifications dont l'expérience & la réflexion ont fait reconnoître la nécessité.

D'un côté Sa Majesté a vu avec satisfaction que ces administrations s'étoient empressées avec beaucoup de zèle à répondre à ses vues, que ceux qui les présidoient n'avoient rien négligé pour y maintenir l'ordre & les rendre utiles, que déjà elles avoient dirigé les travaux publics avec plus de douceur & d'économie, que leurs obfervations avoient fouvent éclairé fa bienfaifance ou fa juftice; qu'enfin le fuccès de cet établiffement dans les Provinces qui en ont fuivi le régime, avoit excité dans les autres le defir de participer aux avantages qui en réfulfent.

Mais d'un autre côté Sa Majefté n'a pu fe diffimuler qu'il y a plufieurs imperfections dans la forme actuelle de ces adminiftrations.

Premièrement, compofées de Membres choifis originairement par le Roi, rendus ftables par leur inftitution, & ayant pouvoir de nommer leurs coopérateurs & leurs fucceffeurs, elles préfentent tous les inconvéniens que les entreprifes progreffives des corps permanens peuvent faire craindre, fans avoir l'avantage qu'on devoit en attendre, celui de repréfenter l'univerfalité des propriétaires de leurs Provinces & d'infpirer toute la confiance qui leur feroit accordée, fi leur nomination étoit l'effet des fuffrages libres de leurs concitoyens.

Deuxièmement, il paroît également contraire à l'objet même de ces établiffemens, que la préfidence foit toujours dans les mêmes mains & attribuée exclufivement au même état. L'efpérance de pouvoir, de quelque condition qu'on foit, parvenir à la première place, excite le defir de la mériter; & ceux qui ont le plus de titres pour l'obtenir, doivent trouver plus honorable de la tenir d'un choix libre que d'une difpofition impérative.

Troifièmement, il eft contraire aux principes du Gouvernement, que les adminiftrations deftinées feulement à l'éclairer par leurs obfervations, & à déterminer la répartition des charges & impôts, ayent aucune autorité exécutrice ou aucune jurifdiction.

Quatrièmement, on a remarqué, avec raifon, que les adminiftrations, telles qu'elles étoient conftituées, n'avoient pas plus de moyens de correfpondre avec les propriétaires, & de connoître leur vœu, qu'il n'y en avoit fous le régime précédent.

Pour rectifier tous ces défauts & remplir plus complettement le but que Sa Majefté s'eft propofé, Elle a jugé à propos d'établir dans toutes les Provinces de fon Royaume où Elle n'eft pas dans l'ufage de convoquer les États, des Affemblées toujours électives, qui fe renouvelleront tous les trois ans, qui n'auront pas le titre d'administration, qui sans être trop nombreuses, représenteront l'universalité des propriétaires, qui seront composées de Membres pris dans tous les états indistinctement, qui enfin n'auront aucun prétexte de s'arroger aucune portion de l'autorité exécutrice.

Ces Assemblées auront leur premier degré dans les paroisses de campagne & dans les villes; le second dans des districts formés par l'arrondissement d'un certain nombre de ces paroisses & des villes qui s'y trouveront comprises; le troisième dans la réunion des représentans de toute la Province.

En sorte qu'il y aura des Assemblées de trois espèces.

Des *Assemblées paroissiales & municipales*, composées des propriétaires dont l'intérêt ne peut jamais être séparé de celui du lieu où sont situées leurs propriétés, & qui sont seuls instruits de leurs facultés réciproques & des besoins de leur communauté.

Des *Assemblées de district* formées par les députés des villes & des paroisses de campagne de leur arrondissement.

Enfin des *Assemblées provinciales*, dont les Membres seront les députés choisis par les différens districts, entre lesquels une généralité peut être divisée.

La gradation de ces trois genres d'Assemblées élémentaires les unes des autres, dont chacune sera à portée de bien connoître ce qui l'intéresse, & d'éclairer celle qui lui sera supérieure, fera arriver le vœu commun relativement à la répartition des charges publiques, depuis les habitans des campagnes & des villes, jusqu'aux représentans des propriétaires de chaque Province, & par eux jusqu'au Souverain.

L'usage d'assembler en certains cas les habitans des paroisses, & de les autoriser à prendre des délibérations, a existé de tout temps & subsiste encore dans le Royaume; mais ces Assemblées n'ayant pas d'objet habituel & régulier, ceux qui s'y trouvent admis ne peuvent être préparés sur rien, & le seul domicile dans la paroisse donnant droit d'y assister, elles sont presque toujours composées d'un si grand nombre de Membres, qu'elles deviennent tumultueuses, & que les avis n'y peuvent être discutés avec la tranquillité nécessaire pour former des résultats raisonnables.

On préviendra la confusion qu'un trop grand nombre de votans pourroit introduire dans ces Assemblées, en réglant que pour avoir séance & suffrage, il faudra que chaque propriétaire justifie d'un revenu équivalent à six cents livres.

Les propriétaires qui auront plusieurs fois l'équivalent de ce revenu, auront un nombre de voix proportionné ; & cependant afin qu'un seul propriétaire ne puisse pas réunir en sa personne la majorité des suffrages, il ne pourra, quelle que soit sa propriété, jouir d'un nombre de voix plus grand que le tiers de celles qui composeront l'Assemblée.

Pour qu'aucun de ceux qui ont intérêt à l'objet de ces Assemblées, ne soit privé d'y participer, les propriétaires qui n'auront point le revenu de six cents livres, qui donne le droit de voter, pourront s'associer pour le former entr'eux, & envoyer un représentant à l'Assemblée.

L'âge seul y réglera les rangs.

Les Assemblées paroissiales s'occuperont de la répartition des charges locales, des travaux publics qui peuvent être utiles à la paroisse, des moyens de soulager le pauvre de la communauté.

Les Assemblées des villes seront composées des Officiers municipaux & notables convoqués suivant les formes qui y sont usitées ; elles enverront, ainsi que les Assemblées paroissiales, chacune un Député chargé de leurs instructions, à l'Assemblée du district dont elles feront partie ; sauf que les villes ayant plus de douze mille habitans, pourront en envoyer deux.

Les districts comprendront au moins vingt-cinq & au plus trente paroisses de campagne, outre les villes qui se trouveront dans le même arrondissement. L'ordre de séance dans les Assemblées de district se réglera en raison de la force contributive de chaque Communauté que les Députés représenteront.

Ces Assemblées s'occuperont de la répartition des impositions royales & charges locales entre les villes & paroisses de leur arrondissement.

Elles se nommeront au scrutin un Président, qui dans l'intervalle de leurs séances sera chargé de tenir les correspondances nécessaires, tant avec l'Assemblée provinciale ou son bureau intermédiaire, qu'avec les Syndics des paroisses.

Elles nommeront aussi un Greffier qui ne pourra être pris parmi les Députés des paroisses.

Elles rédigeront les observations qui auront été apportées par les Députés des villes & des communautés de campagne, & y ajouteront celles qu'elles croiront convenables. Elles nommeront un Député pour les porter à l'Assemblée provinciale.

Elles choisiront ce Député, soit parmi leurs propres Membres, soit parmi tous les Propriétaires ecclésiastiques, Nobles ou du Tiers-état, qui posséderont dans la Province au moins mille livres de revenu en fonds de terre. On peut prévoir, & ce n'est sans doute pas un inconvénient, que les Citoyens d'un ordre distingué pourront à raison de leurs lumières & de la considération dont ils jouissent dans leur Province, être plus souvent chargés de la Députation.

L'ordre de séance entre les Députés à l'Assemblée provinciale, sera réglé sur le montant des contributions des districts qu'ils seront chargés de représenter.

Cette Assemblée élira au scrutin un Président, qui ne pourra être choisi que parmi ceux qui posséderont dans la Province mille écus de rente au moins en fonds de terre; elle nommera pareillement un Secrétaire-greffier.

Les Assemblées provinciales seront chargées des soins relatifs à la répartition des contributions & des charges publiques. Elles détermineront ce que chaque district doit porter dans la masse totale des impositions fixes de la Province, arrêtées au Conseil de Sa Majesté.

Elles dirigeront la classification des terres pour la répartition de la subvention territoriale.

Elles proposeront les chemins & les canaux qui pourront faciliter la circulation dans la Province, en surveilleront les ouvrages, suivront les recouvremens des deniers que Sa Majesté a décidé être employés au rachat de la corvée en nature, & au payement des travaux à prix d'argent, qui la remplacent.

Elles désigneront les lieux où il conviendroit d'établir des ateliers de charité; elles les dirigeront.

Elles feront connoître les besoins & les calamités des différens cantons de la Province, distribueront les secours qui pourroient leur être accordés, & s'occuperont de tous les moyens de soulager les pauvres.

Les Membres des Assemblées provinciales seront renouvelés par tiers chaque année. Le Président nommé pour trois ans, ne pourra être continué qu'une seule fois après ce terme.

Toutes les délibérations des Assemblées provinciales seront communiquées aux Intendans & Commissaires départis, qui pourront se rendre, quand ils le jugeront à propos, dans ces Assemblées pour y faire connoître les intentions du Roi. Aucune dépense ne pourra être faite que sur leurs ordonnances ; aucune opération ne sera exécutée sans leur autorisation, qu'ils pourront accorder provisoirement, en attendant que Sa Majesté y ait statué Elle-même sur le compte qui lui en sera rendu en son Conseil.

Les Assemblées provinciales se tiendront tous les ans ; & pour leur donner une activité continuelle, pour assurer à Sa Majesté les moyens d'être avertie sans délai des besoins de ses Peuples & de tout ce qui peut concourir à leur soulagement, il sera établi dans chaque Province un bureau intermédiaire, qui sera composé de six des Membres de l'Assemblée provinciale, élus au scrutin & pris indistinctement dans tous les états, pour gérer les affaires dans l'intervalle d'une Assemblée à l'autre.

Le Président de ce bureau ne pourra être le même que le Président de l'Assemblée. Le tiers du bureau intermédiaire sera renouvelé tous les ans.

Les Assemblées provinciales & les bureaux intermédiaires pourront faire parvenir à Sa Majesté, par le Contrôleur-général de ses finances, les propositions & les projets de règlemens qu'ils jugeront utiles à leur Province. Leur correspondance avec les Assemblées de district ou leurs Présidens, & par ceux-ci avec les municipalités des villes & les Syndics des paroisses de campagne, facilitera les moyens d'avoir en tout temps les renseignemens que le Gouvernement voudra se procurer.

Ainsi, par une réaction utile & mutuelle, les Assemblées paroissiales & les Assemblées de district formeront & éclaireront les Assemblées provinciales ; & les Assemblées provinciales dirigeront les Assemblées de district & celles des paroisses.

Il résultera de cette constitution, que les volontés du Roi seront toujours expliquées à ses Sujets, par les organes qu'eux-mêmes auront choisis ; que l'Administration sera toujours éclairée, & jamais arrêtée dans sa marche ; toujours secondée par le vœu national, & jamais contredite par des murmures, toujours bienfaisante, & jamais réduite aux voies de rigueur. Un intérêt commun, un véritable esprit public unira dans tous les cœurs, l'amour de la patrie à l'amour du Souverain ; & le Roi, père d'un Peuple sensible & généreux, n'aura plus que des bienfaits à répandre & des bénédictions à recueillir.

N.º II.

MÉMOIRE

Sur l'Imposition Territoriale.

LE Souverain doit protéger les propriétés de fes Sujets ; les Sujets doivent le prix de cette protection au Souverain : tel eft le principe & la loi première des impôts.

Quand les Vaffaux de la Couronne fervoient l'État & le Roi de leurs perfonnes, ils acquittoient par ce fervice leur part de la contribution générale.

Lorfqu'enfuite il fut jugé plus utile de faire ceffer le fervice féodal & de le remplacer par des fubfides, l'impôt confenti par la Nation dès ce moment & pour toujours, exigé par la juftice & l'intérêt public, prit la place du devoir de vaffalité. Fondé fur cette obligation primitive, inhérente à toute poffeffion territoriale, il devint une loi générale.

Prétendre fe fouftraire à l'impôt, & réclamer des exemptions particulières, c'eft rompre le lien qui unit les Citoyens à l'État.

Le feul vœu raifonnable, le vœu de tous, doit fe borner à defirer qu'une jufte modération règle les impôts, & qu'une entière égalité foit obfervée dans les répartitions.

C'EST pour parvenir à ce but que le Roi fe propofe de changer la forme de l'impofition actuelle des Vingtièmes, & d'y fubftituer une SUBVENTION TERRITORIALE.

LE VINGTIÈME eft de tous les impôts, celui qui pouvoit fournir plus naturellement & les bafes & les proportions de tous les autres.

Il eft réel par fa nature, puifqu'il confifte dans une quotité fixe de revenu de tous les fonds.

Il n'admet ni diftinction, ni exception, puifqu'il eft établi fur les biens & non fur les perfonnes, puifqu'il porte uniquement fur les propriétés que la puiffance publique défend & conferve.

Aussi, est-il imposé sur les Princes, sur les Grands du Royaume, sur la Noblesse, sur la Magistrature, sur toutes les classes de Citoyens.

Le Clergé de France est le seul Corps du Royaume qui n'y contribue pas; mais le Clergé des Provinces frontières y est soumis.

Dans leur état actuel, les deux Vingtièmes produisent, avec les 4 sous pour livre, 54 millions.

En 1772, il fut reconnu qu'ils n'étoient pas portés à leur valeur. De fausses déclarations, des baux simulés, des traitemens trop favorables accordés à presque tous les riches propriétaires, avoient entraîné des inégalités & des erreurs infinies. On ordonna qu'il seroit fait de nouvelles vérifications, mais elles furent faites lentement. Dix ans après, il n'y avoit encore que 4902 paroisses vérifiées, sur 22308 dont sont composées les Provinces régies.

Ces vérifications ont cessé tout-à-fait en 1782 par l'opposition que les Cours y apportèrent; & le troisième Vingtième qu'on imposa dans cette même année, fut réparti plus inégalement encore que les deux premiers, en ce que les paroisses vérifiées le supportèrent d'après la nouvelle proportion établie par les vérifications, tandis que les paroisses non vérifiées ne le payèrent que d'après leurs anciennes cotes.

La vérification de ces 4902 paroisses a démontré que le produit des deux Vingtièmes auroit augmenté de près de moitié, si les vérifications avoient été faites dans tout le Royaume. Le Roi auroit donc depuis cette époque touché par année 81 millions, au lieu de 54; & l'État a perdu dans le cours de ces quatre années, plus de 120 millions, en y comprenant les intérêts.

Ce qui ne fut pas fait alors, pourroit sans doute se faire aujourd'hui. Mais à quelle inquisition, à quelles recherches fatigantes pour les Peuples faudroit-il se livrer! quelles longueurs entraîneroit cette opération! Les nouveaux frais de ces vérifications, ajoutés à ceux qui diminuent déjà le produit des impôts de plus de 60 millions, causeroient à l'État une perte énorme qui retomberoit nécessairement sur les Peuples & deviendroit une calamité nouvelle.

Combien d'autres vices dans la répartition des impôts! Elle n'a aucune base certaine. Pour la faire avec justice, il faudroit connoître la valeur du sol de chaque Province, de chaque paroisse, de chaque propriétaire. On pourroit y parvenir en faisant un cadastre général de toutes les terres du Royaume : mais la lenteur, les frais infinis de ce recensement & les variations continuelles qu'éprouve la valeur des fonds, feroient perdre le fruit de cette entreprise. Rien n'a pu jusqu'à présent garantir de l'arbitraire ; & l'injustice s'est encore accrue par le crédit, la faveur, la protection qui ont affranchi d'une partie de la contribution les riches propriétaires, tandis que la classe la moins aisée en a supporté toute la rigueur.

C'est-là ce qui rend les impôts si odieux. Ce nom qui ne devroit exprimer que le juste tribut que des Sujets payent à leur Souverain, pour prix de la défense qu'il leur assure, pour l'aider à subvenir aux frais qu'exigent de lui & la guerre, & l'administration de la justice, & la police des grandes villes, & cette surveillance générale qui s'étend à tout, qui pourvoit à tout, qui assure par-tout la paix & le bon ordre, l'impôt quoique consacré à ces soins précieux, sera toujours payé avec répugnance, tant qu'il ne sera pas perçu avec égalité.

On vient de dire ce qu'il en coûte au Roi pour lever les impôts ; mais il est impossible de calculer ce qu'il en coûte aux Peuples pour les acquitter. C'est une source intarissable de frais, de procédures, de contraintes, de garnisons fictives & réelles, d'exécutions mobiliaires.

Les disparités les plus choquantes achèvent de vicier le régime des impositions.

Une Province en paye qui ne sont pas perçues dans une autre Province. Dans l'une, le même impôt est levé sur un taux & dans une forme, qui diffèrent absolument de ce qui est suivi dans l'autre. Il y a des *villes franches*, des *villes abonnées*, des *Provinces régies*, des *Pays d'états*, des *Pays rédimés*. On ne peut faire un pas dans ce vaste Royaume, sans y trouver des loix différentes, des usages contraires, des priviléges, des exemptions, des affranchissemens, des droits & des prétentions de toute espèce : & cette dissonance digne des siècles de la barbarie, ou de ceux de l'anarchie, complique l'administration, interrompt son cours, embarrasse ses ressorts, & multiplie par-tout les frais & le désordre.

Il s'accroît encore, ce désordre, par les distinctions personnelles, qui se joignent aux différences locales.

Ici, la Noblesse a des priviléges dont elle ne jouit pas ailleurs.

Là, des charges ont fait naître des exemptions qu'elles ne donnent pas dans un autre lieu.

Des Ordres entiers & des Classes particulières de Citoyens se prétendent dispensés de contribuer aux charges de l'État. Les Possesseurs & les Fermiers des domaines ne payent rien. Les Apanagistes, les Princes, l'Ordre de Malte, certaines Communautés religieuses invoquent des priviléges. Au milieu de propriétés imposées, on trouve des propriétés qui ne le sont pas. Par-tout la puissance publique qui lève l'impôt, rencontre des prétentions qui ne lui donnent que des obstacles à vaincre, ou des sujets à combattre.

En même temps, par une contradiction bizarre, ces priviléges, ces immunités, ces droits prétendus, qui, s'ils étoient réels, devroient porter sur toute nature d'impôt, n'en excluent que quelques-uns. Il n'est pas un seul de tous les Sujets du Roi, Prince, Noble, Ecclésiastique, qui ne paye comme le dernier du Peuple, la *capitation*, les *aides*, la *gabelle*, & tous les droits sur les *consommations*.

Tel est en raccourci le tableau des abus qui ont dénaturé toutes les impositions.

On ne parle pas de cette foule de tribunaux établis pour faire exécuter les loix, aussi multipliées que les impôts ; des loix dont plusieurs n'ont été créées que pour exercer une vengeance rigoureuse contre des infortunés entraînés à la fraude par la misère.

Quelle liste effrayante d'agens du fisc! plus de deux cent mille hommes arrachés à l'agriculture, au commerce, aux armées, à leur famille!

C'est ainsi que les impôts tarissent les sources mêmes dont ils découlent. Ils sont pris dans la production, & ils la détériorent ; ils portent sur le débit, & ils le diminuent : le Commerce devroit accroître la richesse publique, & l'impôt lutte continuellement contre le Commerce.

Dans les temps les plus heureux, au sein de la plus grande abondance, ce seroit un bienfait du Souverain, ce seroit une entreprise digne de ses Ministres, que d'attaquer tant de vices, que de corriger tant d'abus, que de commencer une réforme si nécessaire. Mais c'est un devoir de s'y livrer avec constance, avec courage, lorsque cette réforme devient une ressource indispensable, lorsqu'il est impossible de s'en procurer une autre.

CE SONT ces motifs qui ont fait penser au Roi, qu'il

seroit utile de substituer à la perception des deux Vingtièmes & des Quatre sous sous pour livre, une SUBVENTION TERRITORIALE, en vertu de laquelle il seroit levé une portion des produits en nature sur tous les biens-fonds du Royaume.

L'idée d'une imposition territoriale est la première qui se présente à la raison; c'est celle qui se concilie le plus parfaitement avec la justice.

C'est la terre qui produit; ce sont ses productions qui sont protégées & garanties par le Souverain; c'est donc à la terre à payer l'impôt.

Elle doit une partie de ses fruits au propriétaire qui a acheté le sol, une partie à celui qui le cultive, & une partie au Prince qui couvre de sa puissance & le sol & le propriétaire, & le cultivateur.

Avec quel avantage pour le Souverain & pour ses sujets, se fait la perception en nature! L'impôt se paye dans le moment où il est plus facile au tributaire de l'acquitter, où toute sa richesse est dans sa main, où le sacrifice d'une foible portion de sa récolte lui est moins pénible; dans un moment où, sans prétexte pour diminuer sa contribution, celui qui l'exige est aussi sans prétexte pour l'accroître; le tribut en nature, met le tributaire à l'abri de toute vexation; la quotité de la production, fixe la quotité du tribut. Cent gerbes de blé en payent cinq, en payent quatre, en payent deux, suivant les proportions relatives à la nature du sol & aux frais de la culture. Le contribuable n'aura rien à payer, le Prince ne pourra rien exiger, si l'intempérie des saisons a ravi au propriétaire le fruit de son labeur.

La subvention en nature, douce, facile, exempte de tout abus pour le propriétaire, est par cela même plus avantageuse au Souverain.

C'est ainsi que se fait en *Corse* la levée des subsides. Le peuple de cette île ne murmure point contre cette perception, avant laquelle il y avoit des plaintes continuelles & point de produit.

C'est ainsi qu'un grand nombre de *Communautés de la Provence*, ont choisi elles-mêmes volontairement ce moyen d'acquitter leurs charges. Elles imposent chaque propriétaire à un dixième, un quinzième ou un vingtième des grains & des fruits qu'il récolte, à raison de ce qui est exigé d'elles.

C'est ainsi qu'est payée de tout temps la *dixme* ecclésiastique ou laïque, le plus ancien de tous les tributs.

La subvention territoriale que le Roi se propose de substituer aux deux Vingtièmes, est établie sur des proportions encore plus justes & plus modérées que celles dont on vient de parler. Elle ne formera tout au plus que l'équivalent d'une *demi-dixme*, puisqu'elle ne sera que d'un vingtième sur les meilleures terres, d'un vingt-cinquième sur celles de seconde qualité, d'un trentième sur les terres médiocres, & d'un quarantième sur celles de la dernière classe; ce qui ne fait que le vingt-huitième pour terme moyen.

La levée de cette subvention formera d'elle-même le cadastre du Royaume, qu'on a toujours desiré & qu'on n'a jamais osé entreprendre. On pourra enfin connoître avec précision les forces de chaque Province, répartir les autres impositions avec égalité, & apprécier toutes les ressources de la puissance publique.

Le Souverain intéressé à l'abondance des récoltes, multipliera les encouragemens. La culture s'améliorera par l'impôt, & l'impôt augmentera par la culture.

MAIS cette imposition, pour être utile, doit être générale. Son mode est incompatible avec l'application d'aucun privilége, d'aucune exemption personnelle ou locale. L'expérience l'a déjà prouvé; & l'on sent aisément, que la contradiction qui naîtroit des exceptions locales, des distinctions d'héritages, de leur étendue ou de leurs limites, jetteroit dans l'opération, qui n'a pour s'exécuter que le moment individuel de la récolte, des gênes inextricables.

Aussi l'intention du Roi est-elle de soumettre à la Subvention territoriale, son propre domaine, celui des Princes ses Frères, celui des apanages & tous les fonds de son Royaume, sans distinction de propriétaires, sans qu'on puisse, sous aucun prétexte, ni à aucun titre, se soustraire à la justice distributive que Sa Majesté doit à tous ses sujets.

Le Roi consacrera par son autorité & par le fait, ces vérités incontestables, que tous les Membres d'un État ayant un besoin égal de la protection du Souverain, ont aussi des devoirs égaux à remplir; que la contribution aux charges de l'État est la dette commune de tous; que toute préférence envers l'un, est une injustice envers l'autre; qu'enfin le droit de n'être pas sujet aux charges publiques, feroit le droit de n'être pas protégé par l'autorité publique, le droit de ne pas lui être soumis, de n'être pas Citoyen.

Ces vérités font inébranlables puisqu'elles ont pour fondement la raifon, la juftice & l'intérêt national.

ELLES font liées d'ailleurs avec toutes les vues bienfaifantes du Roi.

C'eſt l'aſſurance que nul ne fera fouſtrait à la Subvention, & que Sa Majeſté tirera de cette contribution générale, tout ce qu'elle doit produire, qui la détermine à faire jouir dès-à-préfent fes Peuples, d'une partie des foulagemens qu'Elle leur deftine.

La réduction d'un Dixième fur la Taille, un Vingtième affecté fur ce même impôt au foulagement des pauvres des paroiſſes, la fuppreffion abfolue de la Taille d'induſtrie, la fuppreffion de la Capitation en faveur du Clergé, de la Nobleſſe & des Cours fouveraines du Royaume, pluſieurs autres facrifices qui affranchiront le Commerce & la circulation des gênes onéreufes & nuifibles à fes progrès : voilà les fruits du régime nouveau que Sa Majeſté veut établir dans toutes fes Provinces ; fource féconde, de laquelle découleront de nouveaux bienfaits, à mefure que les réformes pourront s'effectuer.

C'eſt pour les aſſurer & les accélérer davantage, ces bienfaits, que le Roi s'eſt propofé l'établiſſement des *Aſſemblées provinciales*. C'eſt à elles, c'eſt à leur équité qu'il fe confie pour faire la diſtribution des terres dans les différentes claſſes, fuivant lefquelles la quotité de la Subvention doit être graduée.

SA MAJESTÉ fe propofe donc 1.° de fupprimer les deux Vingtièmes & les Quatre fous pour livre, à compter du 1.er Janvier de cette année. Ils ne feront plus levés à l'avenir que fur les biens non fufceptibles d'une perception en nature, tels qu'ils font détaillés dans l'Édit du mois de Mai 1749.

2.° N'étant pas juſte que les terreins facrifiés au luxe ayent plus de faveur que ceux employés à une culture utile, les châteaux, parcs, enclos, maifons, & toute nature de fonds, feront foumis à l'impôt, mais feulement à raifon de la fuperficie du terrein qu'ils occuperont ; & on eſtimera cette fuperficie fur le pied des meilleurs fonds de la paroiſſe.

3.° Il fera levé une portion des fruits en nature fur tous les fonds qui en produifent, à quelques perfonnes qu'ils appartiennent & de quelqu'état & qualité que foient les

propriétaires

propriétaires; mais comme tous les fonds ne sont pas d'égale valeur, on distinguera les diverses qualités des terres. Sur les meilleures on levera la vingtième partie des productions; sur celles inférieures la vingt-cinquième; sur les médiocres la trentième; & la quarantième partie seulement sur les terres de la dernière qualité.

4.° Le classement de ces différentes qualités de terres, sera fait par les Assemblées de paroisse qui seront guidées par le prix des baux. Elles rangeront dans la première classe, les terres louées au-dessus de 20 livres; dans la deuxième, celles louées 10 livres & au-dessus jusqu'à 20 livres inclusivement; dans la troisième toutes celles louées 5 livres jusqu'à 10 livres; & dans la quatrième celles louées au-dessous de 5 livres par arpent; l'arpent réduit à la mesure de cent perches & de vingt pieds par perche.

Dans les paroisses où le classement ne pourra pas être fait cette année, par les Assemblées paroissiales, il sera fait provisoirement par les soins des Commissaires départis.

5.° Le produit de cette Subvention sera adjugé au mois de Juin pour cette année; mais l'année prochaine les adjudications se feront au mois de Mai, & elles seront faites pour l'espace qui sera déterminé, au plus offrant & dernier enchérisseur, après affiches & publications, & avec caution.

6.° Le payement du prix des adjudications se fera en trois termes, dont le premier échoira au 1.er Octobre, le deuxième au 1.er Janvier suivant, & le troisième au 1.er Avril aussi ensuivant.

7.° S'il ne se présente pas d'adjudicataire solvable, les Intendans des Provinces feront faire la levée des fruits par des préposés qui en compteront.

8.° Il sera pourvu à ce que les levées de fruits ne puissent, sous aucun prétexte, retarder l'enlèvement des récoltes. Elles seront faites comme celles de la dixme, & avant elle.

9.° Pour ne pas nuire à l'intérêt de la culture dans chaque territoire, il sera défendu aux adjudicataires de vendre les pailles hors de la paroisse.

Par suite des mêmes vues, les animaux & les produits des basses-cours ne seront point sujets à la Subvention.

10.° Pour prévenir toute contestation entre les propriétaires & les fermiers, relativement à la déduction sur le prix des baux, de la valeur des fruits levés pour le droit de Subvention, & en cas qu'ils ne puissent s'accorder entr'eux par des

G

estimations amiables, il sera fait par la loi même, une estimation de cette indemnité.

11.° Enfin, le même esprit de justice qui porte à supprimer toutes exceptions, dans une imposition dûe par la terre même, détermine le Roi à exempter de toute taxe personnelle les premiers Ordres de son État que Sa Majesté veut maintenir dans les distinctions qu'ils méritent ; & même pour les en faire jouir plus complètement, Elle veut qu'à l'avenir la Capitation dont la nature & le titre semblent répugner à leur état, n'ait plus lieu à l'égard de la Noblesse, ni de la Magistrature, ni du Clergé des frontières qui la paye actuellement, ni en général de tout le Clergé de France qui s'en est racheté, & qui ne pourra dans aucun cas, être recherché à ce sujet.

N.° III.

MÉMOIRE

Sur le Remboursement des Dettes du Clergé.

L'IMPÔT territorial a pour premier objet, la défense du patrimoine public ; il est donc nécessaire que tous les biens-fonds le supportent, & les biens ecclésiastiques, qui n'éprouvent pas moins que les autres les effets constans de la protection souveraine, ne sauroient en être affranchis.

Nulle immunité ne peut les en dispenser. Il est des priviléges d'honneur & de rang qui s'allient parfaitement avec la constitution d'une Monarchie ; ces priviléges recommandables par leur ancienneté, & qui ne blessent en rien la justice, doivent être maintenus en faveur du premier Ordre de l'État ; mais lorsqu'une imposition est acquittée par la Noblesse & la Magistrature, le Clergé, quels que soient ses usages, ne peut s'en croire exempt.

Il n'est pas seulement nécessaire que ses possessions territoriales soient soumises au même impôt que celles de tous les Citoyens ; il convient aussi qu'elles le soient de la même manière, & que dans la perception comme dans la répartition, il n'existe aucune différence entre ses biens & ceux des autres contribuables.

L'uniformité est ici le garant public de la justice de la loi; elle est nécessaire pour parvenir à la connoissance parfaite des richesses renaissantes du Royaume, & elle importe aussi à l'intérêt véritable du Clergé. Un Corps jaloux de continuer à mériter la confiance des Peuples, ne doit pas l'être de conserver des distinctions qui pourroient servir de prétextes pour élever des doutes injustes sur l'étendue de son dévouement au service de l'État.

Mais la position actuelle du Clergé mérite une considération particulière. Pour contribuer sous le nom de *Dons-gratuits*, aux charges publiques, il a contracté des emprunts qui se sont élevés successivement à une somme énorme; & cependant il n'a jamais payé à ce titre, ce qu'il auroit dû fournir dans la contribution générale, en proportion de la valeur de ses biens; c'est la nature de son administration qui est le principe de l'accroissement indéfini de sa dette, en ce qu'il n'asseoit pas ses décimes de manière à pourvoir au remboursement des capitaux, en même temps qu'au payement des arrérages.

Le Roi voulant à la fois délivrer le Clergé actuel de la charge accablante que ses prédécesseurs lui ont imposée, & lui épargner pour l'avenir l'embarras où le régime qu'il suit doit nécessairement le conduire, a trouvé bon de lui procurer, en l'autorisant à des aliénations effectives, l'extinction d'une dette, qui, grévant l'universalité de ses biens d'une hypothèque éternelle, est déjà une aliénation équivalente.

SA MAJESTÉ en autorisant ces aliénations, fera pour le bien du Clergé, ce que plusieurs des Rois ses prédécesseurs ont fait uniquement dans des vues politiques, dont il ne résultoit d'avantage que pour l'État.

Deux moyens paroissent pouvoir remplir cet objet.

Le premier est le rachat des rentes foncières dûes aux Gens de main-morte sur les biens de campagne. Les propriétaires dont les terres en sont chargées, acquerront la faculté toujours désirée de se rédimer d'une servitude onéreuse. L'Agriculture y trouvera un encouragement pour l'amélioration des fonds, & le Clergé n'y perdra rien, parce que n'ayant pas le droit de rentrer dans la possession des biens à défaut de payement de la rente, ou du moins ne pouvant le retenir, il n'a d'intérêt qu'à la conservation du même revenu.

Le second moyen consiste dans l'aliénation des justices, de la chasse & des droits honorifiques des possessions du Clergé. Ce sacrifice ne doit point lui paroître pénible; il ne prive le grand nombre de ses Membres d'aucune jouissance, d'aucuns produits. De vains titres souvent plus onéreux qu'utiles, des droits stériles dont les loix de l'Église l'empêchent de jouir personnellement, & que celles du Royaume lui défendent de vendre ou de louer, se convertiront en capitaux qui, réunis au produit des rentes rachetées, formeront un fonds d'amortissement suffisant pour dégager ses biens de l'hypothèque qui les grève, & pour le délivrer de près de sept millions de décimes appliqués annuellement aux intérêts de sa dette.

En autorisant le Clergé à employer ces moyens qui réunissent l'avantage de l'Église & l'avantage de l'État, le Roi ne donne aucune atteinte aux droits de la propriété, puisqu'il est nécessaire de vendre, quand il est nécessaire de se libérer. Tuteur des Églises de son Royaume, le Roi doit mettre ordre à leur administration, & prévenir leur ruine, en même temps que comme leur protecteur, il veut qu'elles jouissent de leurs véritables priviléges, de ceux qui se concilient avec le bien de l'État.

Par une suite de ces dispositions, l'intention de Sa Majesté est que le Clergé, dans sa prochaine Assemblée, s'occupe efficacement de sa libération; que pour y parvenir il adopte les deux moyens, auxquels Elle veut bien l'autoriser, pour suppléer à l'impuissance où il est de prendre lui-même à cet égard une détermination. Au surplus, le Roi permet au Clergé de lui indiquer d'autres moyens qu'il croiroit devoir être ajoutés aux premiers en cas d'insuffisance, de diriger l'exécution des uns & des autres, de proposer les modifications dont ils pourront être susceptibles, lui promettant l'appui de son autorité pour tout ce qui paroîtra nécessaire.

Comme une opération de ce genre exigera beaucoup de temps & de discussions, il sera accordé au Clergé un terme suffisant pour la liquidation & le remboursement total de sa dette; & afin qu'il ne soit pas grevé d'un double fardeau, le Roi veut bien se charger d'acquitter pendant ce temps l'intérêt de ses emprunts, assuré que ces intérêts décroîtront sensiblement d'année en année, par l'empressement que le Clergé mettra à répondre à ses vues.

Sa Majesté s'attend que le premier Ordre de son Royaume

reconnoîtra dans toutes ces dispositions les effets de sa bienveillance autant que ceux de sa justice, & qu'il verra que rien n'a été négligé pour accorder ses intérêts particuliers avec ce qu'exige le bien général.

Les Ecclésiastiques sont par leur naissance, Citoyens & Sujets. Leur consécration, loin de les soustraire aux devoirs que leur imposent ces premiers titres, ne fait que les y soumettre davantage : comme pasteurs, ils doivent l'exemple ; comme ministres des autels, ne pouvant servir l'État de leurs personnes, ils doivent l'aider de leurs biens ; comme bénéficiers, pourroient-ils ne pas se souvenir que ce sont les libéralités des Rois & de la Nation qui les ont enrichis ! On ne doit pas douter que le Clergé, pénétré de ces obligations, & dévoué par son état comme par ses sentimens au soulagement des peuples, ne s'empresse de concourir aux vues équitables & paternelles de Sa Majesté.

En conséquence, le remboursement des capitaux des rentes constituées sur le Clergé par les emprunts des années 1755, 1765, 1766, 1775, 1780, 1781, 1782 & 1785, doit commencer le 1.er Janvier 1788, selon l'ordre des hypothèques ; il doit s'opérer avec les fonds qui seront versés à cet effet dans les mains du Trésorier du Clergé. Ce ne sera qu'après que le remboursement de ces emprunts aura été effectué en totalité, qu'on s'occupera de celui des rentes de l'ancien Clergé, sans préjudice aux conventions qui auroient été faites de gré à gré, ou qui pourroient se faire à leur égard.

Les fonds destinés à ce remboursement seront composés tant du prix du rachat des rentes foncières, de la vente des justices, droits de chasse & autres droits honorifiques appartenans au Clergé, que des autres moyens qu'il aura proposés lui-même, & qui auront été trouvés convenables.

Ainsi toutes rentes foncières dûes, soit en argent, soit en grains ou autres denrées, aux Églises du Clergé de France, Chapitres, Aumôneries, Communautés séculières ou régulières, Monastères de l'un & de l'autre sexe, même aux Collèges, Fabriques, Hôpitaux & Séminaires, à raison des bénéfices qui y seroient unis, pourront être rachetées par les débiteurs, à l'exception des cens, rentes seigneuriales & autres redevances féodales servant à désigner la seigneurie directe & inhérente aux terres, fiefs & justices, à l'égard desquels cens & rentes, il ne sera rien innové.

Le prix du rachat fera fur le pied du denier Trente des rentes, quant à celles en grain; & du denier Vingt-cinq pour celles en argent.

Le payement s'en fera entre les mains des Receveurs des décimes, qui en fourniront leurs récépissés libellés, portant promesse de remettre aux porteurs, des quittances du Tréforier général du Clergé.

Leur produit fera invariablement & irrévocablement appliqué & employé au remboursement des capitaux empruntés; & pour cet effet, il fera imprimé au commencement de chaque année, un tableau indicatif des contrats qui auront été remboursés.

Les Ecclésiastiques feront tenus de remettre aux débiteurs des rentes ou redevances qui les auront rachetées, les titres & les pièces originales des rentes rachetées.

D'un autre côté, le Clergé fera autorisé à mettre en vente, au plus offrant & dernier enchérisseur, tous droits de justice, de chasse, de garenne & autres droits honorifiques dépendans des bénéfices qu'il possède. Le prix des adjudications fera pareillement versé dans la caisse des Receveurs des décimes de chaque diocèse, & de-là dans celle du Tréforier général, pour concourir à l'extinction de ses dettes.

Les acquéreurs jouiront de ces droits honorifiques, à la charge de les tenir mouvans des seigneurs de qui relèvent les fiefs auxquels ils étoient attachés, & du domaine, en cas qu'il n'y ait pas d'autres mouvances; comme aussi à la charge des droits de mutation, sauf pour la première vente.

Le Clergé dirigera & surveillera toutes ces opérations, ou celles qui lui auront paru devoir être ajoutées, après qu'elles auront été approuvées. Il s'assemblera à cet effet extraordinairement au mois de Juillet prochain. Il prendra les mesures les plus convenables pour accélérer sa libération; il réglera les intérêts divers des bénéficiers, & suppléera, sous l'autorité du Roi, à tout ce qu'il jugera utile pour que l'entier remboursement de sa dette puisse être effectué avant la fin de l'année 1790. Sa Majesté veut bien, jusqu'à cette époque, fournir les fonds nécessaires pour acquitter les intérêts des capitaux empruntés, sauf le décroissement successif qui résultera des remboursemens.

N.º IV.
MÉMOIRE
Sur la Taille.

LE ROI auroit defiré pouvoir effectuer fans aucun retardement, fes vues pour la réformation de la Taille; mais Sa Majefté croit devoir fufpendre fa détermination définitive, jufqu'à ce qu'éclairée par les obfervations des Affemblées qu'Elle veut établir dans les différentes Provinces du Royaume, & par les réfultats de la perception en nature, qui lui feront connoître l'exacte valeur des fonds, Elle puiffe fe fixer fur les moyens les plus convenables de corriger les vices, & de diminuer le poids de cet impôt.

Par le concours de ces deux établiffemens, toutes les difficultés qui fe font oppofées jufqu'ici à la fuppreffion des abus, feront aplanies; les forces de chaque Province, celles de chaque arrondiffement, celles de chaque généralité feront connues; & l'impôt pourra être modéré dans fa quotité & réglé dans fa répartition.

Sa Majefté cependant ne veut pas différer de faire jouir les Peuples, d'une partie des foulagemens qu'Elle leur deftine, ni laiffer fubfifter plus long-temps ce qu'il y a de plus vicieux dans la répartition de la Taille perfonnelle, qui eft néceffairement la plus fujette à l'arbitraire.

En conféquence, en même temps qu'Elle chargera les Affemblées provinciales de lui faire parvenir promptement leurs obfervations fur tout ce qui peut contribuer à perfectionner le régime de la Taille, fpécialement fur la difpofition de la Déclaration de 1728, déjà révoquée dans la généralité de Paris, & qui femble devoir l'être auffi dans les autres, Sa Majefté fe propofe d'ordonner,

1.º Que déformais on ne puiffe être taxé pour la Taille perfonnelle, au-delà d'un fou pour livre des revenus, profits & facultés qui y font affujettis.

2.º Que les cotes des Manouvriers & Artifans qui, dans plufieurs endroits font portées à un taux exceffif, ne puiffent à l'avenir & dans tout le Royaume, excéder la valeur d'une de leurs journées par chaque année.

3.° Et pour que le rejet de ces réductions, ne surcharge pas les biens-fonds soumis à la Taille-réelle, l'intention de Sa Majesté est d'accorder la diminution d'un dixième sur le principal de la Taille, aussi dans tout son Royaume.

4.° Enfin, le Roi voulant étendre les effets de sa bienfaisance jusqu'à ceux des petits propriétaires que des malheurs réduisent à ne pouvoir acquitter leur taxe, & qui ne sont pas moins à plaindre que les plus pauvres Artisans, a résolu d'accorder chaque année, à chaque paroisse des campagnes, une somme égale au vingtième de leur Taille. Les Collecteurs retiendront cette somme sur les deniers de leur collecte, & la remettront à la disposition des Assemblées paroissiales, qui en feront la distribution aux habitans les plus nécessiteux, conformément à l'intention dans laquelle est Sa Majesté, de répandre principalement ses grâces & ses bienfaits sur la classe la plus indigente de ses Sujets.

N.° V.

MÉMOIRE

Sur le Commerce des Grains.

LA question du Commerce des grains si long-temps débattue, est du nombre de celles que le temps, l'expérience & la libre communication des idées, ont fait parvenir à leur maturité; tout a été dit de part & d'autre, & l'on peut voir que le principe qui réclame une grande liberté, a prévalu dans les esprits.

Il est temps que l'autorité le consacre, & achève de fixer les idées publiques à cet égard.

Ce principe d'une entière liberté est d'abord dicté par la justice. Le droit de disposer à son gré des productions que l'on a fait naître par ses avances & par ses travaux, est une partie de la propriété; il ne doit pas être plus permis de l'enfreindre sur une production que sur une autre.

Le bien public ne sauroit servir de prétexte pour porter atteinte à cette liberté ; elle n'est pas moins conforme aux règles d'une sage administration, qu'à celles de la justice ; elle est incontestablement le principe le plus rassurant pour les Peuples, puisque d'une part, elle augmente la quantité des grains, & que de l'autre elle les répand avec rapidité par-tout où le besoin se déclare.

Et voilà pourquoi, sur cet objet, le grand art de l'administration est bien moins d'agir, que de laisser faire. La crainte de manquer de blé dans un lieu, lorsqu'il abonde dans les autres, est sans fondement : le besoin de vendre est par-tout aussi impérieux que celui d'acheter, & par la nature des choses, l'intérêt particulier est ici l'éternelle caution du bien général.

Ces principes, dont la raison ne peut plus se défier, écartent toute inquiétude légitime.

Et cependant telle est l'extrême susceptibilité du Peuple sur l'objet de sa subsistance, qu'elle exige l'annonce de quelque précaution, même pour des accidens imaginaires ; il a donc fallu présenter avec une sorte de mesure, la confiance du Gouvernement, afin de s'assurer de la confiance du Peuple.

Ainsi la Loi se montre prête à suspendre localement & momentanément la liberté qu'elle accorde, toutes les fois qu'une Province le demandera. Cette apparente restriction, ou plutôt cette précaution qui sembleroit d'abord affoiblir le principe d'une entière liberté, ne sert réellement qu'à l'affermir davantage. La Loi, en paroissant soumettre en quelque sorte au vœu des Peuples le pouvoir qu'elle se réserve, les conduit naturellement à ne jamais desirer qu'elle en fasse usage.

Mais dans une matière aussi délicate, où le scrupule devient un devoir, il est des précautions d'un autre ordre que l'Administration peut se réserver. Elles doivent être telles que leurs ressorts soient invisibles ; elles doivent se combiner, autant qu'il se pourra, avec des établissemens déjà existans, & destinés à un autre objet ; il faut que le Peuple puisse en jouir sans s'en apercevoir ; trop annoncées, elles deviendroient pour lui un sujet d'alarmes : leur objet sera de pourvoir non à des inconvéniens réels de la liberté, mais à de premiers momens d'une crainte qui pourroit égarer les opinions ; pour le temps qui suit, la liberté s'en charge. C'est ainsi que par des moyens simples & prudemment ménagés, la surveillance de l'Administration garantira de toute atteinte, une Loi réclamée depuis long-temps par la raison & par l'intérêt général.

En conséquence, SA MAJESTÉ, en confirmant les Loix anciennes, telles que l'Édit de 1764, & les Déclarations ou Lettres patentes de 1776, en ce qu'elles ordonnent qu'il sera libre à toutes personnes, de quelqu'état & condition qu'elles soient, de faire le Commerce des grains & farines, soit dans l'intérieur du Royaume, soit au-dehors, se propose d'y déroger, en ce qu'elles avoient réglé que l'Exportation seroit permise ou défendue, suivant que le prix des grains seroit au-dessus ou au-dessous d'un certain terme; & de déclarer qu'en assurant pour toujours la liberté absolue dans l'intérieur du Royaume, Elle se réserve seulement de suspendre l'Exportation au-dehors, pour la totalité ou partie de chacune de ces Provinces, lorsque les États ou l'Assemblée provinciale de quelqu'une d'elles, lui en auront fait la demande, & que Sa Majesté en aura reconnu la nécessité; sans que cette interdiction puisse s'appliquer aux autres Provinces, pour lesquelles elle n'auroit pas été sollicitée & jugée nécessaire, & sans que cette défense puisse jamais être portée pour un plus long terme que celui d'une année, sauf à la prolonger par une nouvelle décision, si la continuation des besoins l'exigeoit, & si les États ou Assemblées provinciales en renouveloient la demande.

N.° VI.

MÉMOIRE

Sur la Corvée.

La Corvée exigée en nature a dans tous les temps été regardée comme le fléau des campagnes; elle condamne à un travail gratuit celui qui ne vit que du salaire de son travail; elle emploie à des ouvrages qu'elle fait mal, un nombre de journées, dont la valeur réduite au plus bas prix, excède infiniment ce que les mêmes ouvrages bien faits devroient naturellement coûter.

Son exécution est toujours rigoureuse, sa répartition n'est jamais proportionnée; le malheureux qu'elle accable n'en retire aucun avantage; des paroisses entières en sont exemptes par le hasard seul de leur position; & malgré tous les soins des Administrateurs, il est impossible qu'elle ne nuise point à l'Agriculture.

Les travaux, dont elle est l'objet, étant exécutés à prix d'argent, feront vivre le journalier, seront une ressource dans les saisons mortes, & donneront à chaque Communauté la consolation de voir sa contribution devenir en même temps utile au public, & secourable à la portion d'elle-même la plus indigente.

Ces motifs déterminèrent l'Édit de 1776, qui remplaçoit la Corvée par une imposition au marc la livre des Vingtièmes; mais bientôt Sa Majesté en suspendit l'exécution, sur les remontrances de ses Cours.

Elles représentèrent, que convertir la Corvée en une imposition générale exigible dans la proportion des Vingtièmes, c'étoit changer la nature de cette charge & y assujettir ceux qui en étoient exempts; elles ajoutèrent que l'Édit de 1776, alarmoit tous les Sujets du Roi, & leur faisoit craindre que les besoins de l'État n'obligeassent un jour de détourner la destination du produit de cette imposition, & qu'on ne rétablît alors la Corvée en nature, en laissant subsister l'imposition en argent. Sa Majesté résolut en conséquence d'attendre que l'expérience eût éclairé sur les changemens & les modifications qui pourroient être nécessaires.

Les Commissaires départis dans les Provinces, furent autorisés par des instructions particulières, à donner aux Communautés le choix d'acquitter cette charge, ou en nature, ou à prix d'argent. On fit des essais; on éprouva des méthodes différentes; elles occasionnèrent des variétés sans nombre.

Le Roi a jugé nécessaire de ramener cette partie importante de l'Administration à des principes uniformes; & après avoir pris l'avis de ses Commissaires départis dans les différentes Provinces de son Royaume, rassemblés à cet effet, Elle a reconnu par l'accord de leurs opinions, qu'il y auroit autant d'avantage que de justice, à substituer à la Corvée en nature, une prestation en argent représentative de la tâche de chaque Communauté, variable comme elle, &

répartie dans une proportion favorable aux autres taillables.

Sa Majesté convaincue de la préférence dûe à cette méthode, & du soulagement qui en résultera pour ses Peuples, auroit pu ne pas différer à prescrire définitivement son exécution dans tout le Royaume; cependant, pour s'éclairer de plus en plus par l'expérience, & donner aux Communautés elles-mêmes le temps de manifester leur vœu, après l'épreuve de ce nouveau régime, Elle a bien voulu ne l'ordonner d'abord que pour trois ans, & par forme d'essai général.

C'est l'objet de l'Arrêt qu'Elle a rendu en son Conseil le 6 du mois de Novembre dernier.

Les représentations auxquelles il a donné lieu de la part de quelques-unes de ses Cours, engagent aujourd'hui Sa Majesté à faire connoître ses intentions dans une forme plus solennelle, & à déclarer, que sans se départir du principe général qu'Elle a cru devoir adopter par rapport à la conversion de la Corvée en nature, en contribution pécuniaire, Elle se réserve de maintenir, s'il y a lieu, par des règlemens locaux, les formes qui seroient usitées avec succès en quelques Provinces, & qui pourroient se concilier avec ce principe, celles sur-tout qui tendroient au soulagement des Corvéables; & qu'en même temps, pour éloigner d'une opération de bienfaisance tout ce qui pourroit entretenir quelque inquiétude, au lieu de faire remettre le produit de la contribution représentative de la Corvée entre les mains des Receveurs des impositions, en remplacement des avances qu'ils auroient faites aux Entrepreneurs, ce qui avoit paru le plus commode pour le service, Sa Majesté trouve bon que les deniers provenans de cette contribution, soient toujours versés des mains du Collecteur de chaque Communauté, dans celles d'un Receveur choisi par les Assemblées de chaque district, pour être par lui remis immédiatement aux Entrepreneurs des travaux, en raison du prix de leur adjudication, & après que les ouvrages auront été reçus en présence des Communautés.

Sa Majesté se propose donc d'ordonner que les travaux des grandes routes s'exécuteront désormais dans le Royaume au moyen d'une prestation en argent, qui sera réglée chaque année, en raison de la tâche que chaque Communauté auroit dû faire; de manière cependant qu'elle n'excède jamais le sixième de la Taille, des impositions accessoires & de la Capitation réunis pour les lieux taillables, non plus que les trois cinquièmes de la Capitation roturière pour les villes & Communautés franches ou abonnées, ainsi que pour les Pays de Taille-réelle.

Cette contribution sera perçue par les Collecteurs de chaque paroisse, & son produit versé par eux dans les mains des Receveurs choisis à cet effet par les Assemblées de district, & de-là dans celles des adjudicataires des travaux. Les comptes de ces Receveurs, munis des quittances de payement, seront arrêtés par ces mêmes Assemblées & envoyés à l'Intendant de la Province.

Sa Majesté se réserve de porter les règlemens locaux qui pourroient être reconnus nécessaires, comme aussi de déterminer comment l'inspection qu'auront les différentes Assemblées de propriétaires, en ce qui concerne l'exécution des travaux des chemins, se conciliera avec le service ordinaire des Employés des Ponts & Chaussées, sous les ordres du Commissaire départi dans la Province, & sous l'autorité du Conseil.

Cette lecture finie, Monsieur de Calonne a repris la parole & a fait connoître succinctement à l'Assemblée, les trois autres divisions du travail sur lequel elle auroit à délibérer.

La seconde division du travail de l'Assemblée, doit être exposée comme la première, dans des Mémoires séparés, dont le premier aura rapport à la levée des Barrières intérieures & au renvoi de tous les Bureaux de Douane à la frontière, opération qui seroit combinée avec un Tarif général qui modérera beaucoup les droits d'entrée du Royaume, sur les matières premières, & ceux de sortie sur les Marchandises ouvrées, & dans lequel aucun droit ne sera porté à un taux excessif.

Quatre autres Mémoires traiteront de la suppression de différens droits d'Aides, établis sur la circulation des Boissons; de celle du droit de la marque des Fers, de celle du droit de la fabrication sur les Huiles, & enfin de celle de plusieurs droits d'Amirauté nuisibles au Commerce maritime.

Un autre Mémoire contiendra un plan pour régler la perception des droits sur les Marchandises coloniales.

Un septième proposera un régime pour la culture du Tabac, dans les Provinces où elle est permise, propre à rendre possible de lever les barrières qui séparent ces Provinces des autres.

Le dernier exposera une opération sur la Gabelle, en raison de laquelle le prix du Sel de Gabelle seroit diminué autant que les circonstances le permettent. Il seroit délivré du Sel à un prix très-inférieur pour l'usage de l'Agriculture ; la contrebande deviendroit sans intérêt, & toutes les Barrières établies pour l'empêcher, ainsi que tous les maux qui marchent à sa suite, seroient supprimés.

La troisième division du travail doit renfermer, 1.° ce qui regarde les Domaines royaux, qu'on proposeroit d'inféoder sans y comprendre les Forêts ; 2.° ces Forêts elles-mêmes dont on chercheroit à perfectionner l'administration, en supprimant les Maîtrises des Eaux & Forêts, renvoyant aux Tribunaux ordinaires le jugement des délits, & instituant pour la partie économique, des Inspecteurs amovibles & une Commission du Conseil, qui en seroit perpétuellement occupée.

La quatrième division doit contenir, 1.° une extension du droit de Timbre sur un grand nombre d'objets qu'il devoit embrasser dans son origine ; 2.° un Mémoire sur les Remboursemens à époques fixes ; 3.° de nouveaux moyens de rendre la Caisse d'escompte plus utile, & d'assurer son existence de la manière la plus stable ; 4.° des réductions sur diverses parties qui en sont susceptibles ; 5.° l'institution d'une Caisse générale, qui laisseroit au Roi la jouissance de ses propres fonds & préviendroit les abus des Caisses particulières ; 6.° l'établissement d'un nouveau Comité du Conseil pour l'administration générale de l'Agriculture & du Commerce.

Lorsque Monsieur de Calonne a eu fini de parler, MONSIEUR, après avoir salué l'Assemblée, assis, a dit :

DISCOURS DE MONSIEUR.

MESSIEURS,

D'APRÈS ce que Monsieur le Contrôleur général vient de nous dire des objets sur lesquels le Roi veut que nous délibérions, il nous est facile de juger de leur importance. Il est possible que quelqu'un de nous soit intimidé par leur grandeur ; mais quelque défiance que chacun en particulier puisse avoir de ses propres lumières, je crois qu'il est essentiel de n'appeler aucun secours étranger. Lorsque les délibérations d'une Assemblée se répandent au-dehors, chacun en raisonne à sa manière, & ces raisonnemens, faits sans une connoissance approfondie de la matière, ne peuvent que jeter du doute & des nuages dans l'esprit de ceux qui doivent s'en occuper essentiellement : je pense donc qu'il est bon, quoique le Roi ne nous l'ait pas expressément ordonné, de garder le secret sur ce qui se passera, tant dans nos Assemblées générales, que dans nos Assemblées particulières ; ou si nous ne pouvions éviter d'en parler dans le monde, de nous abstenir au moins d'entrer dans aucun détail. C'est la conduite que je me propose de tenir, & je ne puis, Messieurs, que vous exhorter à en agir de même.

Ce discours fini, MONSIEUR s'est levé & a invité les Membres du Bureau qu'il doit présider à se rendre chez lui le lendemain à onze heures du matin.

Monseigneur Comte d'Artois a donné la même heure.

Monseigneur le Duc d'Orléans, celle de cinq heures du soir.

Monseigneur le Prince de Condé, onze heures du matin.

Monseigneur le Duc de Bourbon, la même heure.

Monseigneur le Prince de Conti, la même heure.

Monseigneur le Duc de Penthièvre, la même heure.

Après quoi MONSIEUR, Monseigneur Comte d'Artois & les Princes se sont retirés dans le même ordre qu'ils étoient entrés.

Les Secrétaires-Greffiers de l'Assemblée ayant demandé à Monsieur le Contrôleur général les six Mémoires qu'il venoit de lire, pour en faire faire des copies & les remettre aux différens Bureaux, ce Ministre leur a dit que son intention étoit de les faire imprimer, ce qu'il a fait depuis.

N. B. Dans l'intervalle entre la Séance du 23 Février & celle du 12 Mars, Monsieur de Vilar, Procureur général du Conseil souverain de Roussillon, l'un des Notables convoqués, étant tombé malade, a obtenu du Roi la permission de se retirer & n'a point été remplacé.

TROISIÈME SÉANCE.

Le Lundi 12 Mars 1787.

MONSIEUR, Monseigneur Comte d'Artois & les Princes s'étant rendus sur les onze heures du matin à la salle d'Assemblée, & ayant pris séance dans le même ordre qui a été spécifié ci-dessus, le sieur Hennin, après avoir salué & s'être couvert, a lû le Procès-verbal de la première Séance tenue en présence du Roi, qui n'avoit pu l'être lors de la dernière Assemblée; & le sieur du Pont, après avoir salué & s'être couvert, a lû celui de la seconde Séance.

Monsieur le Baron de Breteüil, premier Commissaire du Roi, a ensuite ouvert la Séance par le discours suivant.

DISCOURS

De Monsieur le Baron de Breteüil.

MESSIEURS,

LE ROI, en vous appelant à ce Conseil extraordinaire, nous a ordonné de vous en communiquer successivement les objets. Sa Majesté desire d'entendre par votre bouche les meilleurs moyens d'assurer le bon ordre dans l'Administration, & l'avantage constant de son Peuple. Le Roi ne veut, Messieurs, fonder l'usage de son autorité, que sur le bonheur public.

Monsieur le Contrôleur général va continuer à vous exposer les vues de Sa Majesté.

Monsieur le Contrôleur général ayant pris aussi-tôt

la parole, a prononcé le discours dont le commencement suit.

DÉBUT DU DISCOURS

Prononcé par Monsieur le Contrôleur général.

Messieurs,

Vous savez que la totalité des propositions que SA MAJESTÉ a jugé à propos de vous communiquer, a été divisée en quatre parties; que la première concerne particulièrement les Impositions territoriales & ce qui a rapport à l'Agriculture.

La seconde, la liberté de la circulation intérieure & les droits qui intéressent le Commerce.

La troisième, les Domaines, les Forêts du Roi & autres objets domaniaux.

La quatrième, diverses opérations relatives à l'administration des finances & au crédit.

Les objets de la première division ont été examinés dans chacun des sept Bureaux, entre lesquels l'Assemblée est partagée; vous avez formé vos avis; MONSIEUR les a tous remis au Roi : Sa Majesté les a tous lûs; Elle veut les revoir encore avec la plus grande attention & en peser les résultats dans son Conseil; Elle y a trouvé ce qu'Elle attendoit de votre zèle, les preuves de l'application suivie avec laquelle vous avez discuté chaque objet. Elle a vu avec satisfaction qu'en général vos sentimens s'accordent avec ses principes, que vous étant pénétrés de l'esprit d'ordre & des intentions bienfaisantes qui dirigent toutes ses vues, vous vous êtes montrés animés du desir de contribuer à en perfectionner l'exécution; que vous n'avez recherché les difficultés dont elle pourroit être susceptible, qu'afin de les prévenir & de faire apercevoir les moyens de les éviter; enfin que les objections qui vous ont frappés, & qui sont principalement relatives aux formes, ne contrarient pas les points essentiels du but que Sa Majesté s'est proposé, d'améliorer ses Finances, & de soulager ses Peuples par la réformation des abus.

Le Roi ne doute pas plus des sentimens qui ont dicté vos

observations, que vous ne devez douter de ceux dans lesquels Sa Majesté les reçoit : elles ne s'accorderoient pas avec l'attention paternelle qui l'a portée à vous assembler, si elles n'avoient pas ce caractère de franchise qui convient à des François consultés par leur Roi sur le bien de ses Peuples. Assurée de vos dispositions, comme de votre juste reconnoissance, Sa Majesté ne s'est point attendue à en recevoir un hommage passif & aveugle. C'est la vérité qu'Elle cherche, & Elle sait que la vérité s'éclaircit par le choc des opinions.

Les objets que nous sommes chargés de vous rapporter aujourd'hui, ne méritent pas moins que les précédens, toute votre attention ; ils réunissent dans leur ensemble tout ce qui est nécessaire pour l'exécution complète d'un plan désiré depuis des siècles, & duquel il est reconnu que dépend la vivification de tout le Commerce du Royaume, par conséquent la prospérité de l'État.

C'est une chose bien digne de remarque, & qui doit, Messieurs, vous faire éprouver un sentiment de satisfaction que Sa Majesté même se plaît à partager avec vous, qu'en ce jour, les Notables du Royaume, assemblés par ses ordres, vont recevoir la réponse aux cahiers présentés par les États-généraux en 1614 ; & sans doute qu'ils vont coopérer, par leurs avis, par leur acclamation, à l'accomplissement du vœu que la Nation entière exprimoit il y a cent soixante-treize ans, de la manière la plus pressante ; elle demandoit alors que les barrières fussent toutes reportées à l'extrême frontière du Royaume, que la circulation intérieure fût rendue libre, que le Commerce fût affranchi de ses entraves, qu'il y eût un régime uniforme pour les Traites : le Roi l'accorde aujourd'hui, & c'est le but du plan que vous allez examiner.

Ainsi les temps se succèdent, & la vérité leur survit ; ce qu'elle n'obtient pas dans un moment, elle le réclame avec succès dans un autre ; des conjonctures fâcheuses accumulent les obstacles, des conjonctures plus favorables les dissipent ; & tôt ou tard, la voix puissante du bien public subjugue toutes les difficultés.

L'origine du régime vicieux qu'il s'agit de réformer, date du XIV.e siècle ; ce ne fut qu'au commencement du XVII.e qu'on vit éclater formellement les plaintes du Commerce & les doléances de la Nation à ce sujet. Cinquante ans après, Colbert proposa à Louis XIV d'y mettre ordre, & conçut le projet d'un tarif uniforme ; mais il crut devoir en graduer l'exécution. Cette voie ne réussit pas, & le régime se compliqua davantage; Louis XV s'occupa de le rectifier entièrement; le plan fut tracé en 1760; les bases du travail préparatoire furent posées; & l'on n'a pas cessé depuis cette époque, de rassembler tous les renseignemens nécessaires pour rendre ce travail complet; il l'est enfin; & Louis XVI va mettre la dernière main à cette œuvre importante, digne, Messieurs, du vif intérêt avec lequel vous allez vous en occuper.

Je n'entrerai point ici dans le détail des parties qui le composent, elles sont toutes développées dans les Mémoires que nous sommes chargés de remettre à MONSIEUR, & que ce Prince voudra bien faire distribuer dans chacun des sept Bureaux.

Le premier, qui est le plus considérable, vous présentera les élémens du tarif uniforme, & tout l'ensemble de l'opération; les sept autres traitent particulièrement différens points accessoires, dont le concours a paru nécessaire pour l'entier affranchissement de la circulation intérieure.

Ce seroit abuser du temps que vous consacrez à l'intérêt public, que de vous dire en ce moment ce que vous trouverez dans le contenu de ces Mémoires; je me bornerai à vous tracer en peu de mots une idée générale du projet.

Dans la seconde partie qui n'étoit pas écrite, Monsieur de Calonne, a exposé la substance des huit Mémoires qui forment la seconde Division du travail, dont l'intention du Roi est que l'Assemblée fasse l'examen.

Ce Ministre s'est attaché à faire voir les avantages qui résulteront pour le soulagement de la Nation & pour les finances du Roi; des changemens que Sa Majesté se propose de faire dans tous les points d'administration dont ils sont l'objet, & la liaison des opérations, soit entr'elles, soit avec les autres parties du plan projeté par Sa Majesté.

MÉMOIRES

DE LA

SECONDE DIVISION.

___

N.º I.er

MÉMOIRE

Sur la réformation des Droits de Traites, l'abolition des Barrières intérieures, l'établissement d'un Tarif uniforme aux Frontières, & la suppression de plusieurs Droits d'Aides nuisibles au Commerce.

LES États-généraux, assemblés en 1614, se plaignoient au Roi de ce que *les droits de Traites étoient levés sur ce qui va de certaines Provinces du Royaume à d'autres d'icelui, tout ainsi que si c'étoit un pays étranger, au grand préjudice de ses Sujets, entre lesquels cela conservoit des marques de division qu'il étoit nécessaire d'ôter, puisque toutes les Provinces du Royaume sont conjointement & inséparablement unies à la Couronne pour ne faire qu'un corps sous la domination d'un même Roi, & puisque tous les Sujets sont unis à une même obéissance. Pour ces causes, ils demandoient qu'il plût à Sa Majesté ordonner qu'ils jouiroient d'une même liberté & franchise ; en ce faisant, qu'ils pourroient librement négocier & porter les marchandises de France en quelques endroits du Royaume que ce soit, comme concitoyens du même État, sans payer aucuns droits de Traites..... Qu'à cet effet, les Bureaux desdites Traites & droits d'Entrée seroient établis aux villes frontières & limites du Royaume.*

Ce vœu fut inspiré par la raison, par la justice & par l'intérêt public. Il n'a pas cessé d'exister, il n'a pas cessé d'être celui de la Nation ; mais mille obstacles divers & successifs s'opposèrent à son accomplissement : les efforts même qu'on fit pour diminuer les inconvéniens sans en extirper le germe, semblèrent les enraciner davantage. C'est presque toujours le sort des meilleures intentions, quand les circonstances en bornent les effets. Réformer à demi, c'est perpétuer le désordre ; & régler des effets vicieux, c'est donner une constitution au vice, c'est renoncer à le détruire. Il est reconnu que les Ordonnances multipliées, qui ont grossi le code des Traites, n'ont servi, en compliquant leur régime, qu'à prouver l'impossibilité de le rectifier sans en changer les bases. On est depuis long-temps généralement convaincu qu'il n'y a qu'une refonte totale dans cette partie qui puisse y rétablir l'ordre naturel.

Elle va enfin s'effectuer cette refonte générale, sous un Roi qui poursuit par-tout les abus, pour fonder sur leur ruine le bonheur de ses Peuples. Sa Majesté, après s'être occupée des moyens d'établir une répartition plus égale dans les impôts, & de faire prospérer l'Agriculture, a porté ses vues sur la multitude & la variété infinie de droits qui grèvent le Commerce de son Royaume ; Elle a résolu de supprimer tous ceux qui n'augmentent ses finances qu'aux dépens du bien public.

Les Droits de traites ont d'abord fixé son attention.

Leur origine remonte au treizième siècle. Les productions nationales, peu abondantes alors, étoient considérées comme devant servir uniquement aux besoins du Royaume, comme leur étant nécessairement & exclusivement réservées. Il paroissoit en conséquence fort important d'en empêcher la sortie, & c'est ce qui fut le principe des *Droits de traites*. Ils furent établis pour arrêter l'exportation, & compenser en quelque sorte le préjudice qu'on lui attribuoit.

Telle étoit l'erreur de l'Administration dans ces temps peu éclairés, que la cause même du mal sembloit en être le remède. On ne croyoit pas le Royaume assez riche pour permettre de vendre au dehors ; & c'est parce qu'on ne permettoit pas de vendre au dehors, que le Royaume ne devenoit pas plus riche. Les productions de son sol & de son industrie pouvoient-elles s'élever au-delà de sa propre consommation, quand sa consommation étoit l'unique mesure du débit & le dernier terme de la vente.

Les choses restèrent en cet état pendant plus de trois

siècles. Mais en 1540, l'esprit fiscal qui ne fut jamais celui du Commerce, aggrava le poids des Droits de traites; les mêmes Provinces qui avoient été assujetties à *des Droits de sortie*, furent soumises à *des Droits d'entrée*; bientôt après on y ajouta des *Droits locaux*, & la circulation fut par-tout gênée, obstruée, interrompue. La contagion de l'exemple, ou plutôt l'appât d'un intérêt mal entendu entraîna les Dominations voisines, & de toutes parts la puissance souveraine parut ne s'occuper que d'étouffer l'industrie, de mettre des entraves au Commerce.

La France s'étoit agrandie; les droits d'entrée & de sortie devoient naturellement se reculer en même-temps que ses frontières; mais continuant d'être perçus dans les lieux où ils avoient été établis, ils devinrent des douanes intérieures. On laissa subsister au milieu du Royaume une multitude de barrières qui n'avoient été posées dans leur origine que pour garder ses limites, & les marchandises nationales ne purent passer d'une Province à l'autre, qu'en payant les mêmes droits imposés sur celles venant de l'étranger ou allant à l'étranger.

A ces Droits de traites primitifs avoient été successivement ajoutés plusieurs droits particuliers créés en différentes Provinces du Royaume pour un temps limité, & pour des besoins pressans, lorsque la France étoit agitée par les troubles des guerres civiles.

Le Commerce fatigué par la perception de tant de droits dont la suppression toujours promise n'étoit jamais effectuée, fit parvenir sa réclamation jusqu'au Trône par la voix des États-généraux. La Nation en corps demanda avec instance la liberté de circulation dans l'intérieur du Royaume, & l'établissement d'un tarif uniforme des droits perceptibles à l'extrême frontière.

Une demande si juste parut faire impression, mais n'eut pas le succès qu'on devoit en attendre.

Le Gouvernement voulut réformer sans perdre, & pour compenser le produit des droits de circulation dont les États sollicitoient la suppression, on proposa aux Provinces qui y étoient soumises, & qui ne l'étoient pas à la perception des droits d'Aides, de consentir à y être assujetties. L'échange ne fut pas accepté, & après sept années de vaines tentatives, le régime vicieux continua de subsister sans aucun changement.

Sous la fin du règne de Louis XIII, & pendant la minorité de Louis XIV, les droits locaux prirent de nouveaux

H iv

accroissemens; ils se multiplièrent à l'excès & le Commerce languissoit, écrasé sous le poids de tant de perceptions différentes.

L'œil vigilant de Colbert mesura toute l'étendue des conséquences de ce désordre. Il entreprit de supprimer les traites intérieures, & d'établir un régime uniforme pour toutes les douanes du Royaume; c'est dans cette vue que fut rédigé le tarif de 1664.

Mais les circonstances ne permirent pas à ce Ministre, si digne de la reconnoissance publique, d'effectuer tout le bien qu'il avoit conçu. Le besoin des Finances l'obligea de conserver divers droits locaux aussi incompatibles avec la liberté du Commerce, que ceux dont il avoit fait déterminer la suppression; & pour arriver par degré à l'uniformité de perception qu'il avoit en vue, il crut devoir laisser aux Provinces la liberté d'opter entre le nouveau régime qu'il établissoit, & celui sous lequel elles avoient existé jusqu'alors.

Un grand nombre de Provinces acceptèrent le tarif; ce sont celles qui sont connues sous la dénomination *de Provinces des cinq grosses Fermes*; les autres préférèrent de demeurer dans leur premier état : ce sont celles qui ont le titre *de Provinces réputées étrangères*.

Ce partage qui trompa les espérances de Colbert, lui fit prendre le seul parti qui lui restoit, celui d'établir du moins des *droits uniformes* sur les objets les plus intéressans du Commerce, & d'en ordonner la perception aux frontières des *Provinces réputées étrangères*; c'est ce qui donna lieu aux tarifs de 1667 & de 1671, dont l'exécution caractérise les Provinces ainsi dénommées, & les différencie des Provinces des cinq grosses Fermes soumises particulièrement au tarif de 1664.

Ce système tendant à rapprocher les régimes disparates qu'on crut alors devoir tolérer, & à en diminuer les inconvéniens, a été suivi depuis, & un grand nombre d'Arrêts du Conseil ont successivement établi *les droits uniformes* sur différentes marchandises qui n'avoient pas été comprises dans les tarifs de 1667 & 1671; en sorte qu'il y a aujourd'hui plus de deux cinquièmes des principaux objets de Commerce qui y sont assujettis.

Mais quelques Provinces nouvellement conquises ou réunies n'y ont pas été soumises. Les Trois-évêchés, l'Alsace & la Lorraine sont demeurées affranchies, tant du tarif de 1664, que de ceux de 1667 & de 1671 ; elles ont conservé une communication libre avec l'étranger, & c'est ce qui les a fait dénommer *Provinces à l'instar de l'étranger effectif*.

Cependant cette exception à la loi commune n'a pas été maintenue intégralement à l'égard de ces trois Provinces ; il y a été dérogé dans celle des Trois-évêchés, par rapport à plusieurs droits, tels que celui des cuirs ; & dans la Lorraine, ainsi que dans l'Alsace, il existe plusieurs droits locaux qui, gênant la circulation, sont fort onéreux au Commerce.

Ce bizarre assemblage de tant de constitutions différentes, a toujours paru mériter l'attention particulière du Gouvernement, & il est enfin reconnu qu'il est possible de le faire disparoître sans blesser les droits ni les intérêts d'aucunes Provinces, & même en procurant l'avantage de toutes.

Sa Majesté a considéré que l'établissement *des droits uniformes*, quand il seroit étendu à tous les objets, quand il le seroit même aux Provinces qui sont à *l'instar de l'étranger effectif*, ne procureroit que l'avantage d'effacer toute différence dans les relations de notre Commerce avec l'étranger ; mais qu'il laisseroit toujours à désirer celui d'une communication parfaitement libre entre les différentes Provinces du Royaume.

En conséquence, Sa Majesté a pensé que ses vues ne seroient remplies qu'imparfaitement, si, en même-temps qu'Elle ordonnera la confection d'un tarif uniforme pour les droits d'entrée & de sortie, combiné avec l'intérêt des Manufactures nationales, Elle ne supprimoit pas tous les droits dûs à la circulation dans l'intérieur, & tous les Bureaux où ils se perçoivent.

Ce projet avoit été tenté en 1760 ; & un Magistrat aussi célèbre par ses lumières que par les services importans qu'il a rendus dans toutes les parties d'administration dont il étoit chargé *, s'étoit voué à cette grande opération avec un zèle infatigable. Il employa sept années à en préparer le travail, & il l'avoit porté au point que son ouvrage a donné les principales bases du plan adopté par Sa Majesté.

---

* M. de Trudaine.

Mais d'un côté, les difficultés qu'on eut lieu de preffentir de la part des Provinces qui crurent qu'elles feroient léfées par l'affujettiffement aux droits d'un tarif uniforme, & d'un autre côté les exagérations de la Ferme générale fur le produit des droits de circulation qu'il s'agiffoit de fupprimer, firent craindre que l'opération ne fût en même-temps nuifible aux intérêts d'une partie des Sujets du Roi, & préjudiciable aux revenus de Sa Majefté. Il parut fage & néceffaire de fufpendre l'exécution, jufqu'à ce qu'on fût raffuré fur ces deux objets effentiels, par une vérification exacte des recettes de toutes les efpèces de droits de circulation, & par une jufte balance de ce que les Provinces intéreffées au changement pourroient y perdre ou y gagner.

Le travail immenfe qu'il a fallu faire pour connoître & conftater ce double réfultat, a été entamé en 1767; il a été fuivi depuis avec la plus grande application, par la perfonne inftruite & laborieufe qui en a été chargée, & ce n'eft que vers le commencement de l'année dernière qu'il s'eft trouvé porté à fon entière perfection.

Ce travail a fait connoître d'une manière certaine, que les relations des différentes Provinces du Royaume entre elles, étoient beaucoup plus confidérables que celles avec l'étranger; qu'ainfi la liberté de la circulation intérieure feroit beaucoup plus de bien, que les droits fur le Commerce extérieur ne pourroient faire de mal.

Il a fait connoître que les Provinces même qui paroiffent le plus attachées à leur qualité d'*étrangères* ou de *réputées étrangères*, & à un commerce inconciliable avec l'intérêt général du Royaume, n'y trouvent pas même leur avantage particulier; que ce commerce les appauvrit tous les ans; qu'il eft deftructeur de leur induftrie, & que tout confidéré c'eft un bien illufoire dont la privation follicitée par l'État entier, deviendra pour elles-mêmes une fource de profits plus réels.

Ce travail enfin a fait connoître que le produit des droits de circulation intérieure, objet de 5,500,000 livres, feroit facilement compenfé par l'extenfion générale du Commerce, par une perception égale de droits fagement combinés à toutes les entrées & forties du Royaume, par une diminution très-confidérable des frais de recouvrement, & par l'abolition de la contrebande, abolition précieufe fous tous les afpects, & fur laquelle Sa Majefté a droit de compter, au moyen du parti qu'Elle a pris de substituer aux prohibitions, ou à des droits réputés prohibitifs par leur énormité, des droits qui n'excédant pas le prix ordinaire des assurances, ne seront plus éludés ni fraudés, & cependant suffiront pour maintenir la concurrence & même la préférence qu'il est juste de conserver aux Manufactures nationales.

C'est après s'être fait rendre compte de tous les états, de tous les calculs qui justifient ces trois vérités ; c'est après les avoir fait examiner & discuter pendant six mois, par une Commission composée de plusieurs Conseillers d'État & autres Magistrats du Conseil, des coopérateurs de l'Administration dont le travail y est relatif, de plusieurs Intendans du Commerce, & des Fermiers généraux les plus versés dans la connoissance des traites, que Sa Majesté a jugé qu'il ne restoit plus de motif pour suspendre davantage l'opération salutaire desirée depuis si long-temps, & qu'Elle a donné son approbation au plan qu'Elle fait communiquer aujourd'hui à l'Assemblée des Notables.

Sa Majesté a voulu que ce plan leur fût développé avec autant de détails qu'ils peuvent en desirer pour en avoir une idée juste & une connoissance suffisante ; mais en même-temps qu'Elle leur demande les observations dont ils le trouveront susceptible, quant aux principes sur lesquels il est établi & aux vues qu'il présente, Sa Majesté est persuadée qu'ils s'en rapporteront aux soins qu'Elle a pris & qu'Elle prendra encore pour les formalités d'exécution, ainsi que pour l'exactitude des calculs qui ont servi d'élémens aux résultats, calculs dont on s'occupe depuis vingt ans, & qui ont été revus & constatés depuis six mois avec toute l'attention possible.

Dans son point de vue général, ce plan consiste à supprimer tous les droits qui se perçoivent au passage des Provinces des cinq grosses Fermes, dans les autres Provinces, & au passage de celles-ci dans les premières ; à rétablir par-là une communication libre & une égalité parfaite entre toutes les parties de la Monarchie ; à détruire jusqu'aux dénominations étrangères qui les distinguent aujourd'hui les unes des autres, & à dégager le Commerce de toute entrave.

Tous les droits de traites intérieures, tous les droits locaux seront abolis ; tous les Bureaux où ils sont perçus, toutes les barrières établies pour en assurer la recette, seront transportées aux frontières extérieures ; rien ne gênera plus la circulation au dedans ; le Négociant & le Voiturier, l'Artifan & le Cultivateur, le François & l'Étranger ne feront plus arrêtés, fatigués, inquiétés, par ces vifites importunes, tourment des Voyageurs, & fource intariffable de plaintes, de difficultés, quelquefois même de vexations.

Les Sujets du Roi éprouveront un foulagement réel dans l'extinction de plufieurs droits onéreux. Sa Majefté retrouvera dans la diminution des frais & dans la fuppreffion d'une multitude confidérable de Bureaux & d'Employés, plus des trois quarts du produit dont Elle fera le facrifice.

Enfin les droits qui continueront d'être perçus à l'entrée & à la fortie du Royaume, feront fimplifiés & réglés d'après un nouveau tarif, dont toutes les difpofitions concourront à encourager l'induftrie nationale, à faciliter l'introduction des matières premières dont le Royaume a befoin, & à favorifer l'exportation des ouvrages de fes Manufactures, ainfi que du fuperflu des productions de fon fol.

Tel eft le but de la réforme : voici de quelle manière elle doit s'exécuter.

Sa Majefté fe propofe d'ordonner :

1.° Qu'à compter du 1.ᵉʳ Octobre prochain, tous les droits quelconques dûs fur les marchandifes & denrées, lors de leur circulation & paffage d'une Province dans l'autre, fans aucune diftinction d'icelles, feront & demeureront fupprimés. L'énumération en eft trop étendue pour être placée ici : ils feront détaillés dans la loi à laquelle le nouveau tarif doit être annexé.

Sa Majefté entend comprendre dans cette fuppreffion ceux de ces droits qui auroient été aliénés ou concédés, fauf à pourvoir à l'indemnité des perfonnes au profit de qui ils font perçus, d'après la liquidation qui en fera faite fur le vu de leurs titres de propriété.

2.° Qu'à compter de la même époque, les droits d'entrée & de fortie qui fe perçoivent en vertu des différens tarifs en ufage dans les *Provinces des cinq groffes Fermes*, dans les *Provinces réputées étrangères*, & dans celles *à l'inftar de l'étranger effectif*, feront remplacés par ceux d'un tarif uniforme, qui fera obfervé & exécuté à toutes les entrées & forties du Royaume indiftinctement.

Il fuffira d'expofer comme on a procédé à la confection de ce tarif, pour en faire apercevoir tous les avantages.

On a commencé par faire avec le plus d'exactitude qu'il a été poffible, la nomenclature & l'appréciation de tous les objets connus dans le commerce ; les droits ont été fixés en proportion de l'intérêt que la France peut avoir de favoriser ou de gêner telle ou telle espèce d'importation ou d'exportation ; & pour en simplifier la perception, on a compris toutes les marchandises & productions sujettes aux droits, dans le plus petit nombre de classes entre lesquelles il a été possible de les distribuer.

Elles ont été divisées, quant à l'entrée, en six classes, & quant à la sortie, en quatre.

Droits d'Entrée.

Les *Droits d'entrée* dans le Royaume sont fixés, dans la première classe à un quart pour cent, dans la seconde à deux & demi, dans la troisième à cinq, dans la quatrième à sept & demi, dans la cinquième à dix, dans la sixième à douze pour cent.

Tous ces droits ont été gradués, selon le plus ou le moins d'utilité dont peuvent être pour le Royaume, les marchandises qu'il tire de l'étranger.

Ainsi l'on a réduit au plus petit droit, à un quart pour cent seulement, les objets de la première classe, qui sont les matières premières d'une nécessité absolue pour nos Manufactures & notre Navigation, tels que les *bois de construction*, les *munitions navales*, les *chanvres*, *lins*, *cotons*, *laines*, *poils de toutes sortes*, *les ingrédiens servant aux teintures*, *aux papeteries*, & autres marchandises de même nature, dont on ne peut trop favoriser l'importation. On ne les auroit soumises à aucun droit d'entrée, si l'on n'avoit pas eu en vue par cet assujettissement insensible, de se procurer une connoissance exacte de ce qui sera importé.

Le droit fixé pour la seconde classe à deux & demi pour cent de la valeur, portera sur des objets utiles à l'industrie nationale, mais moins nécessaires que ceux de la première classe, ou qui ayant reçu une première main-d'œuvre chez l'étranger, méritent moins de faveur que les matières premières absolument brutes : tels sont les *suifs*, les *cornes*, les *gommes*, les *peaux & cuirs en verd*, les *cendres préparées*, les *soies*, les *cires jaunes* & autres matières de cette espèce.

On a compris dans la troisième classe pour laquelle le droit est sur le pied de cinq pour cent, les objets dont on a un besoin moins essentiel, parce que le Royaume produit une grande partie de ce qui s'en consomme, tels que les *aciers bruts*, les *fruits secs*, les *bois de marqueterie*, les *chanvres & lins apprêtés*, les *pelleteries non-ouvrées*, les *cires blanches*, &c.

Dans la quatrième classe, le droit est porté à sept & demi pour cent, & on y a compris tous les articles d'*épicerie*, les *drogueries propres pour la médecine*, & autres objets qu'on ne peut pas regarder comme de première nécessité, qui d'ailleurs sont principalement à l'usage des gens aisés ; les dénominations étant trop variées, on n'en citera aucune en particulier.

La cinquième classe où le droit est de dix pour cent de la valeur, comprend tous les objets de fabrique étrangère, qui entrant en concurrence avec les objets de même nature qui se fabriquent dans le Royaume, paroissent dans le cas d'être chargés d'un droit plus considérable, tels que l'*argent trait & filé*, l'*orfévrerie & la bijouterie*, les *beurres salés & fondus*, les *fers en barre & en verge*, les *fils de chanvre, de lin & de coton*, les *laines filées*, les *huiles*, les *vins étrangers*.

Enfin, la sixième classe où le droit s'élève à douze pour cent de la valeur, ne comprend que les objets dont, pour l'avantage de l'industrie nationale, il est essentiel de restreindre encore davantage l'importation. Ces objets sont principalement les ouvrages de *bonneterie, boutonnerie, chapellerie*, les *toiles*, les *étoffes de laine, de coton & de soie de toutes sortes*, les *papiers & cartons*, les *faïences & porcelaines*, les *aciers & fers façonnés*, les *quincailleries & merceries*, les *peaux & cuirs tannés & apprêtés*, les *pelleteries ouvrées*, les *productions de la pêche étrangère*, les *eaux-de-vie & les savons*.

Quant aux articles dont l'introduction est prohibée, ils se réduisent aux productions coloniales étrangères, & aux toiles de coton blanches & peintes.

Les sucres, cafés & autres productions de nos Colonies, continueront de payer les *droits du domaine d'Occident*.

DROITS DE SORTIE.

On a suivi le même principe pour déterminer la fixation des droits de sortie ; ils seront plus considérables sur les objets qu'il est de l'intérêt national de retenir, & plus modérés sur ceux qu'il est avantageux d'exporter. Ainsi, le droit ne sera que d'un quart pour cent, sur tous les *ouvrages de nos Fabriques & Manufactures*, sur les *productions territoriales dont le Royaume a plus qu'il n'en consomme*; sur les *produits de la pêche, les eaux-de-vie; les fromages,* & autres objets de même genre, dont la première classe est composée.

Dans la seconde classe où le droit est fixé sur le pied de deux & demi pour cent de la valeur, on a compris les objets de fabrication nationale qui n'ont reçu qu'une première main-d'œuvre, tels que *les cuivres & les fers à demi façonnés, les drogueries, épiceries,* & autres productions étrangères qui ont payé un droit d'entrée; *l'orfévrerie, la bijouterie* & autres objets au débit desquels un droit aussi modique ne paroît pas pouvoir porter obstacle.

La troisième classe est composée des articles qui, par l'utilité dont ils sont pour l'étranger, y ont un débit assez assuré, pour qu'on puisse sans inconvénient les assujettir à un droit de cinq pour cent de la valeur, tels que le *bray gras & liquide, les bois de teinture moulus, les fils de lin-chanvre retorts, ceux de coton & de laine, les huiles & les modes.*

Dans la quatrième classe où le droit est porté à douze pour cent, on a compris les matières premières qu'il est important de réserver pour nos Manufactures, & dont en conséquence on doit éviter de trop favoriser la sortie; mais qui pouvant être considérées comme productions territoriales, ou comme objets d'échange des articles qui nous sont fournis par l'étranger, méritent cependant d'obtenir quelque liberté à l'exportation. Ces objets sont les *laines non filées, les peaux & cuirs secs & en verd, les matières premières nécessaires pour les teintures, & les cotons bruts,* sauf à l'égard de ce dernier objet de modérer le droit de sortie, momentanément & jusqu'à ce que les progrès de nos Manufactures leur en fassent employer la totalité.

L'extrême disproportion qui se trouve entre les qualités & les prix des différens vins du crû du Royaume, & notamment ceux de la Guyenne, n'a pas permis de les classer en raison de leur valeur; mais quant à ces derniers, ils peuvent être considérés comme rangés entre la classe de cinq pour cent & celle de douze. Le droit fixé à treize livres dix sous, n'est pas augmenté sur les *vins de la sénéchaussée de Bordeaux,* qui sont d'une qualité supérieure; il est considérablement diminué sur ceux *du pays haut* qui sont d'une qualité inférieure. Le droit est baissé d'un quart sur les *vins de Bourgogne & de Champagne,* & il est si médiocre sur les *autres vins du*

Royaume, qu'il ne peut aucunement préjudicier à leur exportation.

Les vins du crû du Royaume obtiennent d'ailleurs une grande faveur lorsqu'ils font destinés pour la consommation de la France, attendu que l'on supprime tous les droits de circulation intérieure, qui sont presque aussi considérables que ceux de sortie.

Enfin il est des objets dont l'exportation ne pourroit avoir lieu qu'au détriment des Manufactures & de l'industrie nationale. On a cru en conséquence devoir en prohiber absolument l'exportation ; de ce nombre sont les *bois de construction*, *les chanvres & lins*, *les fils de lin ou de chanvre bis ou écrus*, *les poils & peaux de lièvre, de lapin & de chèvre*, *les soies*, *les soudes & cendres*, *les suifs*, *les vieux linges*, & autres articles, &c.

Tel est en général l'ordre dans lequel a été rédigé le nouveau tarif ; tel en est l'esprit, favorable en tous points à l'industrie nationale, à laquelle la suppression des droits actuels de circulation doit donner un nouvel essor.

Pour ne laisser à desirer au Commerce de la Nation, aucune des facilités qu'il peut attendre de la protection que le Roi lui accorde, & pour ranimer une de ses branches très-susceptible de fructifier, Sa Majesté s'est déterminée à permettre & favoriser les spéculations d'*entrepôt* & de *transit*, qui depuis les défenses portées en 1688, n'avoient plus d'activité que dans les seules Provinces qui sont à l'*instar de l'étranger effectif*.

Le Roi a reconnu que si l'intérêt de maintenir le produit des droits de circulation, & la crainte qu'ils ne fussent éludés par des infidélités dans le transit, ou par des fraudes dans l'entrepôt, avoient pu servir de motif à une interdiction qui depuis un siècle a privé la France des bénéfices inappréciables, que cette branche de Commerce auroit pu produire, les mêmes raisons ne subsistoient plus, au moyen de l'affranchissement des traites intérieures ; qu'elles ne pouvoient même se concilier avec les principes de liberté & d'uniformité adoptés par Sa Majesté, & qu'il étoit possible d'employer des précautions suffisantes pour empêcher les versemens frauduleux.

Les formalités & les conditions sous lesquelles l'entrepôt avoit été permis en 1669, étoient sans doute beaucoup trop gênantes pour le Négociant, qu'elles constituoient en des avances trop considérables. Une faveur, accompagnée de restrictions trop onéreuses, rend le bienfait illusoire.

Sa Majesté en permettant d'interposer dans le Royaume les marchandises dont la destination est incertaine au moment de leur arrivée, & en accordant le transit par acquit à caution pour celles qui, venant de l'étranger, & destinées aussi pour l'étranger, ne font qu'emprunter le passage dans ses États, ne les soumettra qu'à des droits modiques, calculés dans la proportion d'un demi pour cent de la valeur, quant à l'entrepôt, & dans celle d'un pour cent quant au transit. Ces droits suffiront pour subvenir aux frais de régie & de surveillance; ils n'ont pas d'autre objet.

Ils n'auront pas lieu dans les Provinces qui jouissent déjà du transit en exemption totale, & il n'y aura rien d'innové à cet égard par rapport à la Lorraine, les Trois-évêchés & l'Alsace, ni par rapport aux Marchandises du Levant.

On doit s'attendre que cette facilité désirée depuis long-temps par tous les Négocians, produira les effets les plus avantageux, & que la France deviendra ce qu'elle doit être naturellement par sa situation, l'entrepôt du Commerce des Nations du Midi & de celles du Nord.

Plusieurs Provinces du Royaume qui jouissent sous différentes modifications de l'exemption des droits sur les sucres, cafés & autres Marchandises des Isles, pour leur propre consommation, en seront nécessairement privées par la suppression des barrières intérieures, qui ne laisseroit aucun moyen d'empêcher le versement de ces Provinces franches dans celles qui ne le sont pas. La Bretagne, la Franche-Comté, l'Alsace, la Lorraine & les Trois-évêchés, regretteront sans doute cet avantage qu'il est impossible de leur conserver; mais on verra qu'elles en seront amplement dédommagées.

Au surplus, comme c'est un objet important, & qui demandera une décision légale, il sera traité dans un Mémoire particulier.

Il est aisé de juger que ce nouvel ordre de choses exige une refonte entière des Règlemens & Ordonnances sur les Traites. Les dispositions de l'Ordonnance de 1687, ne seroient plus applicables au tarif uniforme qui va être établi, ni aux principes qui en ont dirigé la confection. Les règles & les décisions sont devenues d'ailleurs si multipliées & si compliquées, qu'une longue étude suffit à peine pour les entendre, & qu'il est reconnu indispensable d'en changer la rédaction. Sa Majesté s'en est occupée, & la nouvelle

Ordonnance qu'Elle se propose de rendre, prescrira les formalités qui seront observées dans tout son Royaume, pour assurer la perception des droits d'entrée & de sortie, en même temps que pour régler le Commerce d'entrepôt: ces formalités seront simples, faciles à remplir, & telles qu'il ne restera plus de prétextes pour en éluder l'exécution. Prévenir les contraventions, diminuer la rigueur des peines & les mieux proportionner au délit, sont autant d'actes de justice & de bonté qui entrent nécessairement dans les vues, comme dans les sentimens du Roi.

La certitude de faire le bien de tout le Royaume, suffisoit sans doute pour déterminer Sa Majesté à vouloir l'exécution d'un plan qui a toujours été l'objet du vœu national, & Elle auroit pû se borner à considérer qu'un grand intérêt général doit prévaloir sur tous les intérêts particuliers & locaux; mais l'esprit d'équité qui accompagne les plus sages résolutions de Sa Majesté, l'a portée à examiner quelle influence ce plan pouvoit avoir sur le sort des Provinces dont il change la constitution, en ce qui concerne les droits de Traites.

Elle a vu que les Provinces *réputées étrangères*, qui sont *la Bretagne, la Saintonge, la sénéchaussée de Bordeaux, l'Armagnac, le Languedoc, le Roussillon, la Provence, le Dauphiné, le Lyonnois, la Franche-Comté, la Flandre, l'Artois, le Hainaut & le Cambresis*, déjà sujettes aux droits uniformes du tarif de 1671, sur leur Commerce avec l'étranger, & à divers autres tarifs particuliers, pour les objets exempts des droits uniformes, trouveroient toutes un avantage sensible à n'être plus assujetties qu'aux droits perceptibles aux frontières extérieures, & à jouir d'une communication libre avec toutes les Provinces du Royaume. Des états comparatifs de ce qu'elles payent actuellement pour les droits qui seront supprimés, & de ce qu'elles auront à payer en vertu du nouveau tarif, en fournissent une démonstration sans replique.

Il paroît au premier coup-d'œil y avoir plus de doute par rapport aux Provinces à *l'instar de l'étranger effectif*, qui sont l'*Alsace*, la *Lorraine* & les *Trois-évêchés*. Elles jouissent, sauf un petit nombre d'exceptions, d'une pleine franchise dans leur Commerce avec l'étranger, & l'on doit s'attendre qu'elles la regretteront, tant qu'un examen approfondi, qu'elles n'ont pas encore pû faire, ne les aura pas éclairées sur leurs véritables intérêts.

A peine avoient-elles une notion très-imparfaite des dispositions nouvelles qui devoient les concerner, que déjà des écrits répandus en leur nom, annonçoient leurs alarmes, exprimoient leurs doléances & articuloient des pertes immenses dont elles se disoient menacées.

1.° On a prétendu dans ces écrits, que *la Lorraine & les Trois-évêchés* ne pourroient plus vendre à l'étranger les productions de leur sol, qui font toutes leurs richesses, lorsque l'étranger ne pourroit plus leur apporter ses marchandises, lorsqu'elles n'auroient plus avec lui une libre communication; & on en a conclu que ce seroit leur ruine : mais on ignoroit alors que le régime prohibitif alloit cesser d'exercer ses rigueurs, même à l'égard de notre Commerce du dehors. A la seule exception des productions coloniales, & des toiles de coton, on ignoroit que les droits sur les marchandises étrangères, ne seroient pas assez forts pour repousser l'introduction de celles que les habitans de la Lorraine & des Trois-évêchés ont coutume de tirer des dominations voisines; on ignoroit que le nouveau tarif n'apporteroit aucun obstacle à la sortie des vins & des autres denrées qu'ils exportent en retour & par contrevente.

2.° On a cru que ces Provinces perdroient la partie la plus intéressante de leur Commerce, celle qui consiste dans la commission & l'entrepôt; mais on ne savoit pas que l'entrepôt & le transit seroient permis désormais dans tout le Royaume ; on ne savoit pas que les Provinces qui en jouissent déjà, en exemption de tous droits, seroient maintenues dans la même franchise, sans innovation.

3.° On a soutenu que ce que la Lorraine & les Trois-évêchés gagneroient par la suppression des barrières qui les séparent de la France, ne compenseroit pas à beaucoup près ce qu'elles perdroient par l'établissement des barrières qui les sépareront de l'étranger.

Cette assertion a été faite au hasard, & sans qu'on ait pu former aucune balance de ce que les droits de circulation intérieure coûtent à ces Provinces, avec ce que leur coûteront ceux du nouveau tarif, perceptibles aux frontières extérieures ; des relevés exacts de ce qui est payé chaque année aux bureaux placés sur leurs limites du côté de la France, prouvent que le montant en est beaucoup plus considérable que ne le supposent les soi-disans défenseurs de ces Provinces : qui n'étant pas instruits des faits & même ne pouvant pas l'être, font toujours hors de mefure & loin de la vérité dans les conféquences qu'ils préfentent affirmativement.

Il eft cependant vrai que l'évaluation, telle qu'on a pu la faire d'après la population & la confommation préfumées de ces deux Provinces, du montant des droits uniformes auxquels leurs relations avec l'étranger feront affujetties par le tarif général, y compris l'article des fucres & cafés, s'élève au-deffus du montant des droits qu'elles fupportent aujourd'hui fur leurs relations de commerce avec le Royaume.

Mais lorfqu'à la fuppreffion de ces droits de circulation intérieure fe réunit celle de tous les droits de foraine, haut-conduit & autres droits locaux exiftans aujourd'hui au fein de ces Provinces, celle des droits fur les huiles à la fabrication, celle des droits de la marque des fers, tous objets réfolus par Sa Majefté, & dont les auteurs des réclamations prématurées, n'ont pu ni prévoir le bienfait, ni calculer les réfultats, alors il eft démontré arithmétiquement, que les trois Provinces qui font à l'inftar de l'étranger effectif retireront un bénéfice réel de l'opération confidérée comme elle doit l'être, dans tout fon enfemble, c'eft-à-dire, en cumulant les effets du nouveau régime des traites, avec ceux des différentes fuppreffions de droits qui doivent l'accompagner.

Ce bénéfice fera annuellement, toutes déductions prélevées, pour l'Alface, de....... 364,000^{tt}
Pour la Lorraine, de............ 274,000.
Pour les Trois-évêchés, de,...... 109,000.

On a calculé pareillement les effets du nouveau régime pour toutes les Provinces du Royaume féparément, & le réfumé des Mémoires qui ont été faits pour chacune d'elles, préfente un état général des avantages refpectifs que leur procurera le plan d'uniformité pour les Traites, & l'extinction des divers droits impofés fur plufieurs branches d'induftrie.

Cet état, qui a été mis fous les yeux du Roi & de fon Confeil, fera joint au préfent Mémoire. Il ne doit laiffer aucun doute fur la conciliation du bien général avec les intérêts particuliers des différentes Provinces. Mais quand il y auroit à defirer de plus grandes preuves, il feroit inutile de s'en occuper quant à préfent; & l'examen des calculs qu'on vient de citer, ainfi que des états fur lefquels ils font appuyés, ne pourroit être regardé comme un préliminaire à remplir, avant d'entamer l'opération dont le Roi communique en ce moment le projet à l'Assemblée des Notables, puisque Sa Majesté a déclaré, & déclarera dans la Loi qu'il s'agit de rendre, qu'Elle se réserve de pourvoir à toutes les indemnités qui pourroient être dûes ; & que si quelques Provinces du Royaume se trouvoient lésées par l'exécution du nouveau régime, Sa Majesté écouteroit leurs représentations, peseroit leurs plaintes dans sa justice, & leur accorderoit le dédommagement qu'elles auroient droit de demander, en justifiant leurs pertes.

Des suppositions non approfondies, des réclamations anticipées, pourroient-elles être un motif, un prétexte même pour retarder l'exécution d'un plan si nécessaire, auquel on travaille depuis si long-temps, & qui a été amené avec tant de peine à sa maturité !

C'est de la Lorraine & des Trois-évêchés que sont sortis les Mémoires présentés au Gouvernement contre une opération alors inconnue : faut-il les regarder comme l'expression du vœu général des habitans ? c'est sans doute celui des Négocians-commissionnaires, de ceux livrés uniquement au Commerce d'interpole qui est fort en vigueur en Lorraine, de ceux enfin qui, accoutumés à spéculer sur un genre de bénéfice qu'on n'avoue pas, ne cherchent à jeter l'alarme dans tous les esprits, sur les effets du nouveau régime, que parce qu'il ne leur permettra plus d'espérer les mêmes profits; mais les Propriétaires de fonds, les Commerçans non intéressés à la continuation de la contrebande, les Manufacturiers sur-tout, & généralement tous ceux qu'aucune raison particulière n'empêche de rendre hommage à la vérité, conviendront de bonne foi que la balance du Commerce de ces Provinces avec l'étranger, est constamment à leur désavantage ; que l'excessive disproportion de valeur entre les productions qu'elles exportent & les marchandises qu'on leur importe, fait écouler annuellement hors du Royaume la plus grande partie de leur numéraire ; que par ce principe d'épuisement continuel, elles se trouveroient dans un court espace, entièrement dépourvues d'argent, si elles n'avoient pas la ressource des Garnisons qui les alimentent en consommant leurs denrées ; que leur Commerce intérieur a toujours été languissant ; que leurs Manufactures n'ont qu'une foible activité ; & enfin que les motifs, qui autrefois pouvoient leur

I iij

faire craindre le reculement des barrières & l'établissement du tarif uniforme séparé de tous les accessoires favorables qui s'y joignent aujourd'hui, ne doivent plus faire la même impression depuis que leur rentrée dans le sein de l'État, est accompagnée de la cessation du régime prohibitif, de faveurs particulières accordées aux vins de leur territoire, de la concession de l'entrepôt & du transit en exemption de droits, de l'entière suppression de tous droits de circulation, soit locaux, soit inhérens à leur ancienne constitution, & de l'affranchissement de plusieurs autres droits onéreux à l'industrie & nuisibles à la culture.

Il est impossible que la réunion de tant d'avantages ne donne pas une nouvelle vie à ces Provinces; qu'une heureuse expérience ne leur fasse pas bientôt désavouer ce que le seul défaut de connoissance du projet, a fait avancer en leur nom, & qu'elles ne reconnoissent pas enfin combien leur Commerce doit profiter par l'acquisition d'une communication absolument libre avec un Royaume dont l'immense population leur offre une foule de consommateurs.

On ne s'est expliqué avec autant d'étendue sur ce qui concerne les intérêts des Provinces *à l'instar de l'étranger effectif*, que parce que c'est dans leurs réclamations que se trouvent les seules objections spécieuses qu'on puisse opposer à un plan dont l'utilité générale ne sauroit paroître douteuse.

APRÈS avoir présenté toutes les parties de l'opération qui se rapporte essentiellement aux *Traites*, & qui doit en procurer l'entière réformation, il reste à faire connoître à l'Assemblée, les vues bienfaisantes de Sa Majesté par rapport à d'autres droits qu'on ne peut qualifier *droits de Traites*, que lorsqu'ils sont perçus sur des productions étrangères ou réputées telles; mais qui se percevant dans l'état actuel sur des productions nationales, avec des formes & des modifications particulières à différentes Provinces, ne pourroient subsister sans contrarier la résolution prise par Sa Majesté, de détruire toutes les barrières intérieures, & qui d'ailleurs lui ont paru trop préjudiciables à l'Agriculture, au Commerce, & aux progrès de l'Industrie, pour qu'Elle n'ait pas regardé leur suppression comme une suite du plan qu'Elle a conçu pour le bien de ses Peuples.

De ce nombre sont:

1.° Les droits de *Subvention par doublement*, & de *Jauge & Courtage*, qui se perçoivent au passage des Provinces où les Aides ont lieu, dans celles qui n'y sont point sujettes, & réciproquement.

2.° Les droits particuliers désignés par le nom d'*anciens & nouveaux cinq sous* & de *droits de neuf livres dix-huit sous par tonneau*, qui n'ont lieu que sur les vins importés en Picardie.

3.° Les droits qui se perçoivent *sur les Huiles fabriquées dans le Royaume*, soit à la fabrication même dans les Provinces où l'exercice a lieu, soit à la circulation pour les huiles expédiées des Provinces qui se sont rédimées du droit par abonnement, dans celles qui ne le sont pas, ou à l'étranger.

4.° Le droit *de la marque des Fers*, qui n'est point établi dans tout le Royaume, & dont la perception est aussi diversifiée dans son mode que dans son application aux différentes Provinces.

5.° Les droits d'*Ancrage* & autres droits multipliés à l'excès, qui se perçoivent diversement dans les différens ports du Royaume, & sont très-nuisibles à la navigation nationale, par conséquent au Commerce.

La nature de ces cinq espèces de droits, les disparités de leur perception, & l'impossibilité de les maintenir pour la plupart dans leur état actuel, lorsqu'il n'y aura plus de barrières intérieures, ont déterminé Sa Majesté à faire tous les sacrifices nécessaires pour en délivrer ses Sujets.

Les dispositions que leur suppression exige, seront expliquées dans des Mémoires particuliers sur chaque objet.

Il ne manqueroit plus que de supprimer aussi les péages, pour que la circulation intérieure se trouvât dégagée de toute entrave, & c'est bien l'intention de Sa Majesté; mais l'opération préliminaire dont est chargée une Commission du Conseil établie depuis plusieurs années pour la vérification des titres, n'étant point achevée, Sa Majesté ne peut encore apercevoir l'étendue des indemnités qui pourroient être dûes aux différens Propriétaires, & Elle attend du zèle de ses Commissaires que, pressant leur travail avec toute l'activité possible, ils la mettent bientôt en état d'effectuer ses vues sur cet objet.

On ne parle point ici de ce qui concerne la Gabelle &

les Tabacs, parce que ces deux grands objets sur lesquels la suppression des barrières intérieures, & plus encore les intentions bienfaisantes de Sa Majesté, l'ont portée à prendre des mesures nouvelles, seront traités dans des Mémoires séparés qui expliqueront à l'Assemblée ce que Sa Majesté se propose, d'un côté, pour adoucir, autant que les circonstances pourront le permettre, la rigueur de l'impôt sur le Sel, faire tourner au profit des Peuples la suppression d'une foule d'Agens employés jusqu'à présent à sa perception, & procurer aux habitans de la campagne le précieux avantage de pouvoir consommer à peu de frais une plus grande quantité de cette denrée si intéressante pour l'Agriculture; de l'autre côté, pour concilier les intérêts des Provinces où la culture du Tabac est permise, avec le régime qui va les incorporer dans le Royaume.

La récapitulation ci-jointe des soulagemens que l'ensemble de ces différentes opérations répandra sur toutes les Provinces du Royaume, montre qu'ils s'élèvent à plus de vingt millions, indépendamment de l'affranchissement inappréciable des gênes, des poursuites, des contraintes, & de tous les funestes effets de la contrebande qui, chaque année, occasionnent le douloureux sacrifice de plusieurs milliers des Sujets de Sa Majesté.

On ne pourra voir qu'avec une juste sensibilité tant de bienfaits résulter d'un plan qui semble n'avoir pour but que l'ordre & la réformation; on jugera, sans peine, que c'est par-là qu'il est cher au cœur de Sa Majesté, & qu'Elle l'a saisi avec empressement.

Mais peut-être, dans le premier moment, ces fruits de bienfaisance pourront-ils paroître précoces! peut-être aura-t-on peine à concevoir qu'ils puissent s'accorder avec l'état actuel des Finances du Royaume, & n'être pas en opposition avec la nécessité où l'on est de prendre des moyens d'augmenter les revenus!

Des réflexions fort simples peuvent résoudre ce problème.

L'Assemblée apercevra aisément, par l'examen des différens Mémoires qui sont mis sous ses yeux, que des changemens qui consistent à simplifier les droits, à les rendre uniformes, à diminuer le nombre des bureaux & des Préposés, procureront une économie très-importante sur les frais de recouvremens.

Elle reconnoîtra pareillement que le remplacement des

prohibitions & des droits prohibitifs, par des droits modérés & combinés avec l'intérêt national, fera éclore un nouveau principe de produits dans les relations du Commerce avec l'étranger, en même-temps qu'elle substituera, en quelque forte, le Tréfor royal aux bénéfices que faifoit la contrebande.

Elle est enfin trop éclairée pour ne pas sentir qu'on ne doit considérer que comme des avances vraiement utiles & jamais regrettables, des sacrifices qui servent à rendre le Commerce plus libre, plus actif, plus étendu; qui tendent à vivifier également l'Agriculture & l'Industrie; qui rendent plus abondantes toutes les sources productives des richesses de l'État.

Il paroît donc qu'aucune inquiétude ne peut se mêler au sentiment que doit exciter une opération qui va briser les chaînes sous lesquelles le Commerce gémissoit depuis long-temps, naturaliser en quelque sorte toutes les Provinces du Royaume, extirper des vices enracinés depuis près de cinq cents ans, satisfaire au vœu exprimé il y a près de deux siècles, par le corps entier de la Nation, & consommer l'exécution d'un plan conçu par Louis XIV, tracé par Louis XV, d'après l'avis de toutes les Chambres du Commerce, & auquel il semble qu'il appartenoit à la vigilance paternelle du Roi de mettre la dernière main.

ÉTAT GÉNÉRAL

Des avantages que procurent à chaque Province le plan d'uniformité dans la perception des droits de Traites, & la suppression de divers droits imposés sur l'Industrie & la Fabrication nationale.

NOMS DES PROVINCES.	DÉTAIL DES OBJETS.		Résultats.
Généralité de Paris.	Droits de Circulation	342056.	425034.
	Droits de Fabrication sur les Huiles	30036.	
	Marque des Fers	450.	
	Subvention par doublement	52492.	
Généralité d'Orléans.	Droits de Circulation	165336.	234940.
	Droits de Fabrication sur les Huiles	19451.	
	Marque des Fers	16113.	
	Subvention par doublement	34040.	
Généralité de Tours.	Droits de Circulation	315692.	485327.
	Droits de Fabrication sur les Huiles	37101.	
	Marque des Fers	67607.	
	Subvention par doublement	64927.	
Généralité de Bourges.	Droits de Circulation	109005.	283448.
	Droits de Fabrication sur les Huiles	12825.	
	Marque des Fers	129176.	
	Subvention par doublement	32442.	
Généralité de Moulins.	Droits de Circulation	94582.	192551.
	Droits de Fabrication sur les Huiles	11128.	
	Marque des Fers	64362.	
	Subvention par doublement	22473.	

NOMS DES PROVINCES.	DÈTAIL DES OBJETS.		Résultats.
Généralité de Châlons-sur-Marne.	Droits de Circulation............ Droits de Fabrication sur les Huiles.. Marque des Fers............... Subvention par doublement.......	183238. 19871. 303341. 34722.	541142.
Généralité de Soissons.	Droits de Circulation............ Droits de Fabrication sur les Huiles.. Subvention par doublement.......	99051. 11653. 20392.	131096.
Généralité d'Amiens.	Droits de Circulation............ Droits de Fabrication sur les Huiles.. Marque des Fers............... Subvention par doublement....... Droits d'Amirauté..............	104340. 13275. 9198. 11481. 11946.	150240.
Boulonois & Calaisis.	Droits de Circulation............ Droits de 9 liv. 18 f. par tonneau... Anciens & nouveaux cinq sous.....	61018. 24170. 4120.	89308.
Généralité de Caen.	Droits de Circulation............ Droits de Fabrication sur les Huiles.. Subvention par doublement....... Droits d'Amirauté..............	237478. 21285. 6262. 3351.	268376.
Généralité de Rouen.	Droits de Circulation............ Droits de Fabrication sur les Huiles.. Subvention par doublement....... Droits d'Amirauté.............. Droits d'Octroi des Marchands de Rouen..	228757. 18099. 31670. 21808. 361299.	661633.
Généralité d'Alençon.	Droits de Circulation............ Droits de Fabrication sur les Huiles.. Marque des Fers............... Subvention par doublement.......	113182. 13315. 26221. 23302.	176020.

(140)

NOMS DES PROVINCES.	DÉTAIL DES OBJETS.		Résultats.
Généralité de Dijon.	Droits de Circulation............ Droits de Fabrication fur les Huiles.. Marque des Fers................ Subvention par doublement......	174685. 20550. 104600. 35964.	335799.
Mâconnois.	Droits de Circulation............ Droits de Fabrication fur les Huiles.. Subvention par doublement......	29914. 14240. 10430.	54584.
Bresse, Bugey & Valromey.	Droits de Circulation............ Droits de Fabrication............ Subvention par doublement......	58162. 17694. 12203.	88059.
Aunis & Poitou.	Droits de Circulation............ Droits de Fabrication fur les Huiles.. Marque des Fers................	347404. 9233. 13404.	370041.
Saintonge.	Droits de Circulation............ Marque des Fers................	57090. 14435.	71525.
Guyenne.	Droits de Circulation............ Droits d'Amirauté, Lestage & Délestage.. Droits de Fabrication fur les Huiles..	242886. 82578. 14711.	340175.
Lannes & Armagnac.	Droits de Circulation............		221367.
Auvergne.	Droits de Fabrication fur les Huiles...........		4500.
Angoumois.	Droits de Fabrication fur les Huiles...........		4500.
Pays de Foix.	Droits de Fabrication fur les Huiles.. Marque des Fers................	2250. 81891.	84141.
Généralité d'Auch & Pau.	Droits de Fabrication fur les Huiles. Droits d'Amirauté, de Lestage & Délestage.	38365. 4534.	42899.
Provence.	Droits de Circulation............ Droits de Fabrication fur les Huiles.. Droits d'Amirauté...............	294838. 571680. 19281.	885799.

(141)

NOMS DES PROVINCES.	DÉTAIL DES OBJETS.		Résultats.
Vallée de Barcelonnette.	Droits de Circulation............ Droits de Fabrication sur les Huiles..	6017. 11667.	17684.
Dauphiné.	Droits de Circulation............ Droits de Circulation perçus à Lyon. Droits de Fabrication sur les Huiles.. Marque des Fers...............	133020. 200000. 87273. 26553.	446846.
Languedoc & Rouergue.	Droits de Circulation............ Droits de Fabrication sur les Huiles.. Marque des Fers............... Droits d'Amirauté, Lestage & Délestage..	421184. 223983. 8587. 4944.	658698.
Lyonnois, Forês & Beaujolois.	Droits de Circulation............ Droits de Fabrication sur les Huiles..	166887. 14711.	181598.
Roussillon.	Droits de Circulation............ Droits de Fabrication sur les Huiles.. Droits d'Amirauté...............	28128. 33407. 337.	61872
Isles de Rhé & Oleron.	Droits de Circulation............		12025.
Flandre, Haynaut, Artois & Cambresis.	Droits de Circulation............ Droits de Fabrication sur les Huiles.. Droits d'Amirauté...............	536495. 417543. 12573.	966611.
Bretagne.	Droits de Circulation............ Droits de la Traite vive.......... Foraine Domaniale............... Droits Domaniaux............... Passeports..................... Droits de Linage & autres menus droits... Traite Domaniale aliénée. 117595. 10 sous pour livre au Roi. 58797 Droits d'Amirauté,.............	1037798. 3466. 21461. 30378. 4253. 2243. 236392. 35141.	

3371132.

NOMS DES PROVINCES.	DÉTAIL DES OBJETS.	Résultats.
Suite de la Bretagne.	La Bretagne est actuellement exempte des droits de consommation sur les Sucres bruts & terrés qu'elle acquittera dans le nouveau système ; elle forme à peu-près le huitième des Provinces qui acquittent ce droit dans l'état actuel.	
	La consommation des sucres terrés est de 12866000 liv. dont le huitième est de 1608250 liv. qui à raison de 12 liv. le quintal, donneront un accroissement d'impôt de..........	192984.
	La consommation des Sucres bruts est de 25732000 liv. ce qui pour le huitième, donne une consommation de 3216500 livres, dont le droit à raison de 3 liv. 15 sous le quintal, revient à......................	120618.
		313602.
	Sur quoi faisant distraction des droits de prévôté & droits locaux, payés en Bretagne sur les Marchandises des Isles à leur arrivée dans les Ports de cette province, en sus des Droits du Domaine d'Occident, & qui montent à.......... 121500.	
	Reste à déduire...............	192102.
	Ainsi la Bretagne gagne à l'adoption du nouveau plan, ci............................	117903.

(143)

NOMS DES PROVINCES.	DÉTAIL DES OBJETS.	Résultats.
Franche-Comté.	Droits de Circulation & droits de 13 livres 10 sous par muid sur les Vins de Champagne.......	41863.
	Droits de Fabrication sur les Huiles..	10434.
	Marque des Fers.............	153225.
	TOTAL............	187522.
	La Franche-Comté n'est sujette qu'aux droits uniformes, & cette Province acquittera les droits d'entrée & de sortie sur les Marchandises qui ne doivent point actuellement les droits uniformes ; l'objet de ces droits peut être évalué à.......	40000 liv.
	Elle sera en outre assujettie aux droits de consommation sur les Sucres, dont l'objet sera dans la proportion de la consommation générale de Sucres terrés de 464600 liv. dont le droit à raison de 12 livres le quintal, est de........ 55752. En Sucres bruts 929200, à raison de 3 l. 15 s. le quintal, ci... 34845.	130597.
	Partant bénéfice	56925, ci. 56925.

NOMS DES PROVINCES.	DÉTAIL DES OBJETS.	Résultats.
Lorraine & Trois-évêchés.	Droits de Circulation & droit de 13ˡ 10ˢ par muid sur les Vins de Champagne..................... 93467.	
	Droits de Foraine, traverse, haut-conduit & autres droits locaux... 357560.	
	Droits de Fabrication sur les Huiles. 8718.	
	Marque des Fers en Lorraine. 139372 ⎫ *Idem,* dans les Trois-évêchés. 104114 ⎭	243486.
	TOTAL............	703231.
	Ces Provinces seront sujettes aux droits uniformes du tarif général, quant à leurs relations avec l'étranger, lesquels formeront un objet de 88450 ⎫ Plus, elles acquitteront les droits de consommation sur les Sucres & Cafés destinés à leur usage, dont le montant sera de.......... 232011 ⎭	320461.
	Bénéfice.............	382770.
	SAVOIR:	
	Pour les Trois-évêchés............. 108597. ⎫ Pour la Lorraine............... 274173. ⎭	382770.

NOMS DES PROVINCES.	DÉTAIL DES OBJETS.	Résultats.
Alsace.	Cette Province profitera de la suppression des droits locaux perçus à titres de péages, montant à....	49128.
	Les droits d'entrée & de sortie du tarif uniforme, auxquels cette Province sera assujettie, ne lui sont point onéreux, attendu que la compensation est opérée en sa faveur d'une manière avantageuse pour la liberté du Commerce avec les autres Provinces du Royaume.	
	Mais l'Alsace sera assujettie aux droits de consommation imposés sur les Sucres & Cafés, dont cette Province est exempte dans l'état actuel.	
	La Consommation des Cafés est, dans les Provinces sujettes au droit, de 10126000 livres, ce qui, pour la province d'Alsace, indique une consommation de 287000 livres qui, à raison de 15 liv. le quintal, forment un objet de..........	43050.
	La consommation des Sucres terrés dans les Provinces sujettes au droit de consommation est de 12866000 livres, ce qui indique une consommation, pour l'Alsace, de 428900 livres, dont les droits, à raison de 12 livres le quintal, s'élèvent à...............	51360.
		94410

K

NOMS DES PROVINCES.	DÉTAIL DES OBJETS.	Résultats.
Suite de l'Alsace.	*De l'autre part*............	94410.
	Celle des Sucres bruts est de 25732000 livres, ce qui donne, pour l'Alsace, une consommation de 857800 livres, dont le droit, à raison de 3 liv. 15 sous le quintal, est de....................	32167.
	TOTAL, ci........	126577.
	La suppression des droits dont cette Province sera déchargée, est de..	491282.
	Partant, bénéfice pour la Province..	364705, ci. 364705.

N.° II.

MÉMOIRE

Sur la suppression du Droit de marque des Fers.

TANT de motifs se réunissent pour encourager dans le Royaume, la fabrication des ouvrages de fer, & conséquemment l'exploitation des mines qui peuvent fournir ce métal avec une abondance égale à nos besoins, qu'il étoit juste que le Roi occupé de la suppression de tous les droits destructeurs de l'industrie, fixât particulièrement son attention sur *le Droit de la marque des Fers*, qui joint à l'inconvénient d'être fort onéreux au Commerce, celui d'être d'une perception difficile, dispendieuse, sujette à beaucoup d'exceptions locales, & diversement modifiées, suivant les différentes Provinces où elle a lieu.

Sa Majesté s'étant fait représenter les titres de l'établissement de ce droit, a reconnu qu'ayant pour principe l'Édit de 1626, il n'avoit d'abord été perçu que dans les ressorts des Parlemens de Paris, de Dijon, de Toulouse, de Metz & de Grenoble, où cet Édit avoit été enregistré; que l'enregistrement ayant eu lieu depuis, au Parlement de Rouen, la régie du droit avoit été d'abord établie en Normandie; mais que sur les représentations du Commerce & des fabriques, appuyées par le Parlement, le droit à l'exercice avoit été supprimé dans cette Province, & conservé seulement sur les fers & aciers importés de l'étranger: enfin que ce droit étoit perçu dans la Lorraine & le Barrois, où les anciens Ducs l'avoient établi, & en vertu de leurs ordonnances.

Il est encore à remarquer que le droit sur la marque des fers se perçoit à la fabrication dans les ressorts des Parlemens de Paris, Dijon, Metz & Nancy; mais que les Provinces qui composent les ressorts des Parlemens de Toulouse & de Grenoble, ont obtenu l'affranchissement de l'exercice, & que le droit n'y est perçu présentement qu'à l'entrée & à la sortie.

Il n'y a pas plus d'uniformité dans la perception du droit à l'importation. Ce droit n'est acquitté sur les fers & aciers ouvragés ou non ouvragés, qui viennent de l'étranger, qu'à l'entrée des Provinces où l'Édit de 1626 a été enregistré : les

K ij

Importations des fers étrangers dans les autres Provinces du Royaume ne le payent pas.

Toutes ces disparités destituées de motif, sont incompatibles avec l'unité de principes & le plan d'uniformité que Sa Majesté s'est proposés. D'ailleurs la perception du droit de marque des fers au passage des Provinces qui y sont soumises, dans celles qui ne le sont pas, devient impraticable par la suppression des barrières intérieures; & l'exercer partout à la fabrication, ce seroit occasionner la ruine des forges & usines du Royaume.

Ces considérations ont fait juger nécessaire d'affranchir totalement les fers nationaux du droit de marque, soit à la fabrication, soit à la circulation intérieure.

Le produit de ce droit est de 1,200,000 livres, sa suppression est donc un sacrifice considérable dans les revenus du Roi; mais il est si intéressant pour le Commerce, & les établissemens de fer & d'acier, formés dans le Royaume, ont, dans les circonstances actuelles sur-tout, si grand besoin de protection & de faveur pour soutenir la concurrence avec l'étranger, que Sa Majesté n'a pas cru devoir hésiter à s'y déterminer.

Il s'agit donc d'ordonner,

1.° Qu'à compter du 1.ᵉʳ Octobre prochain, le droit de la marque des fers, soit à la fabrication, soit à la circulation dans le Royaume, sera & demeurera supprimé.

2.° Qu'à compter de la même époque, les fers & aciers importés de l'étranger par tous les ports & bureaux du Royaume indistinctement, & sans aucune exception, acquitteront les droits d'entrée fixés par le nouveau tarif.

N.° III.

MÉMOIRE

Sur la suppression du Droit de Subvention par doublement, de celui de Jauge & Courtage, & de plusieurs autres Droits d'Aides, qui se perçoivent à la circulation.

IL ne faut pas de raisonnemens pour faire apercevoir l'importance de tout ce qui tend à favoriser la libre circulation des vins, eaux-de-vie & autres boissons qui se font dans le Royaume, & dont le débit est essentiellement lié au progrès de l'Agriculture. Pour leur procurer les débouchés les plus avantageux, il est nécessaire de les affranchir des droits qui, ajoutés à ceux de circulation, mettent des obstacles à leur vente, en même temps qu'à leur transport d'une Province dans l'autre.

Il a été rendu compte à Sa Majesté que ces droits consistoient; 1.° dans celui de *Subvention par doublement*, lequel est de quatre livres par muid, & se perçoit au passage réciproque des pays sujets aux Aides dans ceux qui ne le sont pas.

2.° Dans celui de *jauge & courtage* perçu dans les mêmes cas.

3.° Dans le droit *de neuf livres dix-huit sous par tonneau*, & dans celui *des anciens & nouveaux cinq sous* sur les vins importés en Picardie par les bureaux limitrophes de l'Artois, ou par les ports de Calais, Boulogne & Étaples, lesquels droits reviennent à dix livres par muid.

4.° Dans celui de quinze sous par muid sur les vins qui, après avoir acquitté le droit de neuf livres dix-huit sous par tonneau, passent ensuite des ports de Calais, Boulogne & Étaples dans les provinces de Flandre, Artois & Cambrésis.

5.° Enfin dans le droit de treize livres dix sous par muid, revenant à vingt livres avec les dix sous pour livre, sur les vins exportés par les généralités de Châlons-sur-Marne, Soissons & Amiens, pour la destination de la Flandre, l'Artois, le Cambrésis, le Hainaut, la Lorraine & les Évêchés.

Sa Majesté a considéré ces droits sous le même point de vue que ceux de circulation. Leur produit annuel s'élève à près de 800,000 livres; mais leur perception onéreuse au Commerce, deviendroit très-dispendieuse pour l'État, au moyen de la suppression des droits de circulation & des barrières nécessaires pour leur recouvrement.

En conséquence, Sa Majesté a jugé qu'Elle ne pouvoit rien faire de plus favorable au Commerce & à l'Agriculture que de les supprimer. Elle n'entend pas néanmoins que cette suppression s'étende aux vins, eaux-de-vie & autres boissons importés de l'étranger, sur lesquels tous ces droits peuvent être perçus sans augmentation de frais, en même temps que les droits d'entrée. Elle a jugé devoir conserver par cette différence, aux vins & eaux-de-vie du Royaume, la préférence qu'ils doivent avoir sur les boissons étrangères.

Cependant il est une exception que nécessite l'intérêt des provinces d'Alsace, Franche-Comté, Lorraine & Trois-évêchés. Sa Majesté est instruite que la culture des vignes est très-intéressante pour ces quatre Provinces, qu'elle en forme la principale richesse, que les vins qui y sont récoltés, sont d'une foible qualité, & qu'ils ne peuvent obtenir de vente chez l'étranger qu'à raison de leur bas prix.

Dans l'état actuel, les vins de Champagne, même ceux de la Bourgogne, destinés pour l'exportation à l'étranger, par l'emprunt de ces quatre Provinces, ou pour leur consommation, sont sujets au droit de treize livres dix sous, qui, avec les six sous pour livre, revient à vingt livres par muid. Si la suppression de ce droit étoit ordonnée, les vins de Champagne d'une qualité fort supérieure seroient nécessairement préférés à ceux de ces quatre Provinces, tant pour la consommation intérieure que pour la vente chez l'étranger.

C'est pourquoi Sa Majesté a jugé nécessaire de continuer la perception du droit de treize livres dix sous par muid sur les vins de Bourgogne & de Champagne qui seront exportés par emprunt de la Champagne, dans la Lorraine, les Évêchés, l'Alsace & la Franche-Comté. Sa Majesté s'y est déterminée d'autant plus volontiers, que sans qu'il soit besoin de conserver aucune barrière locale, la perception pourra se faire par les employés de la Régie des Aides.

Par ces motifs, Sa Majesté se propose d'ordonner :

1.° Qu'à compter du 1er Octobre prochain, les droits de Subvention par doublement, & jauge & courtage, seront supprimés dans toute l'étendue de son Royaume.

2.° Qu'à compter de la même époque il sera perçu à toutes les entrées, sans distinction entre les Provinces sujettes aux Aides, ou celles qui ne le sont pas, en sus des droits d'entrée fixés par le tarif uniforme, & à titre de *Subvention par doublement*, un droit de neuf livres par muid sur l'eau-de-vie simple, de dix-huit livres sur l'eau-de-vie double, de trente livres sur l'esprit-de-vin & les liqueurs de toutes espèces, de quatre livres dix sous sur le vin ordinaire, de sept livres dix sous sur les vins de liqueurs, & de deux livres dix sous sur la bière, le cidre, poiré, hidromel & autres boissons.

3.° Qu'à la même date, les droits *de neuf livres dix-huit sous par tonneau, anciens & nouveaux cinq sous* perçus à l'entrée de la Picardie par les bureaux limitrophes de l'Artois & du Cambrefis, & par les ports de Calais, Boulogne & Étaples, enfemble le droit de *quinze fous par muid* fur les vins exportés defdits ports de Calais, Boulogne & Étaples, dans la Flandre & l'Artois, feront fupprimés.

4.º Que le droit de treize livres dix fous par muid fur les vins tranfportés en Flandre, Cambrefis, Artois & Hainaut, par les généralités d'Amiens, Soiffons & Châlons-fur-Marne, fera pareillement fupprimé, à compter de la même époque, & que ces droits feront modérés à quinze livres par muid, fur les vins qui emprunteront le paffage de la Champagne pour entrer dans les provinces de Franche-Comté, Lorraine, Trois-évêchés & Alface, foit pour la confommation de ces Provinces, foit pour être enfuite exportés à l'étranger; enfin que la perception en fera faite par les Commis & Prépofés de la Régie des Aides.

N.º IV.

MÉMOIRE

Concernant la fuppreffion des Droits de fabrication fur les Huiles & Savons du Royaume.

L'EXCESSIVE quantité d'Huiles qu'on tire annuellement de l'étranger, pour la confommation du Royaume, prouve que la culture des oliviers & des noyers, celle du lin, du colfat, & des autres graines propres à faire de l'huile, n'eft ni auffi étendue, ni auffi favorifée qu'elle devroit l'être. L'état des importations d'Huiles étrangères en France, forme dans la balance du Commerce un objet de dix à douze millions.

Sa Majefté touchée de l'importance de cette obfervation, & perfuadée que les *droits impofés à la fabrication des Huiles*, nuifoient infiniment aux progrès de ce genre de production, s'eft déterminée à les fupprimer totalement par rapport aux Huiles nationales.

Ces droits furent établis dans l'origine pour fervir d'émolument à des Offices créés en 1705 & 1710, auxquels ils furent attribués : ces Offices dont la création n'avoit eu pour objet que de fournir une reffource pour les befoins du moment, après avoir été d'abord aliénés à vil prix, furent peu de temps après fupprimés, & leurs attributions réunies au Domaine.

K iv

Les *droits de fabrication* font de fept livres dix fous par quintal, fur les Huiles de droguerie & parfumerie.

De trois livres quinze fous par quintal, fur les *Huiles d'olives, de noix & de poiffon.*

D'une livre dix-fept fous fix deniers fur les *Huiles de graine quelconque.*

Et de deux livres cinq fous par quintal, fur les *favons.*

Les Huiles étrangères acquittent les mêmes droits en fus de ceux fixés par les tarifs refpectivement en ufage dans les Provinces des cinq groffes Fermes, & dans les Provinces réputées étrangères.

Suivant les titres de création, la perception de ces droits devoit être faite à la fabrication ; mais cette forme parut fi onéreufe au Commerce, que près de la moitié des Provinces qui compofent le Royaume, demandèrent & obtinrent des abonnemens pour leur confommation. Depuis ce temps, le droit n'y a plus été perçu à la fabrication ; il l'eft à la fortie de ces Provinces, quelle que foit leur deftination, même pour l'Étranger & les Colonies.

Les Provinces qui n'étoient point abonnées, ont réclamé avec inftance la même grâce ; & il feroit jufte de la leur accorder, fi l'intention de Sa Majefté n'étoit pas de faire encore plus en faveur de l'Agriculture & du Commerce.

La fabrication des Savons a fuivi le fort de celle des Huiles : elle languit de même dans le Royaume ; elle ne s'eft foutenue qu'à Marfeille, ville franche, où la perception du droit n'a lieu que fur les Huiles qui font importées de cette ville dans le Royaume.

D'après toutes ces confidérations, Sa Majefté a penfé qu'il feroit infiniment avantageux pour cette branche de Commerce, de fupprimer le Droit fur toutes les Huiles fabriquées en France. C'eft même une fuite du parti qu'Elle croit devoir prendre d'anéantir les barrières dans l'intérieur de fon Royaume. En effet, la perception ne pouvant plus fe faire à la fortie des Provinces abonnées, il faudroit rétablir l'exercice à la fabrication, & annuller les abonnemens faits avec la plupart des Provinces ; cette rigueur acheveroit de ruiner entièrement le commerce des Huiles, & de décourager la culture des fruits & des graines qui les produifent.

Mais Sa Majefté voulant affurer aux Huiles nationales la préférence fur celles de l'étranger, laiffera fubfifter la perception du droit de fabrication additionnellement aux droits du tarif uniforme, sur les Huiles qui seront importées de l'étranger; & pour que ces droits ne nuisent pas à la fabrication des Savons dans l'intérieur du Royaume, Sa Majesté se propose d'accorder une prime d'exportation en faveur des Savons fabriqués en France, prime qui sera calculée sur le taux des droits qu'acquitteront les Huiles étrangères.

Il en résultera pour les Finances de Sa Majesté, une perte annuelle d'environ 1,600,000 livres; mais ce sacrifice excitera l'émulation des Cultivateurs; l'importation des Huiles étrangères deviendra moins considérable; la fabrication des Huiles nationales prendra chaque jour de nouveaux accroissemens; & bientôt les progrès de ce Commerce compenseront avec usure la diminution de revenu à laquelle Sa Majesté a bien voulu consentir.

En conséquence, le Roi se propose d'ordonner:

1.° Qu'à compter du 1.er Octobre prochain, le droit sur les Huiles & Savons sera supprimé dans tout le Royaume, soit à la sortie des Provinces abonnées, soit à la fabrication dans les Provinces qui ne le sont pas.

2.° Qu'à compter de la même époque, le droit représentatif du droit de fabrication, continuera d'être perçu sur les Huiles étrangères, à toutes les entrées du Royaume, en sus du droit fixé par le tarif uniforme.

3.° Qu'à compter également de la même date, les Savons qui seront fabriqués en France, & qui seront exportés à l'étranger, jouiront d'une prime d'exportation de trois livres par quintal, à laquelle prime ne seront point admis les Savons fabriqués à Marseille, attendu que la perception du droit sur les Huiles n'a point lieu dans cette ville.

N.° V.

MÉMOIRE

Sur la suppression du Droit d'Ancrage qui se perçoit sur les Navires François, de celui de Lestage & Délestage, des Six & Huit sous pour livre, & d'autres Droits imposés sur le Commerce maritime & sur la Pêche nationale

LA navigation Françoise est assujettie à différentes sorte de droits

Les uns appartiennent à M. l'Amiral, à cause de sa charge ; d'autres aux Officiers des Amirautés, quelques-uns à des Propriétaires particuliers, d'autres enfin à des villes ou à des Communautés.

Ces droits multipliés s'opposent aux progrès de la navigation nationale, & forment une charge considérable pour le Commerce.

Sa Majesté se propose de supprimer, dès ce moment, les plus onéreux, & par la suite ceux qui, d'après un examen ultérieur, se trouveroient n'être fondés sur aucun titre ; de modifier les autres, enfin d'établir l'uniformité dans les perceptions.

Le Roi s'est également déterminé à supprimer plusieurs droits sur la pêche, appartenans à différens propriétaires, moyennant la juste indemnité qui leur sera accordée & payée, d'après une liquidation équitable, sur le vu de leurs titres.

Enfin l'intention de Sa Majesté est de fixer les taxations & droits des Officiers des Amirautés, de manière qu'il ne puisse y avoir aucun abus dans cette partie.

DROITS D'ANCRAGE.

Le droit d'Ancrage qui appartient au grand Amiral, & dont M. le Duc de Penthièvre, toujours zélé pour le bien public, a témoigné être disposé à faire le sacrifice, a une origine très-ancienne. L'établissement en est attribué aux Anglois lorsqu'ils possédoient la Guyenne & la Normandie.

La première époque connue de sa perception, qui fut limitée aux seuls étrangers, & dans quelques ports seulement, remonte à Charles VI. Henri IV l'établit en 1600, dans tous les ports, rades & embouchures de rivières. Ce droit fût d'abord perçu au profit du Roi ; il fut attribué ensuite à M. le Cardinal de Richelieu, & après lui, à M. le Duc de Brézé. Par un Règlement du 27 Décembre 1643, il fut établi non-seulement sur les Navires étrangers, mais même sur les Navires François qui entreroient dans les rivières de la Garonne, de la Dordogne, de la Gironde, de l'Adour, de la Charente, &c. Le grand Amiral en a toujours joui depuis, & M. le Duc de Penthièvre en a obtenu la continuation par arrêt du Conseil du 9 Mars 1745, pour en jouir comme ses prédécesseurs.

Ainsi on perçoit actuellement le droit d'Ancrage sur les Navires étrangers dans tous les ports de France, mais sans uniformité ; on le perçoit même fur les Navires François dans quelques ports & rivières ; enfin dans quelques endroits il eſt perçu au profit des villes ou des particuliers.

Sa Majeſté a réſolu de ſupprimer ce droit d'Ancrage ſur les Navires François, à compter du 1.ᵉʳ Janvier 1788, & de maintenir ſeulement celui ſur les Navires étrangers, en le rendant uniforme.

En même temps que Sa Majeſté, attentive à tout ce qui intéreſſe ſes Peuples, ne veut pas que ſes propres Sujets demeurent aſſujettis à payer dans les ports de ſon Royaume, un droit qui naturellement ne concerne que les étrangers, & qui, à leur égard, eſt fondé ſur la réciprocité, Elle trouve juſte que M. le Duc de Penthièvre ſoit indemniſé de la perte de ſon produit ; ce Prince le ſera ſans ſurcharge pour le Tréſor royal, par l'augmentation dont le droit d'Ancrage, payé par les étrangers, eſt ſuſceptible, & qui ne paroît pas pouvoir donner lieu à aucune réclamation, puiſqu'elle laiſſera le droit fort au-deſſous de celui que les Nations étrangères font payer aux Navires François, & que même le droit rendu uniforme, ſera moindre par-tout qu'il n'eſt aujourd'hui dans quelques-uns des ports du Royaume.

Le droit d'Ancrage, tel qu'il ſe perçoit actuellement ſur les Navires étrangers, à raiſon de trois ſous, ſix ſous trois deniers par tonneau en quelques endroits, & de ſix ſous neuf deniers par tonneau en d'autres, non compris les ſix ſous pour livre additionnels à ce droit, produit, d'après le calcul d'une année ſur dix, quatre-vingt-onze mille quatre cents quatre-vingt-quatre livres cinq ſous.

Il eſt reconnu, de concert avec le département de la Marine, que ce droit peut être fixé uniformément à ſept ſous par tonneau plein, & trois ſous ſix deniers par tonneau vide : cette taxe donnera en augmentation de produit annuel, ſoixante-quatre mille cent quatorze livres huit ſous ſix deniers ; & il eſt convenu avec M. l'Amiral, que par l'abandon qui lui ſeroit fait de cette augmentation, il ſe trouveroit pleinement dédommagé du droit d'Ancrage qui ſe levoit ſur les Navires François, & de quelques autres droits, pareillement perçus ſur la Navigation Françoiſe, & qui ſont attribués à ſa charge.

SAVOIR.

Le droit de petit tonnelage à Cherbourg.
Le même droit à Portbail.

Le droit de balife à Bourgneuf en Bretagne.

Le droit de leftage & déleftage.

Le droit fur les charbons de terre à Saint-Valery-fur-Somme.

Tous ces droits feront fupprimés.

Les droits d'Ancrage appartenans à des particuliers, le feront également, à dater du 1.ᵉʳ Janvier 1788, & il fera ordonné aux propriétaires de remettre leurs titres dans le délai de fix mois, pour être procédé à la liquidation & à l'évaluation du capital qui pourra leur être dû, dont les intérêts leur feront payés fur le pied de cinq pour cent, fans retenue, à compter du jour de la dépoffeffion.

Droits de Lods et Ventes.

SA MAJESTÉ entend auffi fupprimer le droit de lods & ventes, qui fe perçoit fur les Navires François, foit marchands, foit de la Marine Royale, vendus dans le port de Breft, duquel droit neuf parts appartiennent à Sa Majefté, & la dixième au fieur du Rofel; la liquidation en fera faite ainfi qu'il eft dit ci-deffus.

Pareille fuppreffion aura lieu à l'égard des fix & huit fous pour livre qui fe perçoivent fur les droits de M. l'Amiral, & fur ceux de leftage & déleftage.

Sous pour Livre.

Les fix & huit fous pour livre qui fe perçoivent fur les droits des Officiers d'Amirautés & des Greffes, & fur ceux des Villes & Communautés, feront également fupprimés, après qu'il aura été procédé à la vérification du montant de leur produit.

Deniers pour Livre.

L'intention de Sa Majefté eft que le produit des prifes pendant la guerre, & celui des bâtimens ou effets naufragés, foient affranchis du droit de quatre deniers pour livre impofé fur le montant des ventes.

Le même droit de quatre deniers pour livre, ceffera pareillement d'être perçu fur le produit des fucceffions des gens morts en mer, des épaves, & des Navires & marchandifes vendus sur enchères, sauf l'indemnité dûe aux Officiers au profit desquels il a été aliéné: cette indemnité sera incessamment réglée d'après la représentation de leurs titres & quittances de finance.

LESTAGE ET DÉLESTAGE.

Les droits de lestage & délestage sont de différente nature; les uns appartiennent à des Officiers lesteurs & délesteurs en titre, qui ont le privilége exclusif de lester & délester les Navires; d'autres appartiennent à des villes: tous sont très-onéreux au Commerce.

Ces offices & droits seront supprimés, & il sera pourvu à la liquidation & au remboursement des finances.

Les villes qui en sont en possession, représenteront les tarifs en vertu desquels ils se perçoivent, & le compte du produit de dix années en recette & en dépense: elles recevront un dédommagement proportionnel.

MAÎTRES DE QUAI.

Les Maîtres de Quai sont chargés dans les Ports, de tous les détails de la police relative à l'amarrage des Navires, à la sûreté, au bon ordre & à la propreté des quais. Supprimer & indemniser ces Officiers, ainsi que tous leurs subalternes, gardes, inspecteurs, &c. seroit une dépense considérable, attendu le grand-nombre de Ports où cette police est nécessaire. Il paroît suffisant de fixer modérément les attributions de ces Maîtres de quai qui continueront de veiller, sous l'autorité des Amirautés, au lestage & délestage. Il sera procédé à l'examen du Règlement de police existant dans chaque Port, ainsi que des tarifs des droits attribués à ces Officiers, afin d'y apporter les changemens convenables pour le bien du Commerce; à l'effet de quoi les Officiers des Amirautés seront tenus d'envoyer à M. l'Amiral & au Secrétaire d'État ayant le département de la Marine, les tarifs existans, avec des mémoires sur ceux qu'il seroit à propos d'y substituer.

DROITS DE VISITES.

Les droits de visites lors de l'entrée & de la sortie des Navires des ports de France, ont été établis pour servir d'émolumens aux Officiers des Amirautés, & aux Huissiers-visiteurs chargés de ces visites. Ils sont très à charge au Commerce, & cependant, de l'aveu même des Officiers des Amirautés, les visites ne se font plus depuis long-temps. Plusieurs loix ont renouvelé l'obligation de remplir cette formalité, mais toujours inutilement.

Sa Majesté a considéré que le principal objet de ces visites, qui étoit d'éviter les débarquemens frauduleux, étoit suffisamment rempli par les préposés de la Ferme générale. En conséquence, Elle les supprimera, ainsi que les droits qui y sont attachés; les Officiers des Amirautés en seront indemnisés, d'après l'évaluation qui en sera faite.

La Déclaration concernant les assurances, détermine d'autres visites dont l'utilité est reconnue; mais comme il se trouve à cet égard plusieurs abus à réformer, Sa Majesté a résolu d'en faire faire une vérification exacte avant d'y pourvoir.

Les droits d'octrois perçus au profit des villes, communautés & pays d'États, sur la navigation, la pêche & la vente du poisson frais & salé, doivent être mis au rang de ceux qui nuisent au Commerce & à la navigation; mais leur produit ayant une destination utile, Sa Majesté se réserve de prononcer leur suppression, après qu'il aura été pris des mesures pour les remplacer par quelqu'autre revenu équivalent.

Les autres droits particuliers sur la pêche, la navigation, ou le Commerce maritime, sont en très-grand nombre; la plupart sont sans objet, plusieurs sont excessifs, tous sont très-gênans.

Sa Majesté voudroit en délivrer ses Sujets; mais ces droits étant de véritables propriétés, ne peuvent être supprimés qu'au moyen du remboursement du prix de leur capital évalué équitablement.

Dans cette vue, Sa Majesté consent à donner un fonds de 200,000 livres par an, pour former une Caisse d'amortissement destinée à payer le montant des liquidations. Il sera ordonné que les titres & pièces justificatives des droits en question, seront envoyés au Secrétaire d'État ayant le département de la Marine, dans le délai de six mois, passé lequel temps, & faute d'y avoir satisfait, la perception demeurera suspendue.

Enfin il sera établi un bureau d'administration, sous l'autorité du Secrétaire d'État ayant le département de la Marine, & du Contrôleur général des Finances, lequel s'occupera de ces liquidations & de l'examen des droits qu'il conviendroit de supprimer, comme étant les plus onéreux au Commerce.

FRAIS DE JUSTICE DANS LES AMIRAUTÉS.

L'enregistrement des congés, & les rapports d'arrivée de Navires sont des opérations nécessaires pour la police de la navigation. Il ne seroit pas convenable de changer l'ordre établi à cet égard, ni de priver les Officiers d'Amirautés, des droits qui leur sont attribués légitimement pour leurs vacations aux naufrages & échouemens, ou pour les réceptions de Capitaines. Mais comme il existe plusieurs abus sur ces objets, Sa Majesté se propose d'en faire faire la révision d'après les mémoires & les renseignemens qui lui ont été remis, & d'examiner quelles seroient les dispositions propres à assurer au Commerce la justice la plus prompte & la moins dispendieuse.

Quant aux frais des rapports & autres que les Officiers des Amirautés touchent dans les ports obliques, sans y être jamais présens, & qui forment des objets considérables & très-multipliés, Sa Majesté en limitera la perception aux seuls Officiers qui seront présens ou représentés par un autre Officier du Siége.

DROITS DE FEUX, TONNES ET BALISES.

Les droits de feux, tonnes & balises étant destinés à l'entretien d'objets utiles pour la sûreté de la navigation, il est juste que ceux qui profitent de l'avantage de ces établissemens en supportent les frais.

Sa Majesté se propose de simplifier la perception de ces droits, & de la rendre plus uniforme.

COURTIERS, JAUGEURS, INTERPRÈTES ET PILOTES-LAMANEURS.

Les Jaugeurs, Courtiers & Interprètes, sont en même temps les Agens des négociations du Commerce, & les Notaires des affrêtemens & autres contrats maritimes; leurs fonctions sont nécessaires. Il en est de même de celles des Pilotes-lamaneurs: mais les abus qui se sont introduits dans toutes ces parties, exigent une réforme nécessaire à l'avantage de la Navigation, ainsi qu'à sa sûreté.

Sa Majesté se fera rendre compte de tous ces détails, ainsi que des titres & des tarifs de perception, & y statuera de la manière la plus utile & la plus équitable.

Elle est aussi dans l'intention d'accorder la plus grande faveur au cabotage & à la navigation de port en port, qui se fait sur les côtes de son Royaume. Les mesures qu'Elle a déjà prises & les dispositions qu'Elle annonce, font assez connoître que son intention pour ce qui intéresse le Commerce, embrasse jusqu'aux moindres détails susceptibles de réforme ou d'amélioration.

N.° VI.

MÉMOIRE

Sur les Droits qui seront acquittés uniformément à l'avenir sur les Marchandises coloniales.

PLUSIEURS Provinces du Royaume jouissent de l'exemption des droits de consommation sur les Sucres. Quelques-unes en jouissent aussi sur les Cafés & autres marchandises Coloniales; les unes & les autres en jouissent sous des modes différens & avec plus ou moins d'étendue.

La Bretagne reçoit les sucres de nos Colonies qui arrivent dans ses ports; elle est exempte des droits *de consommation*; mais elle est assujettie aux droits *du domaine d'Occident* & à divers droits locaux; & quand elle expédie des sucres pour les autres Provinces du Royaume, ils acquittent les droits de consommation, sans déduction des droits précédemment payés, dont la restitution n'a pas même lieu pour les sucres qu'elle exporte à l'étranger.

La Franche-Comté est exempte des droits de consommation sur les sucres, cacaos, gingembre, rocou & indigos qu'elle tire des différens ports du Royaume, par transit & sous acquit à caution, qui constate que ces objets sont destinés à sa consommation.

L'Alsace, la Lorraine & les Trois-évêchés, jouissent de l'affranchissement de tous droits sur les sucres, les cafés, les cacaos, gingembre & indigos qu'ils tirent, soit de nos
Colonies

Colonies par les ports du Royaume, où ces objets ont cependant acquitté les droits du domaine d'Occident, soit de l'étranger avec qui ils communiquent en toute franchise.

Ces différentes exemptions sont devenues une source continuelle d'abus.

Les versemens frauduleux qui se font des Provinces exemptes, dans l'intérieur du Royaume, privent Sa Majesté d'une partie des droits dûs sur toutes les marchandises Coloniales qui se consomment dans ses États.

Les barrières intérieures étant anéanties, ces versemens n'auroient plus aucun frein, & il faut, ou supprimer totalement les droits sur les sucres, cafés & autres marchandises Coloniales, ou y assujettir les Provinces qui en sont exemptes.

Or le sacrifice entier de ces droits qui seroit un objet de plus de quatre millions, n'est pas proposable; le bien public ne le demande pas; l'activité du Commerce dans cette partie est suffisamment assurée par le luxe; il n'a besoin que d'encouragemens pour nos raffineries, à qui Sa Majesté en a déjà accordé de très-efficaces & qu'Elle protégera de plus en plus.

Du reste les droits sur les marchandises Coloniales portent principalement sur les Citoyens les plus aisés, & ne sont point au rang de ceux dont la remise est sollicitée pour le soulagement de la classe indigente.

Il n'y a donc pas de motif de les supprimer; & dès-lors il devient indispensable d'y soumettre tout le Royaume.

Mais la Bretagne aura la faculté de l'entrepôt pour toutes les marchandises des Colonies, & cette Province, ainsi que la Franche-Comté, l'Alsace, la Lorraine & les Trois-évéchés continueront de jouir des avantages du transit en franchise.

Ces Provinces d'ailleurs profiteront sensiblement de la suppression des droits locaux & de circulation intérieure, de ceux sur la marque des fers, de ceux pour les huiles, de tous ceux dont le Commerce & l'Agriculture vont être affranchis. Le bien qu'elles en recevront compensera & au-delà la perte de leur exemption sur les sucres & autres marchandises Coloniales, qui deviendroit inconciliable avec le plan général; en tout, leur sort se trouvera sûrement amélioré; c'est une vérité démontrée par les calculs les plus

L.

certains, & dont l'état annexé au Mémoire sur les Traites, présente les résultats.

On y voit que la Bretagne, en particulier, gagnera plus d'un million annuellement, & que toutes les autres auront aussi un bénéfice effectif.

En sorte qu'indépendamment de la prépondérance que doit avoir l'intérêt général du Royaume, il est vrai de dire qu'aucun intérêt particulier ne sera lésé.

Sa Majesté se propose en conséquence d'ordonner:

1.° Qu'à compter du 1.er Octobre prochain, les marchandises des Isles qui arriveront dans la province de Bretagne, seront exemptes des droits locaux de Prévôté & autres perçus à leur arrivée dans les ports de cette Province.

2.° Qu'à la même époque, ces marchandises jouiront d'une année d'entrepôt, en remplissant les formalités qui seront prescrites par l'Ordonnance des Traites, pendant lequel temps ces marchandises pourront être expédiées à l'étranger en exemption de tous droits.

3.° Que les sucres, cafés & autres marchandises des Isles qui seront retirées de l'entrepôt pour la consommation du Royaume, acquitteront les mêmes droits que celles importées dans les autres Ports : à l'effet de quoi le Commerce des Isles sera régi dans les ports de Bretagne, par les mêmes principes que dans les autres ports du Royaume.

4.° Que les exemptions dont jouissent les provinces de Franche-Comté, Alsace, Lorraine & Trois-évêchés, cesseront à la même époque, en laissant néanmoins subsister toutes les faveurs dont elles jouissent par le transit.

N.° VII.

MÉMOIRE

Sur les modifications nécessaires dans la jouissance des priviléges qui sont accordés à quelques Provinces, relativement à l'impôt sur le Tabac.

TOUTES barrières intérieures étant supprimées, il devient impossible de maintenir le régime actuel des Provinces dans lesquelles la vente exclusive du Tabac n'a pas lieu.

Sa Majesté n'ignore point qu'aux termes de la Déclaration de 1674, titre primitif de l'établissement de la vente exclusive du Tabac, & qui comprend, sans exception, toute l'étendue du Royaume, la culture, la fabrication & le débit libre du Tabac dans les provinces d'Alsace, de Franche-Comté, de Flandre, d'Artois, de Hainaut & du Cambresis, pourroient n'être regardés que comme une tolérance, plutôt que comme un privilége formel, & qu'en rigueur il n'y auroit pas de juste sujet de réclamation, si à cause de son incompatibilité avec le régime général, cette tolérance étoit jugée ne devoir plus subsister.

Mais Sa Majesté, en s'occupant particulièrement de ce qui intéresse tout le Royaume, ne perd point de vue les ressources particulières dont jouissent quelques Provinces, & qu'il peut être à propos de leur conserver.

Elle a considéré que la culture du Tabac est un objet important pour l'Alsace, où son produit forme une branche très-étendue de Commerce avec l'étranger.

Elle sait que cette culture est moins précieuse dans la Flandre, où la qualité des Tabacs est très-médiocre; & qu'elle l'est beaucoup moins encore dans le Hainaut, l'Artois, le Cambresis & la Franche-Comté, provinces dans lesquelles elle s'amoindrit de jour en jour : il est même à présumer que le temps conduira naturellement ces dernières Provinces à l'abandonner, & à y substituer d'autres genres de cultures, telles que celle des chanvres, des lins & des colsats.

Mais Sa Majesté ne veut user d'aucune contrainte à cet égard ; son intention est seulement de faire surveiller la culture du Tabac dans les Provinces où elle est permise, & de prendre des mesures pour que dans l'emploi de son produit, il ne soit pas abusé des facilités qu'Elle a cru devoir donner au Commerce, en supprimant toutes les barrières intérieures du Royaume.

Le Roi se propose en conséquence d'ordonner :

1.° Qu'à compter du 1.er Juin de la présente année, tout Cultivateur de tabac des Provinces ci-dessus désignées, sera tenu de déclarer aux Préposés qui seront établis à cet effet par la Ferme générale, l'étendue de terrein qu'il voudra employer à cette culture.

2.° Qu'à l'instant de la récolte, le Cultivateur avertira le Préposé dans le district duquel il se trouvera, de venir vérifier les quantités de tabac qui seront récoltées.

3.° Tout Cultivateur aura un délai de trois mois pour faire sécher son tabac; après lequel temps il pourra le vendre, soit à la Ferme générale, soit à l'étranger. Les Cultivateurs de la Flandre pourront vendre leurs tabacs aux fabriques établies dans la haute ville de Dunkerque ; & ceux de l'Alsace pourront vendre les leurs aux manufactures établies dans la ville de Strasbourg.

Dans le cas de vente à la Ferme générale, les vendeurs seront tenus de prendre de ses Préposés, un reçu des quantités qu'ils auront livrées ; & pour les ventes qui seront faites à l'étranger, ou aux manufactures de la ville de Strasbourg, le Vendeur prendra un acquit à caution qui sera déchargé à la frontière du Royaume ou aux portes de cette ville.

Si dans les trois mois accordés pour la vente, l'Habitant n'a pu vendre tout son tabac, il sera tenu de faire sa déclaration des quantités restantes, de les représenter toutes & quantes fois il en sera requis, ou de justifier de leur emploi.

4.° La fabrication du tabac appartiendra exclusivement à la Ferme générale, sauf que les villes de Strasbourg & de Dunkerque continueront d'en pouvoir fabriquer ; & il sera pris des mesures suffisantes pour que leurs fabrications & le débit des tabacs fabriqués qu'ils ne pourront vendre qu'à l'étranger, ne donnent lieu à aucune fraude.

5.° Il sera pourvu par les Fermiers généraux à l'établissement d'un assez grand nombre d'entreposeurs & buralistes pour fournir à la consommation publique. Les entrepôts & bureaux seront approvisionnés de tabac de même nature & qualité que celui qui a cours dans le Royaume, & le prix sera le même que dans toutes les autres Provinces.

6.° Sa Majesté n'étant point dans l'intention de faire profiter les Finances de l'augmentation que les circonstances l'obligent de mettre au prix du tabac en Alsace, Franche-Comté, Flandre, Hainaut, Artois & Cambresis, veut que le bénéfice de la vente du tabac dans lesdites Provinces, déduction faite de tous frais d'achat, fabrication & régie, soit remis en entier aux États ou aux Assemblées provinciales qui se trouveront en icelles, pour être employé au soulagement des habitans, & servir à la diminution des charges les plus onéreuses.

7.° Le tabac à fumer étant principalement à l'usage des gens les moins aisés, le prix actuel de vente n'en sera point augmenté. Il sera distribué aux habitans dans la proportion nécessaire à leurs besoins ; & cette proportion sera réglée par les États ou Assemblées provinciales.

Il y a lieu de croire, que les habitans de ces différentes Provinces reconnoîtront dans la sagesse de ces dispositions, l'attention de Sa Majesté à saisir tous les moyens de concilier leurs intérêts particuliers avec ses vues générales.

N.º VIII.

MÉMOIRE
Concernant la Gabelle.

UN impôt si considérable dans sa qualité, qu'il excède le produit de deux Vingtièmes ; si disproportionné dans sa répartition, qu'il fait payer dans une Province vingt fois plus qu'on ne paye dans une autre ; si rigoureux dans sa perception, que son nom seul inspire de l'effroi ; un impôt qui, frappant une denrée de première nécessité, pèse sur le Pauvre presque autant que sur le riche ; qui prive le Commerce de plus d'une branche intéressante, qui enlève à l'Agriculture un moyen salutaire de conserver ses bestiaux ; un impôt enfin dont les frais vont au cinquième de son produit, & qui par l'attrait violent qu'il présente à la contrebande, fait condamner tous les ans à la chaîne ou à la prison, plus de cinq cents chefs de famille, & occasionne plus de quatre mille saisies par année : tels sont les traits qui caractérisent la Gabelle. Les retracer, c'est dire à quel point le Roi desire de soulager ses Peuples d'un fardeau si accablant.

Mais le produit de cet impôt donne un revenu de près de 60 millions. Il est impossible d'en faire le sacrifice ; Sa Majesté ne peut, quant à présent, se proposer que d'en alléger le poids, de rendre les formes de perception moins dures, la disproportion des prix moins choquante ; d'adoucir le sort des pays de grandes Gabelles, d'écarter les effets de la contrebande en lui ôtant son aliment, & de faire tourner au profit de ses Sujets, toute l'économie qui résultera de la suppression des bureaux, des Commis, des frais de garde & de ceux de recouvrement.

Pour connoitre les moyens d'étendre le plus qu'il est possible ces différens genres de soulagemens, Sa Majesté s'est fait rendre compte des projets les plus raisonnables, qui ont été formés sur cette matière; Elle a pris la peine d'en discuter plusieurs dans le plus grand détail; Elle en a fait calculer avec soin les résultats, & Elle a vu avec peine que les plus spécieux en théorie, ceux qui rempliroient le mieux ses vues de justice, d'égalité & de bienfaisance, rencontreroient dans l'exécution des obstacles insurmontables.

Sa Majesté n'a pu s'arrêter à l'idée d'anéantir totalement la Gabelle, en la remplaçant par une taxe pécuniaire proportionnée à ce qu'il en coûte à chaque individu pour sa consommation de sel, ou par une imposition équivalente, quant au produit, mais répartie généralement au marc la livre de la Taille ou de la Capitation.

Au premier cas, la taxe seroit aussi impraticable dans sa répartition, qu'excessive à l'égard des Provinces de grandes Gabelles; ces Provinces qui forment à peu-près le tiers du Royaume auroient à supporter 40 millions sur la masse totale de l'impôt. Les pays de petites Gabelles & de salines, qui ne font ensemble qu'environ le quart du Royaume, en supporteroient 17 millions, & il n'y en auroit que trois à payer par les Provinces franches ou rédimées, qui font plus que les deux cinquièmes du Royaume.

Au second cas, il faudroit, ou que le principal de la Taille fût plus que doublé, ou que la Capitation fût portée au-delà du triple de ce qu'elle est aujourd'hui. De quelque manière qu'on s'y prît, cette énorme augmentation d'impôt exigible à des époques fixes, & en même temps que les autres impositions, rencontreroit des difficultés invincibles dans la perception; elle supposeroit l'anéantissement de toutes les immunités dont jouissent différentes Provinces; elle seroit injuste à l'égard des individus dont plusieurs se trouveroient imposés au quadruple de ce que leur coûte aujourd'hui l'impôt du sel, à raison de leur consommation, & elle participeroit à l'arbitraire des impositions auxquelles elle seroit accessoire.

En général toute taxe ou contribution qui seroit substituée à la Gabelle, & n'en conserveroit pas le caractère primitif, auroit encore par-dessus tous les inconvéniens qu'on vient d'indiquer, celui d'exciter l'inquiétude de voir un jour renaître quelque tribut sur le sel, sans diminution de celui qui en seroit le remplacement. Il faut donc écarter d'abord ce premier moyen, & le regarder comme impraticable.

Il en est un autre très-séduisant au premier aspect, très-simple dans son exécution, & qui, conforme aux principes de la justice, le seroit également aux vues d'uniformité & d'égalité que Sa Majesté s'efforce d'étendre à tous les genres de contributions.

Ce seroit d'établir un droit de vingt livres par quintal, perceptible, à l'extraction des marais salans, sur tous les sels destinés à la consommation nationale. La levée de ce droit suffiroit pour remplacer le produit de la Gabelle; elle n'exigeroit aucune barrière intérieure; elle permettroit à tous les Sujets du Roi de se procurer du sel à un prix modéré, qui seroit réglé sur le pied de quatre sous la livre, & elle établiroit une juste proportion entre la contribution & la consommation.

Mais ce plan dont Sa Majesté a fait rédiger toutes les parties, pour mieux en apercevoir les avantages & les difficultés, est inconciliable, non-seulement avec les priviléges des Provinces franches ou rédimées, mais même avec leur constitution.

Sa Majesté étoit bien dans l'intention d'accorder à chacune d'elles une indemnité proportionnée à l'augmentation qu'elle auroit soufferte sur le prix du sel, pour être ramenée au niveau des autres Provinces. Le bénéfice résultant de la suppression du faux-saunage & des frais de garde, auroit fourni une grande partie des fonds nécessaires pour ces dédommagemens, & Sa Majesté n'auroit point regretté le sacrifice de ce qu'il eût fallu y ajouter pour les compléter, en remettant à ces Provinces les plus onéreuses de leurs impositions.

Mais tous ces actes de justice & de bonté auroient-ils suffi pour faire supporter tranquillement au Peuple des pays privilégiés, un changement dont l'effet eût été de sextupler dans certaine Province, telle que la Bretagne, & de quadrupler ou tripler dans d'autres le prix du sel ! L'idée seule d'une assimilation aux pays de Gabelles n'auroit-elle pas soulevé tous les esprits, & occasionné dans toutes les têtes une fermentation dangereuse ! Le cœur du Roi seroit trop douloureusement affecté, s'il falloit employer des actes de force & de sévérité pour l'exécution d'un acte purement paternel.

Sa Majesté a d'ailleurs considéré d'un côté qu'au moment où ce projet auroit transpiré, il se seroit fait dans les Provinces où il y a des marais falans, des approvifionnemens exceffifs qui auroient néceffairement altéré les produits de plufieurs années. D'un autre côté que le prix auquel le fel fe trouveroit porté dans les Provinces franches & rédimées, par l'établiffement du droit uniforme de vingt livres par quintal, cauferoit à l'Agriculture & au Commerce de ces Provinces, un préjudice qui ne pourroit être compenfé par aucune forte de dédommagement, en ce qu'il ne feroit plus poffible de le faire fervir à l'engrais des terres, à la confervation des beftiaux, aux falaifons des viandes, & aux beurres & fromages qui font aujourd'hui une de leurs principales reffources.

Tous ces motifs réunis ont fait renoncer au projet de rendre le prix du fel uniforme dans tout le Royaume.

Il feroit encore plus impraticable de vouloir rapprocher feulement le prix du fel dans les différentes Provinces, en l'élevant d'abord à un taux de 18 à 20 livres dans les Provinces franches, enfuite par gradation dans les Provinces attenantes, & de proche en proche jufque dans les Provinces de grande Gabelle où il feroit diminué de manière à ne plus laiffer fubfifter des différences capables d'exciter à la contrebande.

Ce projet qui n'eft qu'une modification du précédent, auroit comme lui l'inconvénient d'occafionner une effervefcence dangereufe & un préjudice irréparable dans les Provinces en poffeffion d'une franchife abfolue; & il auroit en outre, celui d'exiger encore des barrières & une police intérieures, pour obvier aux verfemens plus ou moins à craindre en raifon de la différence qu'il faudroit laiffer fubfifter entre les prix, pour ne pas perdre la plus grande partie des produits.

Deux autres moyens d'écarter la contrebande & de procurer quelque adouciffement fur l'impôt du fel, ont fixé l'attention de Sa Majefté.

Le premier confifteroit dans la fixation des quantités de fel de franchife, auxquelles feroient limitées les Provinces privilégiées ou rédimées, en proportion de ce qu'elles doivent naturellement confommer, & dans l'établiffement d'un prix uniforme, tel que de 40 livres le quintal pour tout le fel qui excéderoit celui de franchife : mais cette fixation qui feroit encore regardée comme une atteinte aux droits des pays francs, & qui y introduiroit l'exercice des Employés des Fermes, exciteroit prefque autant de plaintes & de fermentation, qu'une augmentation de prix; le malheureux Cultivateur fe priveroit du sel qui lui seroit délivré en franchise, pour le vendre aux pays limitrophes où il seroit plus cher; la consommation des pays de Gabelles, & conséquemment le produit de l'impôt, diminueroient en proportion; enfin le prix de 40 livres au quintal ne permettroit pas d'en faire usage pour l'entretien des bestiaux & le commerce des différentes salaisons.

Le second moyen est celui qui a paru mériter la préférence sur tous les autres, parce que, sans rien changer à la constitution des Provinces *franches* ou *rédimées*, & sans faire perdre aux finances du Roi le produit de la Gabelle, il offre tous les avantages, tous les adoucissemens qui peuvent s'accorder avec la triste nécessité de maintenir cet impôt.

Il procure à l'État l'extinction du faux-saunage, la possibilité de supprimer toutes les barrières intérieures, & une grande économie dans les frais de recouvrement.

Il procure au Peuple une diminution sur le montant de l'impôt, une répartition moins rigoureuse du sel obligé, & la faculté d'avoir du sel libre à volonté au-dessus de la quantité imposée.

Il consiste à fixer invariablement les quantités de sel que les pays de Gabelle seront tenus de prendre aux greniers de la Ferme, dans une proportion réglée un peu au-dessous de ce qu'ils en prennent actuellement, avec diminution de prix, & avec l'avantage en outre, qu'après qu'il aura été satisfait au devoir de cette fixation, tout l'excédant que les particuliers voudront consommer, leur sera délivré en franchise & au prix marchand, par la Ferme générale, en concurrence avec le Commerce.

Avant de développer toutes les parties de ce plan, & afin que l'Assemblée puisse plus facilement en apprécier les effets, en les comparant avec l'état présent, il est à propos d'entrer dans quelques détails sur l'établissement de la Gabelle dans le Royaume, & de pénétrer dans le dédale de loix & de formes différentes qui en composent le régime, pour en donner du moins une notion générale.

Il est inutile de rechercher quelle a été la première origine de la Gabelle en France, & quels ont été ses accroissemens depuis l'époque où le droit sur le sel, consenti par les États-généraux en 1353, pour des besoins momentanés, & prorogé en 1358, devint ensuite fixe & permanent; il suffit d'observer qu'en 1537, cet impôt fut porté au quart de la valeur du sel; qu'en 1543 il le fut jusqu'aux trois huitièmes,

& qu'il étoit alors perçu indistinctement dans toutes les Provinces du Royaume, excepté la Bretagne qui, par l'Ordonnance de 1544, portant établissement de la perception de l'impôt du sel dans les six lieues limitrophes des marais salans, a été maintenue dans cette exception, sous la condition expresse de la supprimer si elle donnoit lieu à des abus.

En 1549 & 1553, le Poitou, la Saintonge, l'Aunis, l'Angoumois, le haut & le bas Limousin, la haute & basse Marche, le Périgord & la haute Guyenne, se rédimèrent de la Gabelle, moyennant une somme de 1,743,500 livres. Plusieurs autres Provinces ont obtenu des affranchissemens partiels ou des modifications de l'impôt par de semblables rachats; quelques-unes en consentant à des augmentations sur les Tailles. De ce nombre est une partie de l'Auvergne, dont l'autre partie est restée sous le régime des Gabelles.

Ce régime est très-inégal dans les Provinces même qui y sont soumises. Les unes ont subi le droit & toutes ses augmentations avec la plus grande rigueur; ce sont *les Provinces de grandes Gabelles*.

Les autres ont été plus ménagées & ont trouvé moyen de se maintenir à l'abri des crûes successives qui ont élevé excessivement le prix du sel; ce sont *les Provinces de petites Gabelles* auxquelles on peut assimiler *les pays de Gabelles locales*, tels que la Franche-Comté, la Lorraine, les Trois-évêchés & le Réthelois.

La Bretagne a conservé une franchise absolue; l'Artois, la Flandre, le Hainaut, le Calaisis, le Boulonois, l'Alsace, le Béarn, la basse Navarre, & autres pays nouvellement acquis à la Couronne, en jouissent aussi; & quoique la plupart acquittent des droits particuliers, comme ces droits sont fort modiques, on les comprend indistinctement sous le titre de *Provinces franches*.

On ne peut ranger dans aucune classe la partie de la Normandie, connue sous le nom de *pays de Quart-bouillon*, qui ayant continué d'acquitter en nature l'ancien impôt du Quart, avec sa crûe d'un huitième, lorsqu'elle devint générale, s'est maintenue sur le même pied, & n'a subi que dans ces derniers temps l'augmentation des sous pour livre.

Cette étrange constitution qui divise tout le Royaume, exige 1200 lieues de barrière intérieure, entretient une guerre continuelle entre les Préposés de la Ferme & les Contrebandiers, & occasionne tous les ans plus de 4000 saisies domiciliaires;

plus de 3400 emprisonnemens, & plus de 500 condamnations à des peines capitales ou afflictives.

La multiplication des barrières & des gardes n'a pas suffi pour assurer les produits de l'impôt dans les Provinces qui en supportent inégalement la rigueur; il a fallu y pourvoir par différentes sortes de régies dont un court exposé fera connoître que dans toutes les Provinces qui ne sont ni franches ni rédimées, la consommation du sel de la Ferme est d'obligation indispensable.

Ces régies peuvent se réduire à quatre principales.

1.° *Régie de greniers d'impôt.* Elle a lieu dans la partie des grandes Gabelles, qui avoisine les pays de franchise.

Le sel de devoir, c'est-à-dire, la quantité qu'on est forcé de consommer, y est imposée collectivement par paroisse & par les Officiers des juridictions de Gabelles; des Collecteurs nommés annuellement sont chargés de la répartition sur les contribuables; ils sont personnellement responsables du prix de la quantité de sel à laquelle leur Communauté se trouve taxée, & ils font habituellement la répartition.

Indépendamment de cette délivrance de *sel de devoir ou d'impôt*, ceux qui desirent faire des salaisons, sont tenus de lever directement au grenier le sel nécessaire à cet effet: s'ils y emploient celui qui leur est délivré par les Collecteurs, ils encourent les peines de l'amende & de la confiscation des salaisons.

Ainsi l'obligation porte strictement sur tous les genres de consommation.

Les Nobles, Ecclésiastiques & Privilégiés ne sont pas compris dans les rôles d'impôt: mais ils sont individuellement tenus de lever directement au grenier, leur sel de devoir dans la proportion de 7 livres par tête, & de prendre en outre le sel dont ils ont besoin pour leurs salaisons; ce qu'ils sont tenus de constater par des billets de Gabelle.

2.° *Régie de greniers de vente volontaire;* c'est celle qui est établie dans les Provinces de grandes Gabelles plus éloignées des pays de franchise.

Dans ces Provinces, l'obligation *du devoir de Gabelle* est individuelle; chaque chef de famille est forcé de lever directement au grenier dans la proportion de 7 livres par tête; & ce devoir de Gabelle ne le dispense pas d'acheter le sel nécessaire pour ses salaisons dont les billets de *gabellement* sont différens de ceux de devoir. A défaut de la représentation de ces billets ils encourent l'amende & la confiscation.

Cette forme est encore plus dure que celle des *greniers*

d'*impôt*; en effet, l'obligation du devoir de Gabelle, à raison de 7 livres par tête, eſt trop foible pour les gens aiſés, & qui conſomment au-delà: elle eſt trop forte pour le pauvre qui y eſt rigoureuſement aſſujetti, à l'exception de la claſſe la plus indigente, à qui il eſt permis de ſe pourvoir au regrat, avantage perfide que le bénéfice du regratier fait tourner en ſurcharge.

Au ſurplus l'interdiction choquante de pouvoir employer à des ſalaiſons le ſel qu'on a levé pour ſon uſage, a également lieu dans ces pays qu'on a jugé à propos de qualifier de *vente volontaire*, quoique tout y ſoit forcé & ſoumis à des peines menaçantes.

3.º *Régie des dépôts.* Elle eſt établie dans les parties des Provinces franches ou rédimées, limitrophes des grandes Gabelles, telles que les cinq lieues de l'Auvergne, de la Marche & du Poitou, les deux lieues de la Bretagne, les trois lieues de l'Artois, du Cambreſis & de la Franche-Comté, voiſines des grandes Gabelles.

Elle a pareillement lieu dans le *pays de Quart-Bouillon*, & dans le Rethelois, où le ſel eſt à bas prix.

Dans ces diſtricts, les conſommations de toutes ſortes ſont limitées à 14 livres de ſel par tête au-deſſus de huit ans; perſonne ne peut avoir d'approviſionnement au-delà du beſoin de ſix mois, à peine d'amende & de confiſcation; les viſites domiciliaires & les ſaiſies y ſont fréquentes, parce que la limitation de 14 livres de ſel par tête eſt notoirement inférieure aux conſommations. Cette limitation a pour but de diminuer les verſemens des pays francs ſur les grandes Gabelles; mais elle eſt inefficace, parce que les enlèvemens ſe font au-delà des lieux ſujets à cette police & dans leſquels il n'exiſte aucune gêne.

4.º *Régie des petites Gabelles.* Elle varie ſuivant les diſtricts, mais porte par-tout le même caractère d'obligation forcée.

Dans les Gabelles du Lyonnois, les contribuables ſont tenus de prendre des billets de gabellement juſtificatifs des quantités de ſel qu'ils ont levées, ſoit au grenier, ſoit au regrat; & à défaut de cette repréſentation lors des viſites domiciliaires, ils ſont expoſés aux amendes & aux ſaiſies.

Dans le Dauphiné, le commerce du ſel eſt libre, mais ceux qui le font ſont tenus d'avoir des billets de *gabellement* indicatifs des quantités de ſel levées au grenier; à défaut de repréſentation de ces billets, ils ſont condamnés pour la première fois à vingt livres d'amende, pour la seconde à cinquante livres, & réputés faux-sauniers pour la troisième.

En Provence & en Languedoc, les contribuables ont la liberté d'acheter le sel qui leur est nécessaire, soit au grenier, soit à des muletiers & voituriers qui ont la faculté de le transporter dans l'intérieur de ces Provinces ; & à défaut de représentation de ces billets de *gabellement*, ils sont exposés aux saisies domiciliaires ; elles sont très-multipliées dans ces Provinces.

On peut juger par ces différentes régies, par ces amas confus de formalités, surchargées encore de plusieurs autres modifications particulières, dont le détail seroit trop long, combien de frais exige la perception de la Gabelle, combien de tourmens elle occasionne ! Mais ce qui en résulte aussi, & ce qu'il étoit essentiel de prouver avant d'en venir à l'explication du nouveau régime que Sa Majesté se propose d'établir, c'est que la consommation du sel pris aux greniers de la Ferme, est de nécessité absolue dans toutes les Provinces de grandes ou petites Gabelles, ou de Gabelles locales ; & que si toutes ne sont pas ce qu'on appelle *pays de devoir*, toutes sont sujettes à un devoir réel, à l'obligation de prendre le sel de Gabelle, au point que dans toutes, on est tenu de justifier l'acquittement de cette obligation, à peine de subir les peines de faux-saunage.

Ce n'est donc pas innover, ni faire tort à aucune des Provinces sujettes à la Gabelle, que de les considérer toutes comme soumises au devoir de prendre une certaine quantité de sel de la Ferme ; & c'est les avantager plutôt que les grever, que de fixer immuablement pour chacune d'elles, la quantité de *sel obligé*, en proportion de ce qu'elles en prennent aujourd'hui & même un peu au-dessous, sans qu'à l'avenir elle puisse être augmentée, quelque accroissement qu'il survienne dans la population.

Le relevé qui a été fait de tout le sel vendu dans les greniers du Fermier des Gabelles, pendant six années consécutives, a mis à portée de vérifier que dans aucune Province, la distribution du sel d'impôt n'a surpassé la mesure naturelle de la consommation de chaque individu. Si dans quelques-unes elle paroît l'avoir excédée, c'est que le prix du sel y étant inférieur, elles ont paru consommer les sels qu'elles versoient en fraude sur les Provinces voisines qui étoient plus grevées qu'elles.

Ainsi les contribuables seront traités favorablement, lorsqu'on n'exigera des Provinces qui ne font pas à portée de faire des verfemens, qu'une confommation un peu moindre que celle qu'elles font réellement; & de celles où le fel eſt à plus bas prix, une confommation fort au-deſſous de celle qu'elles paroiſſent faire aujourd'hui.

L'établiſſement des Aſſemblées provinciales, des Aſſemblées de diſtrict & des Aſſemblées paroiſſiales, procurera les moyens de répartir cette maſſe de fel de devoir, d'une manière équitable & proportionnée. Ces Aſſemblées pourront aſſurer le recouvrement du produit de l'impôt, fans tourmenter les contribuables par les perquiſitions, les faiſies & les formalités fans nombre, qui aggravent aujourd'hui le fardeau de la Gabelle.

Cet impôt fera d'ailleurs diminué d'un cinquième fur le principal, dans les pays de grandes Gabelles, ainſi que dans la Breſſe, le Lyonnois, la Lorraine & les Trois-évêchés; il le fera d'un dixième dans les autres Provinces fujettes aux petites Gabelles, où le fel fera affranchi des deux fous pour livre établis par l'Édit du mois d'Août 1781.

On verra par un état joint à la fuite de ce Mémoire, que tant par cette diminution d'impôt, que par la fixation modérée des confommations forcées, les pays de Gabelle recevront un foulagement de neuf à dix millions; Sa Majeſté en éprouve un réel en le leur procurant.

Elle leur procure un avantage encore plus important, en les aſſimilant au fort des Provinces *rédimées*, lorſque le devoir de Gabelle fera rempli, & en leur accordant alors la liberté de fe pourvoir de fel au prix marchand, feul moyen de favoriſer l'accroiſſement des confommations, autant que l'intérêt de l'Agriculture le fait defirer.

Le produit de l'impôt fur le fel ne fera point altéré par ce nouveau plan; & le bénéfice qui en réfultera pour les Peuples, ne fera point en perte pour le Tréſor royal. Il fuffit pour le croire aiſément, de confidérer:

1.° Qu'il y aura fur les frais de garde & de recouvrement une réduction eſtimée devoir être d'environ trois millions.

2.° Que la confommation excédant celle de devoir augmentera fenſiblement, & qu'au lieu d'être au profit de la contrebande, elle formera un nouveau produit pour la Ferme.

3.° Que ce produit fera aſſuré par un droit de 4 livres par quintal, qui n'étant que l'équivalent de ceux qui font perçus dans les Provinces rédimées, ne donnera lieu à aucun verſement, & n'empêchera pas que le fel ne puiſſe être délivré par la Ferme au prix du Commerce, & même à un prix un peu inférieur qui sera de 20, de 24 ou de 30 deniers au plus par livre de sel, suivant les différentes distances & à raison des frais de transport.

D'après ces vues qui portent le soulagement sur la Gabelle, aussi loin que la bienfaisance du Roi & sa justice même le demandent; sans aller au-delà de ce que permet l'économie indispensable & la nécessité de conserver intégralement les revenus, Sa Majesté se propose de fixer l'impôt du sel, à compter du 1.ᵉʳ Janvier 1788, sur les bases suivantes:

1.° Les quantités de sel qu'on sera tenu de prendre aux greniers de la Ferme, dans les Provinces de grandes & petites Gabelles, & dans les Gabelles locales de Lorraine, des Trois-évêchés, de la Franche-Comté, du Réthelois, de Rocroi & Charleville, & du pays de Quart-Bouillon, seront fixées immuablement & sans que la fixation puisse être augmentée pour telle cause que ce soit, sur le pied des quantités énoncées dans l'état annexé au présent Mémoire.

2.° Les quantités de sel qui seront en conséquence délivrées par la Ferme, le seront au prix usité dans chaque grenier, sous la déduction néanmoins des deux sous pour livre établis par l'Édit du mois d'Août 1781, à l'égard des pays de petites Gabelles, & de quatre sous pour livre, ou d'un cinquième du principal, à l'égard des pays de grandes Gabelles, & du Lyonnois, de la Bresse, de la Lorraine & des Trois-évêchés.

3.° La délivrance du sel se fera dans les greniers de la Ferme, au poids, à raison de cent livres effectifs par quintal, au lieu que la délivrance qui se fait actuellement à la mesure, n'est que de quatre-vingt-seize à quatre-vingt-dix-huit livres.

4.° Les Assemblées provinciales seront, à compter du 1.ᵉʳ Janvier 1788, chargées du soin de répartir les quantités fixées pour le devoir de Gabelle, entre les différens districts dont elles seront composées, & ce à raison de l'étendue de leur population & des facultés de leurs habitans.

Les Assemblées de district répartiront entre toutes les paroisses comprises dans leur arrondissement, la masse de sel pour laquelle ces districts auront été employés dans la répartition générale de la Province.

Enfin les Assemblées paroissiales répartiront la portion de sel de devoir, dont la paroisse se trouvera chargée, de façon que le pauvre ne se trouve imposé que dans une proportion modique, sans que le Citoyen aisé le soit jamais au-dessus de sa consommation effective, estimée modérément.

5.º Les Collecteurs des paroisses feront, sous l'inspection & avec l'assistance des Syndics, le recouvrement du prix du sel de devoir. Ils en verseront le produit entre les mains des Receveurs des Gabelles, en douze payemens égaux: il leur sera accordé trois mois de délai pour faire ce recouvrement, de façon qu'ils ne payeront le prix du sel qui leur aura été délivré au 1.er Janvier qu'au 1.er Avril, & ainsi successivement; & le payement intégral du sel qu'ils auront reçu dans le courant d'une année, ne sera par eux entièrement effectué qu'au 1.er Avril de l'année suivante.

6.º Les Communautés d'habitans seront garantes & responsables du prix du sel délivré à leurs Collecteurs, & de leur exactitude dans les payemens, sauf leur recours contre les contribuables: elles seront chargées des frais de collecte, qui ne pourront pas excéder deux deniers pour livre, & ne sont presque rien en comparaison des remises que Sa Majesté leur accorde.

7.º Il sera établi dans chaque ville principale, & généralement dans tous les lieux où la Ferme a des greniers, des magasins de sel de franchise destinés à subvenir à la consommation excédant celle de devoir, & dans lesquels tout Consommateur trouvera toujours telle quantité de sel qu'il voudra acheter, à un prix qui sera fixé pour chaque lieu, à un taux égal & même inférieur à celui que le Commerce pourroit établir, sans que ce prix de franchise puisse jamais être augmenté, & sans que les magasins aient aucun droit exclusif, leur vente devant être par-tout en concurrence avec celles du Commerce libre.

8.º Les droits de brouage, traite de charente, convoi, comptablie, courtage, droits locaux & autres généralement quelconques (à l'exception seulement de ceux établis en Bretagne, à l'égard desquels il ne sera rien innové), seront supprimés; & leur perception cessera, à compter du 1.er Janvier 1788.

9.º En remplacement de tous ces droits, & de celui qui se paye déjà à l'extraction des marais salans, il sera perçu un droit de quatre livres par quintal, sur tous les sels destinés à la consommation du Royaume, à leur enlèvement des lieux de fabrication, la Bretagne néanmoins exceptée; sauf à prendre les précautions nécessaires pour assurer la perception du droit sur le sel qui sera enlevé des marais de

celle

cette Province, pour la consommation des autres parties du Royaume.

Le droit uniforme de quatre livres n'excède pas ceux qui existent déjà à l'extraction des sels pour les Provinces rédimées; & il ne mettra pas le sel de franchise qui sera délivré par-tout pour les excédans de consommation, au-dessus du prix actuel du Commerce.

10.° Les sels qui seront enlevés des marais salans pour être exportés à l'étranger, ceux qui seront destinés pour la pêche & pour l'approvisionnement des Colonies, seront exempts de tous droits.

11.° Enfin il sera pris des mesures efficaces pour que les magasins & dépôts de sel de franchise soient, ainsi que les greniers, exactement & suffisamment approvisionnés, pour que les livraisons s'y fassent avec la plus grande fidélité, & que s'il s'y glissoit quelqu'abus, il fût promptement réprimé.

Par cet arrangement il ne restera plus aucun besoin de défendre les Provinces du Royaume, les unes des autres, de les séparer par des barrières, & d'employer une armée d'Ambulans à la poursuite des Contrebandiers. La fixation constante & invariable des quantités de sel pour lesquelles on payera l'impôt dans les Provinces qui y sont sujettes, dispensera de toute autre précaution, puisqu'au delà de cette fixation, toute consommation sera libre, & à un prix moindre que celui du faux-saunage. En même-temps les Provinces *franches* ou *rédimées*, continueront de jouir de tous leurs avantages, & il ne sera rien innové à leur constitution.

Il n'y a d'embarras que par rapport à quelques-unes des plus grandes villes, celles qui ont le plus de population, & où le nombre des habitans varie continuellement, telles que Paris, Versailles, Rouen & Lyon. Il seroit sans doute fort difficile, pour ne pas dire impossible, d'établir dans ces villes la distribution du sel de devoir; les rôles de répartition qui ne pourroient pas comprendre ceux des consommateurs qui n'auroient pas un domicile fixe & permanent, seroient nécessairement injustes à l'égard des autres contribuables, & leur exécution rencontreroit une infinité d'obstacles.

D'un autre côté, si on y laissoit subsister l'usage de prendre le sel au grenier de la Ferme indéterminément & sans aucune fixation, tandis que la banlieue & les villages circonvoisins jouiroient de la faculté de se procurer, pour ce qui excéderoit leur consommation de devoir, du sel de franchise qui ne leur coûteroit que la sixième partie de celui qui se vend au grenier, la contrebande auroit trop d'appât pour qu'il fût possible d'empêcher les introductions frauduleuses.

Il paroît en conséquence indispensable de remplacer, dans les quatre villes qu'on vient de nommer, le produit de la Gabelle, par une autre imposition particulière équivalente à la réduction qu'il faudroit faire sur le prix du sel, qui y seroit délivré, pour le mettre à peu-près au niveau de celui de franchise. Elles pourront elles-mêmes proposer les moyens qui leur paroîtront les plus convenables pour y subvenir. Sa Majesté les y invite, & tant sur ce point, que généralement sur tout ce qui concerne les moyens d'alléger le poids de la Gabelle, Elle recevra & pèsera avec grande attention les observations que lui présentera l'Assemblée des Notables, qui sans doute s'empressera de seconder ses vues bienfaisantes sur un objet aussi intéressant pour le Peuple.

La plus grande difficulté sera sans doute par rapport à la ville de Paris, où le produit de la Gabelle surpasse trois millions. Il paroît cependant possible d'y suppléer par une légère augmentation de droits sur les consommations, qui n'affecteroit pas la subsistance des habitans, étant plus que compensée par une diminution de plus de trois quarts sur le prix du sel.

Le prix réduit à 15 livres le minot, ou 3 sous la livre, qui coûte aujourd'hui 13 sous 5 deniers, donneroit encore en excédant du prix d'achat, y compris les frais de transport, un produit d'environ............ 400,000ᵗᵗ

Sur la vente du sel de franchise, qui seroit fixé dans la généralité de Paris, à 12 livres 10 sous le quintal, il y auroit encore un produit de Ferme de................. 250,000.

Un seul sou pour livre sur tous les droits d'entrée, produiroit................... 1,500,000.

En y assujettissant les privilégiés, ce sou pour livre produiroit en sus, environ..... 250,000.

Enfin une taxe de 10 livres par chaque domestique au-delà de deux, est estimée pouvoir monter à................ 600,000.

TOTAL......... 3,000,000.

Des moyens semblables ou tels autres, dont la proposition sera faite à Sa Majesté, pourront remplacer la Gabelle dans les villes de Versailles, Rouen & Lyon; elle n'a pas lieu dans les autres très-grandes villes du Royaume, & par rapport aux moindres, la distribution *du sel obligé* ne seroit nullement impraticable.

Enfin quelque parti qu'il y ait à prendre sur cette difficulté, elle n'est sûrement pas insoluble, & ne sauroit paroître assez considérable pour faire renoncer à l'exécution d'un plan qui, par une diminution considérable sur le plus onéreux des impôts, par une fixation modérée de l'objet qui y est soumis, par une répartition douce & équitable du sel de devoir, & par la concession du sel de franchise pour la consommation excédante, soulageroit infiniment le Peuple, faciliteroit la conservation des bestiaux, contribueroit au progrès de l'Agriculture, étendroit le commerce des salaisons, pourroit même servir à l'amélioration des laines, & procureroit en tout genre à l'État les avantages les plus précieux.

Aussitôt que Monsieur de Calonne a eu fini de parler, les trois Commissaires du Roi se sont levés & s'étant approchés de MONSIEUR, lui ont remis un exemplaire imprimé de chacun des huit Mémoires ci-dessus : après quoi MONSIEUR a levé la Séance, & s'est retiré dans le même ordre qu'il étoit arrivé

Dans l'intervalle entre la Séance du 12 Mars & celle du 29 du même mois, les Bureaux ayant cru qu'on pourroit tirer de quelques expressions du discours prononcé par Monsieur le Contrôleur général, dans la première de ces deux Séances, une induction contraire aux opinions qu'ils avoient exprimées, & ayant demandé au Roi que leurs réclamations à cet égard fussent inscrites dans le Procès-verbal, à la suite de ce discours, SA MAJESTÉ a bien voulu le permettre ; en conséquence elles sont inscrites ici comme il suit :

RÉCLAMATION

Du premier Bureau.

Du Jeudi 15 Mars 1787.

LE Bureau présidé par MONSIEUR, après avoir entendu la lecture du discours prononcé dans l'Assemblée du 12 de ce mois, par Monsieur le Contrôleur général, a été pénétré de la plus respectueuse reconnoissance des marques de satisfaction qu'il annonce de la part de Sa Majesté ; mais en même-temps, il n'a pas dû se dissimuler qu'on pourroit inférer de quelques-unes des expressions de ce discours, que les opinions du Bureau ne différoient des Mémoires qui lui ont été communiqués, que sur des objets de forme & non sur des points essentiels ; & considérant combien il est important que ses opinions soient conservées dans leur intégrité, il ne peut se dispenser d'observer que ses délibérations sur les Assemblées provinciales, étoient relatives à l'entière constitution de ces Assemblées, & non à de simples détails de forme; que l'impossibilité reconnue d'établir une imposition territoriale perçue en nature, ne l'a pas conduit à former une opinion sur une imposition territoriale quelconque, avant d'avoir obtenu préalablement des communications qui pussent l'éclairer sur sa nécessité, sa mesure & sa durée, & que les difficultés exposées par le Bureau, relativement à un changement considérable & subit dans la nature & la forme des impositions, présenteroient les plus grands inconvéniens; qu'enfin croyant n'avoir rien laissé d'incertain sur l'objet & l'esprit de ses délibérations, & ayant le plus grand intérêt d'écarter toute induction qui pourroit en altérer le sens ou en atténuer la force :

Le Bureau a arrêté que la respectueuse réclamation qu'il forme en ce moment, après avoir été inscrite sur le registre de ses délibérations, sera remise à MONSIEUR, en le suppliant de vouloir bien obtenir qu'elle soit insérée dans le Procès-verbal de l'Assemblée générale, à la suite du discours qui a été prononcé le 12 de ce mois par le Ministre des Finances.

RÉCLAMATION

Du second Bureau.

Du Mercredi 14 Mars 1787.

COMME on pourroit induire du discours de Monsieur le Contrôleur général, du 12 de ce mois, que les opinions du Bureau ne diffèrent des Mémoires qui lui ont été communiqués que sur des points peu essentiels; & comme il est important aux Notables que leurs sentimens soient transmis dans leur intégrité, au Roi, à la Nation & à la Postérité; le Bureau a cru devoir supplier Sa Majesté de permettre que les avis du Bureau que Monseigneur Comte d'Artois a bien voulu remettre à Sa Majesté, soient insérés, ainsi que la présente supplication, dans le Procès-verbal de l'Assemblée, comme un monument exact de l'opinion du Bureau, & un préservatif contre toute induction contraire. *Signé* CHARLES-PHILIPPE. *Et plus bas,* LAMBERT.

RÉCLAMATION

Du troisième Bureau.

Du Vendredi 16 Mars 1787.

LE Bureau présidé par Monseigneur le Duc d'Orléans, après lecture du discours de Monsieur le Contrôleur général, pénétré des témoignages de satisfaction que le Roi a bien voulu donner au zèle & à l'application des Bureaux, pour son service & celui de l'État, a pensé qu'il étoit comptable au Roi & à la Nation, de ses véritables sentimens, & il a cru devoir s'expliquer sur la différence des principes qui ont dicté ses avis, avec ceux des Mémoires qui lui ont été communiqués. Le Bureau a reconnu que ses principes ont été contraires à ceux des Mémoires sur l'établissement des Assemblées provinciales, comme inconstitutionnelles, & comme privées des pouvoirs nécessaires pour les rendre utiles ; sur l'impôt en nature appelé *impôt territorial* comme indéfini, disproportionné & dispendieux ; & sur les remboursemens des dettes du Clergé, comme contraires aux principes de la propriété. Le Bureau a cru devoir déclarer encore qu'il n'a délibéré sur aucun impôt en argent, perçu ou à percevoir, établi ou à établir, sous la dénomination de *Vingtièmes*, ou sous toute autre dénomination, parce qu'il a désiré préalablement & avant toute délibération, d'avoir sous les yeux les comptes des recettes & dépenses, les plans & projets annoncés par Monsieur le Contrôleur général, & les moyens d'économie que Sa Majesté se propose pour le soulagement de ses Peuples. Le Bureau supplie le Roi de vouloir bien permettre que la présente réclamation soit insérée dans le Procès-verbal de l'Assemblée générale des Notables, tenue le 12 de ce mois.

RÉCLAMATION

Du quatrième Bureau.

Du Jeudi 15 Mars 1787.

LE Bureau présidé par Monseigneur le Prince de Condé, après avoir pris en considération le discours qui lui a été communiqué par Monsieur le Contrôleur général, sur la demande contenue dans l'arrêté du 13 de ce mois, rempli de la plus entière confiance dans les vues bienfaisantes & paternelles du Roi, encouragé à donner de nouvelles marques de sa fidélité & de son zèle, à un Souverain qui ne cherche que la vérité, & pénétré de la plus respectueuse reconnoissance pour les témoignages de satisfaction que Sa Majesté a daigné donner à l'Assemblée des Notables, par l'organe de son Ministre; craignant cependant qu'on ne pût induire du discours de Monsieur le Contrôleur général, que tous les principes contenus dans les différens Mémoires remis au Bureau, ont été adoptés par lui, quoique les sentimens exprimés dans ses délibérations, n'y aient pas toujours été conformes; que l'on ne pensât que les observations du Bureau ont sur-tout porté sur les formes, quoiqu'il n'ait pu s'expliquer sur plusieurs moyens d'exécution qui sont inséparables du fond, sans s'expliquer en même-temps sur le fond, & que l'on ne se méprît sur les véritables avis du Bureau, qui ne s'est pas principalement occupé des formes, quand il a pensé, à l'égard du premier Mémoire, que la composition proposée des Assemblées provinciales étoit en opposition avec les principes constitutifs de la Monarchie; à l'égard du second, que la Subvention territoriale en nature de fruits qui seule en étoit l'objet, ne pouvoit pas être adoptée: & que le troisième relatif à la libération du Clergé, donnoit de justes alarmes sur les propriétés, a persisté dans ses précédentes délibérations, & prié Monseigneur le prince de Condé de remettre au Roi le présent arrêté, & de supplier très-humblement Sa Majesté de vouloir bien permettre qu'il soit, ainsi que les délibérations précédentes & leurs motifs, inséré dans le Procès-verbal de l'Assemblée des Notables, à la suite du discours de Monsieur le Contrôleur général.

RÉCLAMATION

Du cinquième Bureau.

Du Mercredi 14 Mars 1787.

MONSEIGNEUR le Duc de Bourbon, ayant fait lecture de la copie du discours prononcé à l'Assemblée dernière, par

Monsieur le Contrôleur général, sur quoi le Bureau par une suite de sa délibération d'hier, après en avoir pris connoissance, a reconnu qu'il n'atténuoit ses précédentes délibérations, ni sur le fond, ni sur la forme ; auxquelles délibérations il se réfère entièrement.

Du Mardi 27 Mars 1787.

Monseigneur le Duc de Bourbon a lû une décision du Roi, qui lui a été envoyée par MONSIEUR, laquelle porte que le Roi a ordonné que les arrêtés des Bureaux sur ce qui s'est passé à la Séance du 12, seront mis à la suite du Procès-verbal de la même Séance.

Le Bureau s'est fait représenter sa délibération du 14, à la fin de laquelle il s'est référé entièrement à ses délibérations précédentes, sur les six Mémoires de la première Division, tant par rapport au fond que par rapport à la forme, & ne voulant laisser aucun prétexte de doute ni d'équivoque sur le sens de ladite délibération du 14, a arrêté de supplier Sa Majesté de trouver bon & d'ordonner que le précis desdites délibérations que le Bureau avoit rédigé le 9, pour être porté au Comité de MONSIEUR, soit inféré dans le Procès-verbal de l'Assemblée, à la suite de sadite délibération du 14, & selon sa teneur, comme il suit :

Du Vendredi 9 Mars 1787.

Monseigneur le Duc de Bourbon a fait lecture d'un Mémoire qui lui a été remis par MONSIEUR ; & pour s'y conformer, le Bureau a fait la substance de toutes les délibérations précédentes, comme il suit :

Le Bureau a pensé que l'établissement des Assemblées provinciales seroit utile ; mais que le plan proposé par le Mémoire, indépendamment de plusieurs inconvéniens qu'il présente, paroît s'éloigner de la constitution Françoise, en ce que par la confusion des trois Ordres, il détruit la hiérarchie nécessaire au maintien de l'autorité du Monarque & à l'existence de la Monarchie. Le Bureau propose de donner à ces Assemblées une forme plus analogue à la constitution du Royaume, & il supplie Sa Majesté de les investir de toute l'autorité nécessaire pour la répartition des impôts, pour l'adjudication, la surveillance & la réception des travaux publics.

Le Bureau a été d'avis, que la perception en nature, ne peut être admise, étant nécessairement indéfinie, disproportionnée, inégale & dispendieuse ; que la perception en argent devroit être répartie sur toutes les terres du Royaume, sans exception, & à proportion de leurs revenus, & que pour mettre les Notables en état de former un avis sur la nécessité, la mesure & la durée d'une Subvention, en comparant les moyens aux besoins, Sa Majesté sera suppliée de leur faire communiquer les états demandés par la délibération du 5 Mars, & de prendre en considération les réserves qui y sont contenues.

Le Bureau a été d'avis du remboursement des dettes du Clergé, dont la convenance a été généralement sentie ; mais que les deux moyens proposés par le Mémoire, s'ils étoient impérieusement ordonnés, porteroient atteinte à la propriété, blesseroient les principes de la justice distributive, & pourroient sous quelques rapports nuire à la police générale du Royaume.

S'en rapportant aux dispositions du Clergé pour concourir par tous moyens justes & convenables aux intentions de Sa Majesté.

Le Bureau a été d'avis que, dans les résolutions annoncées de la part du Roi, il ne reconnoît que des vues de bienfaisance, observant par rapport aux taux des cotes, que les Artisans & Manouvriers des villes & des campagnes ne doivent pas être assimilés indistinctement entr'eux, & qu'il seroit utile que les Assemblées provinciales proposassent ce qu'elles estimeroient convenable à ce sujet, ainsi que sur la répartition de la somme destinée aux secours des plus pauvres Artisans & des petits Propriétaires malheureux. Le projet de loi généralement adopté.

Le Bureau est d'avis que la suppression de la Corvée en nature est aussi juste qu'utile, & que tout ce qui concerne la quotité & la répartition de la prestation en argent, ainsi que l'adjudication, la surveillance & la réception des travaux en résultans, doit être confié aux Assemblées provinciales.

Au surplus, le Bureau se réfère au contenu de ses décisions motivées qui sont sous les yeux de Sa Majesté.

RÉCLAMATION

Du sixième Bureau.

Du Mercredi 14 Mars 1787.

LE Bureau présidé par Monseigneur le Prince de Conti, ayant pris lecture du discours de Monsieur le Contrôleur général, craignant encore qu'on ne pût induire de quelques-unes de ses expressions, que le Bureau a adopté par ses arrêtés, le fond des propositions contenues dans plusieurs des Mémoires qui ont été renvoyés à son examen, a persisté dans tous ses arrêtés, notamment dans ceux des 5 & 7 de ce mois, par lesquels il a demandé avant tout, la remise des états de recettes & dépenses de 1786 & 1787, celui des économies proposées, enfin celui des objets sur lesquels pourront porter les retranchemens.

Signé L. F. J. DE BOURBON. *Et plus bas,* DE LA GALAIZIÈRE.

RÉCLAMATION

Du septième Bureau.

Du Mercredi 14 Mars 1787.

LE Bureau présidé par Monseigneur le Duc de Penthièvre, remarquant qu'on pourroit induire du discours prononcé par Monsieur le Contrôleur général, dans l'Assemblée générale du 12 de ce mois, que les observations de l'Assemblée ne portent que sur la forme & l'exécution des projets, croit devoir supplier très-humblement le Roi, d'observer qu'en applaudissant avec reconnoissance aux principes d'équité & aux vues qui animent Sa Majesté pour le soulagement de ses Peuples, par la réformation des abus, ses avis diffèrent cependant en plusieurs points principaux, d'avec le fond des projets & les moyens proposés dans les Mémoires pour parvenir à ce but. Il croit devoir supplier Sa Majesté de permettre que ses avis motivés soient insérés dans le Procès-verbal de l'Assemblée.

QUATRIÈME SÉANCE.

Le Jeudi 29 Mars 1787.

MONSIEUR, Monseigneur Comte d'Artois & les Princes, à l'exception de Monseigneur le Duc d'Orléans, s'étant rendus à la salle d'Assemblée à onze heures du matin dans l'ordre accoutumé, & ayant pris séance, le sieur Hennin a lû le Procès-verbal de la Séance tenue le 12 de ce mois.

Monsieur le Baron de Breteüil s'est ensuite levé, a salué MONSIEUR, Monseigneur Comte d'Artois, & les Princes, & après s'être assis & couvert, a fait le discours suivant.

DISCOURS

De Monsieur le Baron de Breteüil.

MESSIEURS,

LE ROI nous a ordonné de continuer à vous communiquer ses vues sur différens objets d'administration. L'intention de Sa Majesté est de concilier & d'unir ensemble l'intérêt personnel de chaque Citoyen, les intérêts de tous les différens Ordres qui constituent cette Monarchie, & le premier, le plus grand de tous les intérêts, celui de la prospérité nationale & du bonheur public.

Monsieur le Contrôleur général va mettre sous vos yeux la suite de ses différentes propositions.

Monsieur de Calonne s'est ensuite levé, & après avoir salué, s'être assis & couvert, a dit:

DISCOURS

De Monsieur le Contrôleur général.

Messieurs,

Par l'examen que vous venez d'achever des vues de Sa Majesté, sur ce qui intéresse le Commerce & la circulation intérieure du Royaume, vous avez aperçu qu'elles respirent toutes la bienfaisance dont son cœur est rempli, que toutes ont l'utilité publique pour objet, & qu'en cherchant les moyens de rétablir l'ordre & l'uniformité de principes dans cette partie importante de l'Administration, Elle les ramène toujours à sa plus chère intention, celle de soulager ses Sujets.

Vous retrouverez, Messieurs, dans les nouveaux objets que nous sommes chargés de mettre sous vos yeux, le même esprit de justice & de régularité, les mêmes sentimens de bonté.

Si Sa Majesté a porté son attention & voulu fixer la vôtre, sur ce qui concerne ses propres Domaines, ce n'est point dans la vue d'en tirer une ressource passagère qui, employée à des besoins du moment, absorberoit le fonds consacré à des besoins extraordinaires & au maintien de la dignité de la Couronne; c'est uniquement parce qu'il lui a paru juste d'étendre aussi sur cette partie, l'ordre économique qu'Elle doit au bien de ses Peuples; c'est parce qu'Elle a reconnu qu'Elle pourroit, en améliorant cette portion de ses revenus, en tirer en même-temps un parti avantageux à la chose publique.

Le plan qu'Elle s'est formé s'accorde avec les idées reçues depuis long-temps sur la nécessité de préserver d'un entier anéantissement les foibles restes du Domaine de nos Rois, & sur celle de remédier à la dégradation des forêts royales.

Inféoder les uns, assurer la conservation des autres & les mieux administrer; c'est en deux mots ce que Sa Majesté se propose.

Elle s'est fait rendre compte de toutes les objections qu'on pourroit faire contre le projet d'inféoder les Domaines; Elle a discuté dans son Conseil toutes celles qui peuvent se tirer de la loi de l'inaliénabilité pour les apprécier; Elle a considéré cette loi dans l'esprit qui l'a dictée & dans les effets qui l'ont suivie.

Elle a vu que l'esprit de la loi avoit été d'empêcher les aliénations abusives, & de ne permettre que celles qu'exigeroient les nécessités de l'État.

Elle a vu que ses effets avoient été diamétralement opposés à son but; que depuis cette loi, les Domaines de la Couronne avoient été pour le moins aussi dilapidés qu'ils l'étoient auparavant, que la prohibition avoit été éludée de mille manières différentes, & que les aliénations interdites ayant été remplacées par des aliénations déguisées, l'État n'en avoit été que plus lézé, parce que les plus illicites étant moins solides, sont aussi les moins productives.

Mais ce qui a le plus frappé Sa Majesté, c'est la vicissitude incroyable des loix contraires les unes aux autres, qui se sont succédées, se sont choquées, se sont entre-détruites depuis l'époque de la fameuse Ordonnance de 1566, qui sembloit avoir posé des règles constantes en cette matière.

Le Roi a senti combien d'incertitudes dans la législation domaniale, combien d'occasions de procès ruineux, combien de troubles dans les familles, combien de confusion dans toutes les idées, devoit produire cet amas de dispositions inconséquentes & contradictoires, enfantées pour la plupart par l'esprit de fiscalité, & dont la série tracée en peu de mots, dans le Mémoire qui va, Messieurs, vous être présenté, vous causera sans doute autant d'étonnement qu'elle vous donnera le desir de voir tarir cette source de désordres dans les Domaines, & d'inquiétudes dans la Nation.

C'est un des principaux motifs qui a porté Sa Majesté à vouloir prendre un parti qui puisse écarter tous les doutes, & qui, loin de détruire le principe de l'inaliénabilité, en assure davantage l'exécution, en le modifiant, comme les circonstances l'exigent, en ne laissant subsister aucun moyen de l'altérer, & en lui donnant, par une juste interprétation, une solidité inébranlable.

Je ne préviendrai pas, Messieurs, vos opinions sur le moyen que Sa Majesté a choisi. Je ne puis douter de vos sentimens, mais je n'ai pas la prétention de prévoir vos avis : je me borne à vous transmettre ce que Sa Majesté a bien voulu me communiquer de ses intentions; & à vous assurer en conséquence, d'une part, que si Elle a été touchée du motif d'acquérir par un nouveau régime de ses Domaines, une augmentation de revenus, qui ne doit pas être moindre de quatre ou cinq millions; Elle l'a été beaucoup plus de plúsieurs autres motifs qui intéressent plus immédiatement ses Sujets, & que ses principales vues sont de tranquilliser à jamais une infinité de familles, de fixer pour toujours la législation domaniale, de s'interdire à Elle & à ses Successeurs, la faculté des concessions abusives, d'assurer la conservation de la partie la plus précieuse de son Domaine, par l'inféodation de la propriété utile, d'augmenter ainsi la culture, de multiplier les Cultivateurs, & d'accélérer la libération des dettes de l'État.

D'une autre part, que son amour pour ses Peuples influe pareillement dans les changemens qu'Elle veut faire à l'administration de ses forêts ; que c'est pour en conserver l'utilité au public & prévenir la disette des bois dans son Royaume, qu'Elle entend en retenir dans sa main l'intégrité inaltérable ; qu'Elle a considéré que les mêmes abus qui les dégradent, deviennent des sources de tourmens pour ses Sujets, & qu'en supprimant une multitude excessive d'Officiers qui ne subsistent pour la plupart, qu'aux dépens des habitans des campagnes, Elle leur épargneroit des frais, des amendes, des poursuites, & ce qui est peut-être pis encore, la crainte bien ou mal fondée d'une éternelle vexation.

MÉMOIRES
DE LA
TROISIÈME DIVISION.

N.º I.er

MÉMOIRE

Sur les Domaines du Roi.

LE ROI, après avoir donné sa première attention aux moyens de réformer la répartition des impôts, d'encourager l'Agriculture, & de vivifier le Commerce, a voulu, par une suite de ses vues d'ordre & d'amélioration, s'occuper aussi de ses propres Domaines.

Leur peu de valeur & leur dégradation successive, ont donné lieu depuis long-temps à différens projets : mais on ne s'est fixé sur aucun : & les avantages qu'un plan, utilement combiné, auroit pu faire retirer de l'emploi de ces Domaines, ont été perdus pour le Roi & pour l'État.

Sa Majesté ayant résolu de les faire servir à l'utilité publique, sans nuire aux droits de sa Couronne, s'est fait rendre un compte exact de leur produit actuel & de leur consistance.

Il y a deux sortes de Domaines corporels.

Les forêts & les terres domaniales.

Il ne doit pas être question des forêts dans ce Mémoire. Elles ont paru exiger un examen particulier ; & comme il est aussi intéressant pour tout le Royaume, que pour les finances de Sa Majesté, qu'Elle s'en réserve à perpétuité la possession, Elle n'a pas voulu les comprendre dans les vues qu'Elle a conçues pour ses autres Domaines.

Ceux-ci consistent en *terres & seigneuries*, en *châteaux & maisons*, en *corps de fermes & métairies*, en *landes & marais*, enfin en toute espèce de fonds domaniaux.

Ils produisent trois sortes de revenus.

La partie des terres & maisons est affermée pour la présente année, sur le pied de.... 1,591,819 ₶

La perception annuelle des cens, rentes & redevances, est de............ 701,097.

Enfin l'année commune des droits seigneuriaux casuels, prise sur les cinq dernières années qui ont été les meilleures, monte à...................... 2,431,475.

TOTAL........... 4,724,391.

Sur ce produit il faut prélever les dépenses annuelles dont il est chargé, telles que frais de justice, réparation des prisons, des auditoires, des châteaux, des bâtimens, des fermes, & tous frais de régie : ces dépenses s'élèvent à plus de deux millions par an.

Le produit effectif n'est par conséquent que d'environ.................. 2,500,000 l.

Mais on ne peut, ni se dissimuler que ces Domaines devroient rapporter beaucoup plus, ni s'étonner de ce qu'ils rapportent si peu.

C'est d'abord une vérité d'expérience dans l'administration des choses publiques, que le produit est presque toujours absorbé par les moyens même qu'on emploie pour le conserver. Les formes nécessaires pour la régie des Domaines, celles sur-tout auxquelles il faut recourir toutes les fois qu'il s'agit de constater, d'ordonner, de vérifier & de recevoir les réparations, occasionnent des frais toujours plus considérables pour le Roi, qu'ils ne le seroient pour des particuliers.

Mais combien d'autres circonstances se réunissent, pour empêcher que les biens du Domaine soient portés à leur véritable valeur !

Les baux ne peuvent s'étendre au-delà de neuf ans, & rien n'en assure aux fermiers la prorogation.

L'Administrateur qui les passe n'a jamais vu les biens qu'il afferme, & ne peut les connoître qu'imparfaitement.

Le fermier qui les prend, souvent sans intention de les tenir par lui-même, ne calcule dans le prix qu'il en donne, que le gain qu'il peut faire en sous-affermant ; car il y a

encore

encore des sous-fermes pour une grande partie des Domaines du Roi.

Les sous-fermiers, ou les fermiers, s'ils exploitent eux-mêmes, toujours incertains s'ils ne seront pas évincés dans le cours de leur jouissance, par un *don*, un *échange*, un *apanage*, n'osent se livrer aux dépenses utiles qui pourroient améliorer les fonds.

Quelle différence de ce que fait un propriétaire particulier, qui connoît la valeur de son bien, qui, l'œil fixé sur les produits & sur les accroissemens progressifs, calcule en conséquence le prix de location, fait quand il le faut des sacrifices, des avances économiques, & bonifie ainsi le champ qui lui rend avec usure le prix de ses soins & de ses travaux!

Voilà pourquoi les Domaines du Roi ont si peu participé à la révolution qui, depuis vingt ans, a presque doublé le revenu de toutes les terres. Voilà pourquoi, malgré le zèle & l'intelligence des Administrateurs actuels, ces Domaines ne sont point encore affermés au taux des autres biens, quoiqu'ils ne payent ni vingtièmes, ni taille, ni aucune espèce d'impôt.

Sa Majesté perd donc tout-à-la-fois, la part que ces fonds supporteroient dans la contribution générale, s'ils étoient hors de sa main; les frais qu'occasionne la forme de leur régie; la différence qui se trouve nécessairement entre le prix de ferme d'une terre domaniale, & celui d'une terre patrimoniale; enfin tous les accroissemens de produit dont ces biens seroient susceptibles, si l'on y consacroit les dépenses nécessaires à leur amélioration.

Un autre motif a déterminé Sa Majesté, & il est bien digne de la sagesse de ses vues.

Elle a considéré que le Domaine de la Couronne, autrefois d'une telle valeur, qu'il suffisoit à toute la dépense ordinaire de nos Rois, ne se trouve réduit à l'état d'exiguité où il est aujourd'hui, que par l'effet des concessions, des engagemens, des échanges & des envahissemens de toute espèce qui se sont succédés & multipliés de règne en règne; au point de faire craindre que, tôt ou tard, ce qui en reste ne soit de même sacrifié à la faveur & à l'importunité. Le Monarque le plus ferme dans ses résolutions, & le plus réservé dans ses libéralités, peut-il toujours se défendre des surprises, lorsque sa bienfaisance est sans cesse assiégée par les sollicitations touchantes des besoins qui l'entourent, par les représentations favorables des services rendus, & par les éternelles instances de l'infatigable cupidité.

Toutes ces considérations réunies ont porté Sa Majesté à ordonner de chercher un moyen régulier de détacher de la partie essentielle du Domaine de la Couronne, la possession des fonds de terres qui, dans la main du Souverain, ne peuvent jamais atteindre toute leur valeur, & sont au contraire toujours menacés d'arriver, par un dépérissement successif, à un entier anéantissement.

Ici s'est présentée aux regards de Sa Majesté la LOI DE L'INALIÉNABILITÉ du patrimoine royal; loi inconnue sous les deux premières Races, & qui n'a pris naissance que sous la troisième.

Sa Majesté s'est fait rendre compte dans le plus grand détail de tout ce qui a trait à ce point important de la législation de son Royaume.

Elle a vu que *bien avant encore sous la troisième Race, les Rois étoient maîtres d'inféoder à temps, même POUR TOUJOURS, les terres qui leur avoient été réservées* (1).

Que lorsque le principe de l'inaliénabilité commença à s'établir, ce ne fut que sous la réserve des cas *où la raison feroit un devoir d'y déroger* (2).

Que cette réserve fut la source d'une foule de ventes & d'aliénations de toute espèce, qui firent sortir, dans le cours des deux siècles suivans, la plus grande partie du Domaine, de la main des Rois qui se succédèrent.

Que François I.er en déclarant *le Domaine & patrimoine de la Couronne être réputé sacré & ne pouvoir tomber au commerce des hommes* (3), permettoit les aliénations *causées pour urgentes affaires*, & sur-tout *pour les frais de la guerre*, & reconnoissoit qu'elles étoient inviolables & hors de toute atteinte.

Qu'en 1559, un Édit de François II, enregistré au Parlement & à la Chambre des Comptes de Paris, en consa-

---

(1) *Vid.* les Monumens rassemblés dans le Mémoire imprimé en 1760, dans l'instance pendante au Conseil, entre M. le duc de Bourbon & le Comte Marcellus; *de M. Gibert, Inspecteur des Domaines.*

(2) Ordonnance de Philippe-le-Long, du 29 Juillet 1318. *Si ce n'est au cas que nous le doyons faire par raison.*

(3) Édit du 30 Juin 1539.

crant le principe, que le Domaine *est sacrario & inaliénable*, exceptoit encore *les ventes & aliénations à prix d'argent faites par les Rois prédécesseurs, pour subvenir aux* BESOINS URGENS, *pour le* FAIT DES GUERRES *& défenses du Royaume, dont les deniers étoient venus & entrés dans les Finances réaument, de fait & sans déguisement* (4).

Qu'enfin, ce ne fut qu'en 1566, qu'il fut solemnellement déclaré que le Domaine de la Couronne ne *pouvoit être aliéné qu'en deux cas seulement, l'un pour l'apanage des puînés mâles de la Maison de France, avec retour à la Couronne par leur décès sans mâles, l'autre pour la nécessité de la guerre, avec faculté de rachat perpétuel.*

C'est la disposition de l'Ordonnance de *Moulins*, provoquée par les États-généraux, & fondée, ainsi que le porte le préambule, sur ce *que le Domaine de la Couronne étoit* L'UN DES PRINCIPAUX NERFS DE L'ÉTAT, *& que sa conservation étoit un vrai moyen de soulager le Peuple des calamités dont il étoit affligé.*

Cette loi diffère des précédentes dans un point essentiel; elle ne permet plus l'aliénation, même *pour nécessité de guerre, que sous la faculté de rachat.*

Mais la prohibition, pour être plus stricte, n'en a pas été plus respectée, & le Domaine de la Couronne a eu, dans les deux siècles postérieurs, le sort qu'il avoit eu dans le cours des deux siècles précédens. Le désordre a même été plus grand, & cette dernière époque n'a présenté, aux yeux de Sa Majesté, qu'une alternative continuelle de l'exécution & de l'infraction de la loi; que des promesses faites au nom du Souverain & presque aussitôt violées; qu'une législation vacillante, toujours s'ébranlant elle-même & faisant ensuite d'inutiles efforts pour se raffermir.

Un coup-d'œil rapide sur les Ordonnances qui ont suivi l'Édit de 1566, va en convaincre.

On voit d'abord que dès 1574, une vente considérable *de terres, fiefs & seigneuries domaniales*, fut ordonnée (5), & que successivement en 1591 (6) & 1592 (7), sous le

───────────

(4) Édit du 23 Décembre 1517. — Déclaration du 25 Février 1519; autre du 10 Septembre 1543.

(5) Édit d'Avril, registré le 17 Mai.

(6) Édit de Septembre 1591, registré au Parlement séant à Tours, le 9 Octobre.

(7) Enregistré le 16 Décembre.

ministère de Sully, on ordonna LA VENTE À PERPÉTUITÉ, de *maisons*, *terres*, *seigneuries & fiefs*, *greffes*, *sceaux & tabellionage*, avec clause expresse, qu'à ce moyen les *justices* deviendroient *seigneuriales* entre les mains des acquéreurs.

Ce fut encore au même titre de PERPÉTUITÉ, qu'en 1619 (8), un autre Édit ordonna de mettre en vente *les bois en grurie, segrairie, tiers & danger*, dans toutes les Provinces du Royaume.

Mais en 1644 (le 22 Mars), une Déclaration intervint, qui imposa à tous les détempteurs & propriétaires des Domaines, à titre de cens, rentes ou d'inféodation, une taxe du *douzième du prix desdits Domaines*, moyennant laquelle taxe, ils seroient *maintenus & confirmés* à PERPÉTUITÉ, en leur *possession & jouissance*.

Ainsi, en portant atteinte à la *perpétuité* de l'ancien titre, on en créoit un nouveau, avec l'assurance de la même *perpétuité*. Ce ne fut en réalité que le présage d'une révolution encore plus funeste aux acquéreurs des Domaines.

En effet, malgré la *maintenue* solemnelle qui venoit d'être achetée par une nouvelle taxe, une autre loi donnée le 28 Janvier 1651, prononça la *réunion au Domaine de la Couronne* de tout ce qui avoit été aliéné. Cette réunion ne fut, pour ainsi dire, exécutée contre aucun des aliénataires. Les uns échappèrent aux recherches, les autres furent confirmés dans leur possession, moyennant quelques *supplémens de finance*.

Survinrent ensuite d'autres Ordonnances contraires. Des Édits & Déclarations donnés en 1658, 1672, 1697, 1702, 1708 & 1717 (9) annoncèrent de nouvelles *aliénations* À TITRE DE PROPRIÉTÉ INCOMMUTABLE ET D'INFÉODATIONS PERPÉTUELLES, non-seulement de *petits Domaines*, mais de *directes*, de *bois*, & même de *forêts*. Il est vrai que l'autorité législative revenant encore sur ses pas, détruisit plusieurs fois son propre ouvrage par d'autres loix intermédiaires, qui ordonnèrent ou des *réunions*, ou des *supplémens de finance*, ou des *taxes*, ou des *reventes*.

---

(8) Édit de Mars 1619.

(9) Édit de Novembre 1658. Déclaration du 7 Avril 1672. *Idem*, du 13 Août 1697. Édit d'avril 1702. *Idem*, d'Août 1708, *Idem*, d'Août 1717.

De ce nombre fut l'Édit d'Avril 1667, qui *révoqua non-seulement toutes les aliénations des Domaines*, mais qui contraire à toutes les loix antérieures, réserva même au Roi *de rentrer dans les terres vaines & vagues, & autres petits Domaines aliénés à perpétuité*, en remboursant les deniers d'entrée, *& les impenses & améliorations*.

Il faut convenir que la plupart de ces loix mobiles qui s'entre-détruisoient sans cesse, étoient l'ouvrage de la fiscalité, mûe par le besoin. C'étoit pour trouver de l'argent qu'on aliénoit ; c'étoit pour en trouver encore qu'on révoquoit les aliénations. On ne *réunissoit* que pour *revendre* & souvent l'abus de ces reventes *& augmentations de finances*, étoit tel qu'il n'en entroit aucuns deniers dans les coffres du Roi (10).

Enfin la voix de la justice se fit entendre dans l'Édit de 1717, qui est regardé par les Auteurs, comme l'Ouvrage de M. le Chancelier DAGUESSEAU.

Les *Billets de l'État* s'étoient multipliés au-delà de toute mesure; l'argent étoit rare : le Commerce étoit obstrué; on voulut éteindre insensiblement cette masse d'engagemens si pesante sur l'État, si nuisible à ses vrais intérêts. Le Roi balança dans sa sagesse l'obligation de *rétablir le Domaine sacré de sa Couronne*, & le DEVOIR PLUS PRESSANT *& indispensable de veiller au soulagement de ses Peuples, en acquittant les anciennes dettes*. Il considéra que si *par les anciennes Ordonnances, il étoit permis de procéder à l'aliénation des Domaines, lorsque la nécessité de la guerre le requéroit, cette faculté devoit encore moins être interdite dans un temps où il s'agissoit de procurer un libre cours au Commerce, en donnant aux porteurs des billets d'État, la facilité de les échanger avec de médiocres portions des Domaines.* Par ces motifs, le Roi ordonna la vente à faculté de rachat *de tous les petits Domaines restans entre ses mains, des justices & seigneuries sans domaine, des moulins, fours, pressoirs, halles & marchés, des terres vaines & vagues, marais, étangs, islots, terres labourables, bocqueteaux séparés des forts, des bacs, péages, travers, droits de minage, tabellionage, &c. le tout payable en billets d'État, sur le pied du denier Trente, au moins.*

Depuis cet Édit on trouve une foule d'Arrêts du Conseil qu'il seroit trop long de rapporter, dont les uns dérogeoient aux loix antérieures, sous prétexte de remédier aux abus

---

(10) Édit d'Avril 1667.

qu'elles occafionnoient, d'autres en introduifoient de nouveaux, & fembloient vouloir leur donner des règles. On pourroit citer pour exemple les difpofitions des Arrêts d'Août 1719, Juillet 1722, Mai 1724, Mars 1777, & plufieurs autres relatifs aux formes des adjudications à vie & des engagemens par ventes & reventes ; inventions fifcales qui n'ont fervi qu'à trafiquer ce qui reftoit du Domaine royal, énerver de plus en plus, les loix, à porter de nouvelles atteintes aux véritables maximes. La fraude feule en a profité ; & l'on a vu nombre d'engagiftes, fe cacher fous des noms inconnus, ou même fe fervir de perfonnes infolvables, pour racheter, à vil prix, ce qu'on paroiffoit revendre fur eux.

A toutes ces loix a fuccédé, dans ces derniers temps, une opération qui a prouvé de plus en plus les pertes irréparables qu'avoit faites le Domaine royal. Deux Arrêts du Confeil des 26 Mai & 16 Juin 1771, ont fait rentrer le Roi dans les droits feigneuriaux dépendans des terres données en engagement, & il a été permis aux engagiftes qui croiroient éprouver par-là quelque léfion, de remettre les Domaines qu'ils tenoient, en recevant le remboursement des finances qu'ils avoient payées. Mais l'avantage qu'ils trouvoient dans leur poffeffion étoit tel, qu'aucun d'eux n'a été tenté d'y renoncer, malgré la déchéance de la directe prononcée contre eux.

L'Arrêt du 14 Janvier 1781, eft le dernier acte émané de l'autorité fouveraine dans cette matière. Sa Majefté a autorifé par cet Arrêt les Adminiftrateurs de fes Domaines à recevoir des engagiftes de nouvelles *offres de rentes ou fupplément de rentes d'engagement*, moyennant lefquelles ils feroient confirmés dans leur poffeffion pendant la durée de fon règne.

On efpéroit de cette dernière opération une augmentation confidérable de revenu ; on avoit calculé, d'après la fuppofition d'environ cent millions de finances d'engagemens rapportant quinze pour cent. que le partage des bénéfices, au-deffus de l'intérêt ordinaire, pourroit produire cinq millions de rentes. Il s'eft préfenté très-peu d'engagiftes ; les foumiffions reçues depuis 1781, ne s'élèvent pas à 200,000 livres, & l'on n'a pas même encore pu parvenir à former un état exact de tous les engagemens dont on avoit cru qu'on acquerroit, par ce moyen, une connoiffance certaine.

Telle a été l'étonnante variation des loix du Royaume,

relativement au principe de l'inaliénabilité des Domaines. On le voit, ce principe, paroître & disparoître alternativement sous les différens règnes, & quelquefois sous le même ; des modifications & des dérogations, diversifiées de mille manières, l'ont sans cesse éludé : il semble qu'il ait été aussi difficile de l'observer fidèlement, que de le heurter directement ; & dans ce cahos, on a peine à reconnoître l'image sacrée de la loi de l'inaliénabilité tant de fois rappelée par les Cours à la vénération publique, & plus souvent encore défigurée sous leurs yeux, par la main du besoin.

Mais au milieu de cette confusion d'idées, une vérité importante se fait sentir & est démontrée par le fait ; c'est que dans le temps même où le Domaine de la Couronne étoit assez important pour mériter d'être considéré, comme *l'un des principaux nerfs de l'État*, la loi impuissante pour en empêcher le délabrement, n'a servi qu'à fatiguer, pour ne pas dire, égarer la confiance publique.

Faut-il laisser subsister cet état de perplexité également inquiétant pour les Peuples & nuisible aux intérêts du Souverain ? Ne vaut-il pas mieux, aujourd'hui sur-tout que l'ancien patrimoine de la Couronne n'offre *que le plus modique revenu* (11), se fixer à des vues qui préviennent tant d'inconséquences, établir un plan utile à l'État sur une base qui soit à jamais inébranlable, & le revêtir de formes, tellement solemnelles, qu'elles puissent lui assurer la stabilité qui doit être l'apanage de toutes les bonnes loix !

Pour former ce plan, Sa Majesté s'est arrêtée aux principes qui lui ont paru, au milieu de la fluctuation des loix domaniales, présenter les règles les plus sûres & les plus conformes au véritable esprit des Ordonnances.

La première de ces règles est que le patrimoine royal est légalement substitué à tous les successeurs à la Couronne ; & que chaque Souverain n'en est pour ainsi dire que le dépositaire : c'est-là le fondement de l'inaliénabilité.

La seconde règle est l'exception de la première, & elle la confirme. Toute disposition tendante à priver le Roi & l'État de l'utilité des Domaines est interdite ; mais celle-là est légitime & doit être autorisée, qui tourne essentiellement à leur avantage. Des affaires *urgentes*, la *raison du bien*

___

(11) Arrêt du Conseil du 14 Juin 1781.

public, les *néceſſités de guerre*, peuvent exiger l'aliénation du Domaine : alors, comme elle eſt permiſe, elle doit être irrévocable. C'eſt la diſpoſition même des loix qui ont conſacré le principe de l'inaliénabilité; les Édits de 1517, 1539, 1543, 1566 & 1571, le déclarent formellement.

Mais il ne ſuffit pas que l'aliénation ſoit fondée ſur l'une de ces cauſes; c'eſt une troiſième règle & une condition néceſſaire, que l'emploi du prix ſoit conſtaté; il faut que les deniers ſoient *entrés dans les finances, réaument, de fait & ſans déguiſement*. Cette condition ſeule aſſure l'objet de l'aliénation & conſtate ſa légitimité, en conſtatant l'utilité dont elle eſt à l'État.

Quatrième règle. L'aliénation ainſi faite ne doit pas être illuſoire; car ſi le Domaine de la Couronne eſt *ſacraire*, comme le diſoit François II, l'engagement des Rois lorſqu'il eſt ſagement & utilement contracté, eſt plus *ſacraire* encore. La juſtice qui eſt la première loi dont les Souverains ſoient redevables à leurs Peuples, doit rendre inviolables leurs promeſſes, avec encore plus de force qu'elle n'aſſure l'exécution des engagemens que leurs Sujets contractent entr'eux.

De ces vues générales, deſcendant à l'examen particulier de l'Édit de 1566, Sa Majeſté a été convaincue que la réſerve du *rachat perpétuel*, autoriſée par cette loi, avoit été l'une des principales cauſes du dépériſſement que le Domaine a éprouvé depuis. C'eſt elle qui a fait naître & multiplier les *engagemens*, les *adjudications à vie*, les *conceſſions à temps*, & même *les échanges*. Le Domaine auroit été conſervé, ſi l'on ſe fût ſtrictement attaché à la défenſe d'aliéner, hors des cas permis par les anciennes loix, & à veiller à l'emploi du prix des aliénations faites dans ces cas; mais on a cherché à éluder la loi, & c'eſt la loi même qui en a fourni le prétexte.

D'abord, par les *engagemens* : l'expérience du paſſé démontre l'inutilité & le déſavantage *du rachat perpétuel*.

Son inutilité, puiſque la plupart des engagiſtes, & les plus conſidérables ſur-tout, protégés par une eſpèce d'indulgence qui a toujours prévalu, protégés encore davantage par la difficulté de les évincer & de reconnoître le Domaine royal, ſouvent confondu avec le leur, ſe ſont perpétués dans leur poſſeſſion, malgré la *loi du rachat*.

Son déſavantage, parce que cette poſſeſſion toujours

révocable par sa nature, a empêché les engagistes de faire valoir les biens du Domaine, comme ils l'auroient fait s'ils en eussent été propriétaires incommutables.

Pour échapper à l'inconvénient de cette possession précaire des engagistes, l'*échange* s'est introduit; le Domaine royal a été échangé contre des Domaines particuliers. La loi n'avoit pas expressément proscrit cette espèce d'aliénation, on en a conclu qu'elle étoit autorisée : des loix l'ont déclarée valable ; toutes les Cours souveraines l'ont jugé telle ; & quel préjudice néanmoins n'est pas résulté de cette forme réputée légale ! on ne parle pas des frais que les échanges ont entraînés, des évaluations interminables auxquelles ils ont donné lieu (12) ; mais il est certain que les plus belles terres du Domaine ont été aliénées à ce titre, & que les Souverains n'ont reçu en échange que des objets de peu de valeur, des biens sans consistance, sans dignité & souvent litigieux.

C'est ainsi qu'une prohibition solemnelle, qui avoit pour but de conserver le Domaine, n'a pû en empêcher la ruine, & que les infractions se sont multipliées sous toutes les formes, même sous la forme légale.

Mais si au lieu de s'arrêter au texte, souvent contradictoire des loix domaniales, on s'attache à leur esprit, on reconnoîtra que l'Édit même de 1566, considéré dans sa fin & dans son véritable objet, ne peut qu'affermir les vues de Sa Majesté.

Lorsque la Nation demanda que le principe de l'inaliénabilité fût consacré, ce fut pour conserver à toujours un revenu précieux à ses Souverains, & pour éviter qu'ils ne fussent forcés de recourir à des impôts. Le Domaine avoit encore à cette époque une grande consistance ; il pouvoit suffire à toutes les dépenses du Trône.

Le temps, les désordres, les abus, les loix même, par leur versatilité, tout a concouru à dissiper la plus grande partie de ce Domaine ; & quand on le voit aujourd'hui réduit à deux millions, quand on le compare à près de 500 millions d'autres recettes, il ne paroit plus que comme un point imperceptible dans les ressources de l'État.

Afin qu'il ne devienne pas absolument nul, il est nécessaire

---

(12) Les évaluations de la principauté de Sedan, ne sont pas encore finies ; il en est de même de bien d'autres.

de prendre une nouvelle détermination qui fixe toutes les variations des loix, & concilie leur principe avec ce qu'exige le bien de l'État. Pour en conserver les restes, il faut le faire changer de nature. Puisqu'il est impossible que sa propriété utile subsiste dans la main du Souverain, il est indispensable de l'en faire sortir, & il n'y a de choix que dans les moyens.

L'intention du Roi est de prendre ceux qui se rapprochent le plus qu'il est possible de l'esprit des loix du Royaume, de maintenir le principe en tout ce qui est essentiel, & de ne modifier la forme que pour mieux conserver la réalité.

Sa Majesté a considéré que l'objet capital du Domaine, ce qui est vraiment inaliénable, ce que tous les principes fondamentaux rendent inséparable de la Couronne, c'est la *directe*, universelle; c'est la seigneurie, inhérente au GRAND FIEF de la Souveraineté, origine & premier générateur de tous les autres fiefs du Royaume;

Que le *jeu de fief* étant permis à tous ses Sujets, par le droit commun de la France, il doit être au pouvoir du Souverain d'user de ce droit attaché à la puissance féodale;

Que celui qui forma tous les fiefs, peut toujours en former de nouveaux;

Qu'enfin les *inféodations* sont si différentes des *aliénations*, que l'Édit même de 1566, en révoquant celles-ci, ordonna qu'il ne seroit porté aucun *préjudice* aux *inféodations jà faites*: ce qu'il n'auroit pu faire, si ces inféodations avoient été essentiellement contraires à l'inaliénabilité.

C'est d'après ces bases que Sa Majesté a pensé qu'*inféoder* le Domaine pour le dégager des hypothèques dont il est tenu, ce n'étoit point l'aliéner, que l'*inféoder* pour le rendre plus fructueux & le mettre à l'abri d'une dégradation contre laquelle l'expérience a démontré que le frein des prohibitions légales ne pouvoit rien, c'étoit en défendre & protéger la substitution, plutôt que l'enfreindre.

A la vérité, l'Ordonnance de 1566, en confirmant *les inféodations jà faites*, défend d'en faire d'autres à l'avenir; mais les inféodations dont elle parle, sont absolument différentes de celles que Sa Majesté se propose d'ordonner.

Celles-là étoient de véritables aliénations à prix d'argent, sans rétention de glèbe, ni de rentes nobles & foncières qui pussent en tenir lieu. Celles-ci au contraire, ne sont autre chose que le *jeu de fief*, permis de droit commun, avec retenue de rentes en grains, & de tous les droits féodaux

Le grand fief de la Couronne n'en sera point altéré, il subsistera dans toute son intégrité.

Les inféodations qui furent inhibées en 1566, étoient des inféodations sans cause, sans emploi de deniers, sans utilité pour l'État. Celles que le Roi se propose d'autoriser, réunissent la faveur de toutes les causes marquées par les Ordonnances pour autoriser l'aliénation même : *affaires urgentes.... avantage d'État.... dettes contractées pour nécessité de guerre.... emploi utile, &c.*

Celles-là devoient être défendues dans un temps où le revenu du Domaine étoit encore l'un des *principaux nerfs de l'État*. Celles-ci sont devenues nécessaires depuis que le Domaine est d'un trop *modique revenu* pour pouvoir servir à préserver les Peuples d'aucun impôt.

L'Ordonnance de Moulins voulut, en proscrivant toute *aliénation* ou *inféodation*, prévenir le dépérissement du Domaine, déjà considérablement diminué par des *dons*, par des *aliénations* à vil prix, par des *concessions* de toute nature. Sa Majesté veut mettre son Domaine utile hors de sa main, pour en conserver les foibles restes ; pour se mettre, Elle & ses successeurs dans l'heureuse impuissance d'en disposer par de nouveaux dons, des concessions nouvelles, des échanges ou autres titres onéreux à l'État, Elle veut l'inféoder pour l'améliorer, pour en tirer plus de valeur ; de telle manière qu'il est évident qu'aujourd'hui le bien public autorise, & même exige, ce que le bien public fit défendre alors.

Le calcul démontre cette vérité.

La directe & les droits aux mutations qui seront réservés, sont évalués communément *au tiers* de la valeur du fief. Sa Majesté trouvera un autre *tiers* de valeur dans les rentes en grains qui seront stipulées par les inféodations & acensemens. Elle ne perdra donc qu'un tiers du revenu actuel, pour lequel Elle recevra en deniers les deux tiers du capital entier.

Ces deniers étant employés à l'acquittement de *rentes domaniales*, de dettes causées par la *nécessité de guerre*, ou à des *suppressions d'Offices* onéreux au Public, tourneront évidemment au profit de Sa Majesté, & à la décharge du Domaine de la Couronne, qui se trouve affecté & hypothéqué à ces différentes dettes.

Mais Sa Majesté y trouvera encore de plus grands avantages, & son revenu, loin de diminuer par l'emploi des deniers qu'Elle tirera des inféodations, recevra une augmentation qui surpassera de beaucoup son produit actuel.

Sa Majesté se rédimera d'abord des *frais de justice*, de ceux *de réparations* & de *régie*, frais inévitables, tant qu'Elle jouira par Elle-même de son Domaine utile, & qui absorbent, comme on l'a vu, la moitié de sa valeur.

Ses revenus s'accroîtront encore de toutes les impositions auxquelles les terres domaniales, rendues au Commerce, seront assujetties : de l'augmentation successive de ces impositions, à mesure que les terres s'amélioreront ; & de celles des droits de quint, de relief, de lods & ventes qui s'éleveront dans la même proportion.

Enfin, comme il sera permis aux engagistes de convertir leur possession précaire & sujette au rachat, en une possession perpétuelle & incommutable, en profitant de la voie de l'inféodation dont ils payeront le prix, sauf la déduction de leur finance ; il en résultera encore pour Sa Majesté un supplément de valeur, qu'aucune autre voie n'avoit pu jusqu'à présent lui procurer, l'amélioration de ses Domaines & des mutations plus fréquentes.

Il est impossible de n'être pas convaincu que ce plan assurera au Roi un revenu domanial plus considérable que celui dont il a joui jusqu'à présent.

Et ce revenu, l'État du moins sera assuré de le conserver.

On seroit étonné du calcul de ce qui a été *donné, engagé, échangé* sous chaque règne, depuis la première époque du principe de l'inaliénabilité, & même depuis l'Ordonnance de Moulins. S'il est un moyen de sauver ce qui reste des terres domaniales, c'est évidemment celui de *l'inféodation*.

C'est en même temps celui de rendre ces terres à une meilleure culture.

Assurés d'une possession irrévocable, les infeudataires ou censitaires des Domaines y donneront tous les soins qu'inspire l'amour seul de la propriété. On ne cultive bien que l'héritage auquel on est attaché, & on ne s'attache qu'à celui qu'on est sûr de conserver. La masse des productions s'accroîtra encore par la *subdivision de propriété* qui entre dans le plan de l'inféodation des Domaines, & qui ne peut qu'être favorable à l'Agriculture.

Le Royaume perd depuis des siècles tout ce qu'auroient produit les Domaines s'ils avoient été entre les mains des cultivateurs propriétaires. Ce qui eût été pour eux un surcroît de richesses, l'auroit été aussi pour l'État.

A cet accroissement du revenu public, se joindra l'avantage des amortissemens, auxquels seront invariablement employés les deniers qui proviendront des inféodations; ils serviront à éteindre les rentes les plus onéreuses, l'État gagnera la différence du denier du remboursement de ces rentes, au denier auquel se feront ces adjudications.

Si les revenus du Roi en augmentent, ses Peuples en jouiront; Sa Majesté toujours empressée à saisir les moyens de les soulager, regarde encore comme une des plus grandes faveurs qu'Elle puisse leur procurer, celle de les délivrer des embarras & des contestations sans nombre que fait naître si souvent la seule idée, le seul soupçon de la Domanialité. Que de familles, dont ce soupçon a troublé le repos! que de ventes, que d'arrangemens, que de partages auxquels il a mis obstacle! & d'un autre côté, que de recherches odieuses n'occasionnent pas ces *revenus*, ces *surenchères*, qui sous la couleur de l'intérêt du Domaine, ne favorisent souvent que de vils intérêts particuliers, & comme l'a dit Sa Majesté Elle-même, dans son Arrêt de 1781, *mettent ses Sujets à la poursuite les uns des autres*.

Les inféodations tariront la source de toutes ces calamités.

Puisque c'est un principe reconnu par toutes les Nations, que l'utilité générale *est la loi suprême*, ne doit-on pas conclure de tout ce qui vient d'être observé, qu'il est nécessaire, qu'il est par conséquent légal d'abandonner les anciennes formes *d'aliénation à faculté de rachat*, aussi nuisibles à l'intérêt du Domaine qu'à la tranquillité publique, & de leur préférer d'utiles *inféodations* ou *acensemens*, qui conservant au Roi la propriété directe, & augmentant son revenu, doivent bien moins être considérées comme des aliénations, que comme des actes d'une sage administration!

Tous ces motifs, & le sentiment de plusieurs Magistrats & Jurisconsultes très-éclairés, ont convaincu Sa Majesté que cette manière d'user du pouvoir qui lui appartient, ne présentoit rien qui ne s'accordât avec l'esprit & le principe des loix mêmes, qui font regarder les Domaines comme inaliénables.

La sagesse & l'utilité évidente de ce plan seront la sûreté des acquéreurs ; le bon emploi du prix des inféodations sera le garant de leur stabilité, & le gage de la confiance publique. Il est impossible de craindre qu'on essaie sous d'autres règnes d'ébranler des actes qui auront eu pour base le bien de l'État, l'augmentation des revenus du Roi, la libération de la dette publique & l'accroissement de la richesse nationale. L'intérêt même du Trône sera de protéger des inféodations dont la succession des temps ne fera que développer de plus en plus les avantages.

Enfin la régularité avec laquelle cette opération sera dirigée, la distinguera de toutes celles qui ont été infructueusement tentées jusqu'à présent, & elle en assurera de plus en plus la solidité. La Commission qui sera établie ne procédera aux inféodations & acensemens qu'en connoissance de cause, qu'après des estimations exactes, & avec autant de mesure & de délai qu'il en faudra pour assurer le bon prix de vente. On ne doit pas confondre une telle opération, qui n'a que l'ordre pour principe & l'économie pour but, avec ces mises en vente que le besoin commande, & que la précipitation accompagne. Dans celles-ci on n'est occupé que de se faire des ressources d'argent. Dans celle dont il s'agit, aucune partie des deniers en provenans, n'est destinée à entrer dans les coffres de Sa Majesté, tout sera versé dans la Caisse d'amortissement ; tout sera consacré au profit de l'État. Un plan fiscal fait naître la défiance, mais un plan de sage administration est le fondement d'une sécurité raisonnable.

C'est d'après ces résultats que Sa Majesté s'est proposé d'ordonner :

1.° Que les inféodations & acensemens seront faits sur estimation, affiches, publications & adjudications, au plus offrant & dernier enchérisseur, par parties aussi divisées qu'il sera possible, pour en faciliter l'acquisition aux Cultivateurs les moins riches.

2.° Que l'état & consistance des objets inféodés ou acensés, seront préalablement bien & dûement constatés.

3.° Que les objets adjugés à titre d'inféodation relèveront du Roi & de sa Couronne, à cause du fief dont ils auront été démembrés ; à la charge de la foi, hommage, aveu & dénombrement, comme aussi de tous droits seigneuriaux aux mutations, suivant les coutumes des lieux.

4.° Que ceux adjugés à titre d'acenfement, le feront à la charge d'un cens emportant faifine, amende, & les droits dûs aux mutations, conformément aux coutumes.

5.° Que toutes les charges foncières, frais de juftice, réparations & autres généralement quelconques, feront à la charge des adjudicataires.

6.° Que les biens inféodés ou acenfés feront foumis aux charges & impofitions ordinaires, dont font tenus les autres fonds du Royaume.

7.° Qu'un tiers du prix, tant des adjudications que des acenfemens, fera conftitué en rentes en grains, foncières, & irraquitables, & les deux autres tiers payés en deniers comptans.

8.° Qu'il fera loifible à tous les engagiftes actuels de rendre leur propriété incommutable, par la même voie d'inféodation ou d'acenfement, en payant, pour les Domaines qu'ils tiennent en engagement, une nouvelle finance fur le pied du denier Trente de leur produit actuel, dont un tiers en grains, & les deux autres tiers en deniers, fur lequel prix il leur fera tenu compte de la première finance de leur engagement.

9.° Qu'il fera expédié fur chaque inféodation ou acenfement, toutes Lettres patentes à ce néceffaires, Sa Majefté fe réfervant d'en régler modérément les frais, & les exemptant dès-à-préfent du droit de marc d'or.

10.° Que les deniers provenans des inféodations ou acenfemens, feront verfés dans la Caiffe établie par l'Édit du mois d'Août 1784, pour être invariablement employés à l'extinction des rentes conftituées légalement, fpécialement à celles dont le Domaine eft chargé, & auffi au remboursement d'Offices que Sa Majefté voudroit fupprimer pour le bien de fon État.

11.° Enfin pour veiller à l'emploi defdits deniers, & en vérifier le compte qui fera imprimé chaque année, ainfi que pour préparer & régler les opérations néceffaires & préliminaires aux adjudications, Sa Majefté établira une Commiffion compofée d'un Confeiller d'État Préfident, de deux Maîtres des Requêtes, de deux Confeillers au Parlement de Paris, d'un Maître & d'un Auditeur de la Chambre des Comptes de Paris, d'un Procureur général & d'un Greffier; fur les ordres de laquelle Commiffion & d'après les inftructions qui émaneront d'elle, il fera procédé aux adjudications par les Juges ordinaires des Provinces ou arrondissemens, dans lesquels sont assis lesdits Domaines, après que les appositions d'affiches & les publications auront été faites dans la forme ordinaire.

SA MAJESTÉ a cru devoir ajouter à ce plan, celui d'un établissement qui lui a paru nécessaire pour la conservation, tant de la propriété féodale & des droits de directe qu'Elle se réserve sur tous ses Domaines, que de ses forêts, dont Elle entend conserver la pleine propriété.

Jamais les titres du Domaine n'ont été rassemblés. Il en existe une partie dans différens dépôts dispersés par-tout le Royaume; une autre partie non moins précieuse, a été livrée aux échangistes, aux engagistes & autres concessionnaires; enfin il s'en trouve dans des archives particulières, & dans les mains de diverses personnes qui n'ont ni titre ni intérêt pour les conserver.

L'intention de Sa Majesté est de réunir dans un seul dépôt l'ensemble de tous ces titres, & d'en confier la surveillance à la Commission qu'Elle compte établir pour suivre les opérations de l'inféodation.

Le Procureur général de cette Commission sera chargé en conséquence de faire toutes les diligences nécessaires pour le recouvrement de ces titres; il se fera délivrer des copies collationnées de tous ceux qu'il jugera utiles à l'établissement de la propriété & consistance des Domaines, & qui peuvent se trouver dans les archives du Louvre, Chambres des Comptes, Trésor des Chartes, Chambre du Trésor & du Domaine, Bureaux des finances, Tables de Marbre & autres dépôts publics, dans quelque partie du royaume qu'ils se trouvent & à quelque Cour ou Juridiction qu'ils se trouvent attachés. Il fera pareillement la revendication de tous les titres qui sont dans ces dépôts particuliers ou dans les mains d'aucunes personnes. Ces titres, pièces, plans & autres documens seront rassemblés dans le lieu qui sera destiné à cet effet; ils y seront classés par ordre de féodalité, & ils ne pourront être tirés de ce dépôt sous aucun prétexte: il en sera seulement, en cas de besoin, expédié des copies collationnées, certifiées par l'Archiviste, auquel la garde en sera confiée sous l'autorité de la susdite Commission, & la surveillance du Procureur général en icelle.

Les actes d'inféodation ou d'acensement, les procès-verbaux d'adjudication de Domaines, les plans des forêts,
les

les règlemens nouveaux y relatifs, & toutes pièces concernant le Domaine de la Couronne, seront pareillement déposés dans le même lieu, & ne pourront en être distraits sous aucun prétexte.

S'IL EST quelques moyens (& pourquoi n'y en auroit-il pas !) de rendre les Domaines plus utiles à la Couronne à qui ils appartiennent, plus utiles à l'agriculture qui semble les revendiquer, plus utiles à l'État dont l'intérêt, moteur de la prohibition de les aliéner, doit aussi en être l'interprète ; ces moyens paroissent se réunir dans le plan accueilli par Sa Majesté. Loin de blesser la loi de l'inaliénabilité, il la confirme, il en suit l'esprit, il en remplit l'intention. Elle avoit pour but de préserver le *Patrimoine royal* de toute atteinte : il tend à en prévenir l'entière destruction. Elle devoit en maintenir le revenu dans son intégrité : il fait plus, il l'améliore. Elle vouloit qu'il fût toujours considéré comme *un des principaux nerfs de l'État* ; s'il n'est plus possible aujourd'hui de l'envisager comme tel, du moins, le plan proposé le ramène, autant que faire se peut, à cette première destination, puisque, sans en altérer l'essence, sans en diminuer le produit, il en fait sortir une ressource intéressante pour le bien public. Enfin, c'est sur le vœu de la Nation, qu'en 1566 le Domaine du Roi fut consacré également à la dignité du Trône, & aux besoins du Royaume ; c'est aussi avec le suffrage de la Nation que Sa Majesté veut aujourd'hui le consacrer de nouveau à ce double objet, par le parti qu'Elle compte en tirer, pour l'accroissement du revenu dont Elle est responsable envers les Rois ses successeurs, & pour la libération des dettes de son État, dont Elle est redevable à ses Peuples.

N.° II.

MÉMOIRE

Sur les Forêts domaniales.

LES forêts du Roi, cette *noble & précieuse partie du Domaine de la Couronne*, ainsi que s'exprime la célèbre Ordonnance de 1669, forment aujourd'hui la portion la plus considérable de ce domaine. Il est nécessaire pour l'intérêt public de les conserver dans la main du Roi; il l'est aussi de prendre les mesures les plus promptes & les plus efficaces pour les préserver d'un entier dépérissement.

Les aliéner & en livrer, à quelque titre que ce puisse être, la possession à des particuliers qui pourroient en faire un usage destructeur, ce seroit exposer le Royaume à voir augmenter encore la rareté & la cherté des bois; ce seroit risquer de perdre une ressource nécessaire pour les constructions les plus importantes, & pour les approvisionnemens de la Marine.

C'est ce qui a déterminé Sa Majesté, non-seulement à ne pas comprendre ses forêts dans *l'inféodation* de ses Domaines, mais même à s'en interdire pour toujours & à ses successeurs, toute espèce d'*engagement*, d'*échange*, de *concession*. Elle n'exceptera de cette loi générale, que les parties de bois éparses contenant moins de quatre cents arpens. Il est reconnu que ces *Bocquetaux* trop exposés aux dégâts des bestiaux & à tous genres de délits, par leur attenance aux héritages des particuliers, ne peuvent produire un revenu proportionné aux frais de garde qu'ils exigent. Par cette raison, les Ordonnances en ont toujours permis & même ordonné l'aliénation à perpétuité; c'est notamment la disposition précise de la Déclaration du 8 Avril 1672, & des articles 2 & 7 de l'Édit d'Août 1708.

A cette seule exception, Sa Majesté conservera toutes ses forêts; & son intention n'est pas seulement de les conserver, Elle veut les améliorer, Elle veut les repeupler, Elle veut, par des aménagemens bien entendus, en augmenter le revenu, & assurer ainsi à son Royaume une plus grande abondance de bois.

Depuis plusieurs années, cet objet intéressant a fixé l'attention du Gouvernement. Des personnes recommandables par leur probité & leurs lumières, ont été chargées de parcourir les Provinces où se trouvent les principales forêts du Royaume, de les visiter, & de rassembler toutes les instructions qui pourroient mettre à portée d'en connoître le véritable état.

Le résultat de ce travail a été que la plupart des forêts du Roi sont dans un état de dégradation manifeste. Dans plusieurs on ne trouve *presque plus de futaie*; dans d'autres, il n'a pas été conservé *un seul arbre sur les taillis*. Des terrains immenses, qui étoient couverts de bois, n'offrent plus que *des terres vaines & vagues*. Ailleurs le sol même des forêts à été *donné à cens* par des Officiers des Maîtrises, & défriché par des possesseurs qui n'ont eu d'autre titre que cette malversation, qui a excité l'animadversion de la justice. Les coupes *par jardinage*, si sévèrement défendues par les Ordonnances, sont pratiquées dans plusieurs forêts; enfin, les aménagemens, quoiqu'on s'occupe depuis quelques années de les mieux régler, sont encore très-imparfaits; & malgré la cherté des bois dans presque tout le Royaume, Sa Majesté ne tire des siens qu'un revenu très-disproportionné à leur étendue.

Ce revenu, suivant le montant des adjudications de 1786, auroit dû être de.................... 7,309,000.^l
Le produit effectif en argent, n'a été que de................................ 6,611,000.
Il est vrai qu'il n'étoit, il y a vingt-cinq ans, que de........................ 4,400,000.

Ainsi il y a environ un tiers d'augmentation, nonobstant les distractions occasionnées par les apanages.

Mais si la surveillance qui a été apportée depuis quelques années à l'administration des forêts du Roi, a pu contribuer à cette bonification, on ne peut en même temps se dissimuler qu'elle est en partie & même presque entièrement l'effet de la valeur extraordinaire que les bois du Royaume ont prise dans ces derniers temps. Ce seroit donc une erreur d'en conclure que les forêts domaniales produisent ce qu'on en tireroit, s'il n'y avoit pas d'abus.

Quelque sages que soient les dispositions de l'Ordonnance de 1669, elles n'ont pu, en réprimant une partie des désordres qui existoient alors, obvier à ceux qu'il n'étoit pas possible de prévoir. La succession des temps en a fait éclorre de nouveaux, & l'expérience a découvert des abus, dans l'emploi des précautions même qui avoient été prises pour les prévenir.

La réunion des fonctions d'Administrateurs avec celles de Juges, & leur inamovibilité, aussi incompatible avec la première de ces qualités, que nécessaire pour la seconde, ont amené & favorisé les négligences. D'un autre côté, l'insuffisance des traitemens attachés à des places, qui, par elles-mêmes ne donnent ni relief ni profit, a paru excuser les voies, illicites employées pour les rendre lucratives. Enfin l'affurance de l'impunité a multiplié les abus de pouvoir, qui femblent n'être le tort de perfonne, quand ils font celui de tout un Corps.

Trop d'exemples anciens ou récens, confirment ces vérités. Il en eft qui ont excité dans plufieurs Cours, la vigilance du miniftère public; il en eft dont les plaintes font parvenues jufqu'au Trône, & dont les auteurs n'ont échappé à la punition, qu'en fe démettant de leurs Offices. Souvent pour fauver l'honneur d'un particulier, ou pour ménager la confidération du Corps auquel il appartient, on perd le fruit d'un exemple févère qui pourroit feul en impofer.

Mais quand ces défordres éclatans feroient plus rares qu'ils ne font, combien d'abus, moindres fans doute, mais plus multipliés, excitent depuis long-temps le cri public & réfiftent à tous les foins de l'Adminiftration!

Plufieurs Mémoires préfentés au Gouvernement, dénoncent une foule de contraventions & de déprédations dont le tableau retrace les mêmes défordres que Louis XIV difoit, dans fon Édit d'Avril 1667, *procéder principalement de la mauvaife conduite de plufieurs des Officiers des Maîtrifes.* Ce Prince jugeoit dès-lors néceffaire d'en fupprimer un grand nombre, *que le mal avoit pénétré fi avant, qu'il ne reftoit plus d'autre voie pour fa guérifon que de le couper dans fa racine.*

On lit encore dans cet Édit, que *la trop grande quantité des Officiers des Maîtrifes particulières, au lieu d'apporter de l'utilité au fervice du Roi, fe trouve fouvent nuifible à la confervation de fes forêts, chacun defdits Officiers ayant une conduite différente & un deffein particulier, qui ne fe peut accommoder avec la manière uniforme qu'il feroit néceffaire d'obferver pour le bien des forêts.*

Les mêmes motifs ont fait reconnoître depuis long-temps que la fuppreffion totale des Maîtrifes étoit le feul moyen de rétablir un meilleur ordre; elle n'a été fufpendue qu'à caufe de la difficulté du rembourfement de ces charges, qui eft un objet d'environ quinze millions.

Une telle dépenfe peut paroître effrayante, fur-tout dans un moment où tant de raifons obligent de s'occuper de retranchemens & d'économies; mais ces rembourfemens pourront fe faire, fans aucune furcharge pour le Tréfor royal, fi l'inféodation des Domaines a lieu, & ce ne fera pas en détourner les produits de leur deftination, que de les faire servir à un amortissement auſſi utile. D'ailleurs y a-t-il à héſiter, quand il s'agit, comme diſoit François I.ᵉʳ dans ſon Ordonnance du mois de Décembre 1543, *de la choſe la plus utile & la plus requiſe dans le Royaume!* L'amélioration qu'on doit éprouver dans le revenu des forêts du Roi, lorſqu'enfin on aura écarté les cauſes de leur dépériſſement, compenſera & au-delà l'intérêt des ſommes qui ſeront employées à ce rembourſement.

Il faut d'ailleurs précompter ſur cet intérêt le montant des gages de plus de quatre cents Officiers, qui ſeront ſupprimés & non remplacés.

Ces gages ſont, à la vérité, très-modiques; mais leur modicité même eſt le prétexte dont les pourvus de ces Offices ſe ſont de tout temps autoriſés pour ſe faire des traitemens illimités aux dépens du public, pour qui, par conſéquent, le nouveau régime, en faiſant ceſſer cette contribution arbitraire, ſera une ſource de ſoulagemens.

Sa Majeſté a donc voulu qu'il lui fût préſenté un plan de réforme ſur cet objet.

Pour ſe conformer à ſes vues, on a cru qu'il falloit diſtinguer la *partie contentieuſe* & la *partie d'adminiſtration.*

A l'égard du CONTENTIEUX, c'eſt-à-dire, *l'inſtruction des procès*, la *pourſuite des délits*, les *queſtions de propriété*, l'intention de Sa Majeſté n'eſt pas de s'écarter des Règlemens portés par l'Ordonnance de 1669. Elle a ſeulement trouvé convenable d'en renvoyer l'exécution aux Juges ordinaires des lieux, & par appel aux Cours qui en doivent connoître. C'eſt un retour au droit primitif, qui ſera avantageux aux juridictions royales, & leur donnera un nouveau degré de conſidération.

La partie D'ADMINISTRATION conſiſte dans *l'aſſiette des ventes*, les *récollemens*, les *viſites*, les *repeuplemens*, les *nouveaux aménagemens*, enfin dans une ſurveillance exacte & aſſidue. Les règles fixées ſur tous ces objets, par l'Ordonnance de 1669, ſeront également reſpectées; elles ſont dignes de la ſageſſe qui préſida à la confection de cette loi, & des lumières des Magiſtrats qui y furent employés. Si Sa Majeſté ſe propoſe quelque changement, ce ne ſera que pour mieux aſſurer l'obſervation de ces règles. En établiſſant un autre ordre, Elle ne changera que la forme & non le fond du régime.

Le plan que Sa Majesté est disposée à adopter à cet égard, est infiniment simple.

Douze Inspecteurs généraux, qui prêteront serment aux Parlemens, auront chacun un département composé de deux ou trois Provinces, où ils feront tous les ans, au moins deux tournées ou visites, dans le cours desquelles ils procéderont aux adjudications des bois & forêts, reconnoîtront leur état, & donneront les ordres & instructions convenables pour leur exploitation, suivant le régime qui aura été réglé.

Vingt-quatre Inspecteurs particuliers qui prêteront serment aux Bailliages royaux, seront destinés à résider continuellement près des forêts, suivront l'exécution des ordres & instructions qui leur auront été donnés, surveilleront les Gardes, prépareront le travail des Inspecteurs généraux, & leur rendront compte.

Les uns & les autres seront en Commission sans finance, & révocables. Ils seront dirigés & continuellement surveillés par un Bureau du Conseil, dont le travail sera préparé par un Comité d'Administration.

Le *Comité d'Administration* qui sera tenu toutes les semaines par l'Intendant au département des Eaux & Forêts, sera composé de douze Inspecteurs généraux, sauf ceux qui seront absens pour leurs tournées. Il s'occupera de l'examen de toutes les affaires relatives au régime & à l'amélioration des forêts, & des principaux objets que l'Intendant du département devra mettre ensuite sous les yeux du Ministre des Finances, dans le travail qu'il continuera d'avoir avec lui.

Le *Bureau du Conseil* sera composé du Contrôleur général des Finances, de deux Conseillers d'État, de l'Intendant général des Eaux & Forêts, de douze Inspecteurs généraux, d'un Procureur général & d'un Greffier. Dans ce Bureau qui s'assemblera tous les mois, ou même plus souvent, s'il en étoit besoin, il sera rendu compte de tout ce qu'il y aura de plus important pour l'administration des bois & forêts, des Règlemens & décisions générales qu'il y aura lieu de rendre, des procès-verbaux de tournée de chaque Inspecteur général, de l'état de toutes les forêts, des dépenses, des augmentations de produits, des projets d'aménagement, en un mot, de tout ce qui exigera une décision définitive de quelque conséquence.

Ainsi tous les pouvoirs administratifs, au lieu d'être livrés à la diversité des opinions, au lieu d'être épars entre les différens Grands-maîtres qui ne les exercent que pendant leurs tournées, & les Maîtrises, qui le reste du temps en usent à leur gré, vont désormais être réunis dans cette Commission permanente du Conseil, comme dans un point central destiné à maintenir l'unité des principes, & l'observation constante des règles uniformes, fondées sur les dispositions de l'Ordonnance de 1669, & des loix postérieures. Il ne sera fait aucune innovation, aucune coupe de bois, aucune opération extraordinaire, qu'elle n'ait été discutée au Bureau, & soumise à un mûr examen. Les plans de toutes les forêts du Royaume y seront reconnus, vérifiés & déposés ensuite au Greffe de ce Bureau ; la manutention générale de ces forêts y sera continuellement surveillée, & le Ministre des Finances, à qui les Intendans des Provinces enverront aussi leurs observations, particulièrement sur ce qui concerne les quarts de réserve des Communautés, & l'emploi des deniers provenans de leurs ventes, sera en état de mettre tous les ans, sous les yeux du Roi, un résumé qui instruira Sa Majesté du véritable état de ses forêts, & d'après lequel Elle pourra commettre tels Magistrats de ses Cours qu'Elle voudra, pour faire les visites extraordinaires qu'Elle jugera nécessaires.

Il y a lieu d'espérer que cette forme nouvelle d'administration dont le Roi se réserve de fixer tous les détails, par des Règlemens particuliers, opérera le bien, écartera les inconvéniens d'un régime variable, préviendra les abus, fera cesser les plaintes des habitans des campagnes, & rétablira enfin un meilleur ordre dans les forêts de Sa Majesté.

Le discours de Monsieur le Contrôleur général fini, les trois Commissaires du Roi se sont levés & s'étant avancés vers l'estrade, ont remis à MONSIEUR, des exemplaires imprimés des deux nouveaux Mémoires que ce Ministre avoit annoncés, savoir : celui *sur les Domaines du Roi* & celui *sur les Forêts domaniales*, qui se trouvent ci-dessus ; après quoi MONSIEUR a levé la séance, & s'est retiré.

Changemens survenus dans le Ministère pendant l'intervalle entre la Séance du 29 Mars & celle qui va suivre.

Le Dimanche 8 Avril, le Roi, sur la démission de Monseigneur Hüe de Miroménil, Garde des Sceaux de France, a nommé pour le remplacer, Monseigneur Chrétien-François de Lamoignon, Président à mortier au Parlement de Paris & l'un des Notables convoqués, qui a prêté serment en cette qualité entre les mains de Sa Majesté, le 13 du même mois.

Le lendemain, sur la démission de Monsieur de Calonne, Sa Majesté a nommé Contrôleur général des Finances, Monsieur Michel Bouvard de Fourqueux, Conseiller d'État ordinaire & l'un des Notables convoqués, qui a prêté serment à la Chambre des Comptes.

CINQUIÈME SÉANCE

Le Lundi 23 Avril 1787.

LA Salle ayant été disposée de nouveau pour recevoir le Roi, Sa Majesté s'y est rendue dans le même cérémonial & accompagnée des mêmes personnes qu'à la première séance, Elle y est entrée à midi & demi.

Le Roi étant monté au trône, MONSIEUR, Monseigneur Comte d'Artois & les Princes, ayant pris séance, Sa Majesté après avoir ôté & remis son chapeau, a prononcé le discours suivant :

DISCOURS DU ROI.

MESSIEURS, j'ai vu avec satisfaction le zèle que vous avez porté dans l'examen des trois premières parties du plan que je vous ai fait communiquer pour le rétablissement de l'ordre dans mes Finances.

J'ai déjà examiné une partie des observations que vous avez faites, & je donnerai à toutes la plus sérieuse attention. J'ai donné des ordres pour rédiger une loi sur les Assemblées provinciales : je conserverai aux deux premiers Ordres de l'État, la préséance qu'ils ont toujours eue dans les Assemblées nationales, & leur organisation sera telle, qu'elles pourront avoir l'activité nécessaire pour bien administrer les objets que je leur confierai.

Je suis content de l'empressement avec lequel les Archevêques & Évêques ont déclaré ne prétendre aucune exemption pour leur contribution aux charges publiques; & j'écouterai les représentations de l'Assemblée du Clergé sur ce qui peut intéresser ses formes & sur les moyens qu'elle me proposera pour le remboursement de ses dettes.

J'examinerai avec soin les idées qui m'ont été données par

les différens Bureaux, sur la destruction de la Gabelle, & je regarderai comme un jour heureux pour moi, celui auquel je pourrai abolir jusqu'au nom d'un impôt aussi désastreux.

Dans ce que je vous ai fait communiquer, Messieurs, je ne vous ai point dissimulé la différence que je trouve entre la recette & la dépense; & vous en verrez la malheureuse réalité par les états que j'ai ordonné qui fussent remis aux Présidens des Bureaux : la masse de ce déficit doit paroître effrayante au premier coup-d'œil, & c'est pour trouver les moyens d'y remédier que je vous ai rassemblés.

Je suis fermement résolu à prendre les mesures les plus efficaces pour faire disparoître le déficit actuel, & pour empêcher qu'il ne se reproduise dans aucun autre cas.

Je sais qu'un des meilleurs moyens pour y parvenir est de porter l'ordre & l'économie dans les différentes branches de revenu. Je chercherai dans l'amélioration de mes Domaines & dans d'autres bonifications, les moyens de diminuer l'imposition à laquelle je suis forcé d'avoir recours par les circonstances. J'ai déjà ordonné plusieurs retranchemens de dépense, & d'autres sont projetés qui auront lieu successivement; j'espère d'abord les porter jusqu'à quinze millions, sans diminuer ce qui est essentiel à la sûreté de l'État & à la gloire de la Couronne, dont je sais bien que les François sont plus jaloux que je ne pourrois l'être moi-même.

Les Mémoires qui vont être mis sous vos yeux, offrent plusieurs moyens efficaces pour couvrir une partie du déficit.

1.° Une imposition sur le Timbre qui, par sa nature, sera presque insensible à la partie la plus pauvre de mes Sujets.

2.° Des mesures à prendre pour remplir les engagemens pris relativement aux remboursemens à époques; engagemens que je regarde comme sacrés, & auxquels je ne manquerai jamais, mais qui peuvent être remplis par des moyens qui, à la vérité, opéreront la liquidation des dettes de l'État d'une manière moins prompte, mais qui n'exigeront pas d'aussi fortes impositions.

Tous ces moyens réunis n'étant pas suffisans pour couvrir totalement le déficit, le dernier moyen, & celui qui me coûte le plus à prendre, est celui d'une augmentation d'imposition sur les terres ; la seule manière de la rendre moins à charge, & qui a déjà été sentie par l'Assemblée, est de la répartir avec la plus grande égalité & qu'elle soit supportée par tous les propriétaires sans aucune exception.

Cette imposition ne peut être déterminée, quant à sa quotité & à sa durée, que par la somme du déficit qui restera à couvrir après l'emploi des moyens que je viens d'indiquer.

Tels sont, Messieurs, les objets importans que j'ai voulu vous communiquer; vous sentirez combien il est essentiel de s'en occuper avec célérité; les maux qui ont été dévoilés sont grands, & ont dû causer de l'inquiétude dans le public; mais je n'ai pas craint d'en faire part à l'Assemblée que j'ai convoquée, assuré qu'elle me donnera dans cette occasion une nouvelle preuve de son zèle & de sa fidélité. Il s'agit de la gloire de la France dont la mienne est inséparable, & de montrer à l'Univers l'avantage que j'ai de commander à une Nation fidèle & puissante, dont les ressources, comme l'amour pour ses Rois, sont inépuisables.

Dès que le Roi a eu cessé de parler, Monseigneur le Garde des Sceaux s'est approché du trône en faisant trois profondes inclinations; la première avant de quitter sa place, la seconde après avoir fait quelques pas, & la troisième lorsqu'il a été sur le premier degré du trône, & a pris à genoux les ordres du Roi.

Il est ensuite retourné à sa place, en faisant de même trois profondes inclinations à Sa Majesté.

Lorsqu'il a été à sa place, il a dit: *le Roi ordonne que l'on prenne séance;* toute l'Assemblée a pris séance; alors s'étant assis, il a dit: *le Roi permet que l'on se couvre;* tous ceux qui avoient droit de se couvrir se sont couverts, ainsi que Monseigneur le Garde des Sceaux, qui a prononcé le discours suivant, assis & couvert:

DISCOURS

De Monseigneur le Garde des Sceaux.

MESSIEURS,

LORSQUE le Roi vous a rassemblés près de sa personne, pour vous consulter sur les moyens de réprimer les abus qui s'étoient introduits dans ses Finances, de remédier aux maux qui en étoient résultés, & de subvenir au soulagement de ses Peuples; vous n'étiez pas & ne pouviez pas être instruits du véritable état des affaires.

Vous avez dû faire ce que vous avez fait, élever des doutes, proposer des objections, demander des éclaircissemens, & du sein de ces grandes discussions, faire sortir des vérités utiles.

Vous auriez trahi tout-à-la-fois, & vos devoirs & le vœu de Sa Majesté, si dans ces circonstances, vous eussiez manqué de ce noble courage qui tient à la fidélité du Sujet, comme au patriotisme du Citoyen.

Sa Majesté comptoit sur votre zèle & votre loyauté; & Elle a vu avec la plus vive satisfaction que son attente n'a point été trompée.

Mais il faut achever ce grand ouvrage qu'Elle a projeté dans sa sagesse, & que ses vues de justice & la nécessité lui ont fait entreprendre.

Vous connoissez maintenant toutes ses résolutions, & le discours que le Roi vient de vous adresser, n'a pu frapper vos esprits, sans porter dans vos cœurs l'émotion de la reconnoissance.

Les vues de Sa Majesté ont reçu de tous les Bureaux l'hommage dû à leur pureté & à leur utilité. Des Assemblées dans les Provinces vont établir la justice & l'égalité en imposant tous les fonds sans exception, & en répartissant elles-mêmes l'imposition.

Le desir du Roi de délivrer son Royaume de la Gabelle, droit si onéreux, & dont l'exercice est pour ses Sujets la source de tant de calamités, est le garant le plus sûr pour la Nation, de voir ce droit supprimé, aussitôt que les circonstances permettront d'effectuer les moyens d'en remplacer le produit.

Il existe une grande différence entre la recette & la dépense. Les états que le Roi ordonne de remettre entre les mains des Princes présidant les Bureaux, vous en prouveront la réalité & le montant.

La volonté du Roi est de ne plus souffrir qu'à l'avenir un semblable déficit introduise le désordre dans les finances, & Sa Majesté en prendra tous les moyens.

La justice fait à la Nation un devoir de se soumettre aux charges qui seront nécessaires pour le maintien rigoureux de la foi publique envers les créanciers de l'Etat, ainsi que pour subvenir aux dépenses annuelles qu'exigent la dignité & la sûreté du Royaume.

Il est nécessaire & instant de combler le déficit. Il peut être diminué par différens moyens dont vous allez entendre le détail & sur lesquels le Roi vous demande vos observations ; il le sera encore par tous les moyens d'économie dans les dépenses & de bonification dans les recettes ; le Roi les veut tous employer & soutenir.

Sa Majesté recevra, Messieurs, comme une nouvelle marque de zèle pour son service & d'attachement pour sa personne, toutes les observations des Bureaux sur les bonifications & améliorations de ses revenus.

Le Roi a déjà déterminé différens retranchemens qui pourront s'élever à quinze millions. L'intérêt de la Nation est lié à la stabilité de ses intentions & en assure l'exécution la plus constante.

Mais l'impôt seul peut achever de combler entièrement le déficit ; il sera réglé pour sa durée, par la combinaison que présentera le Mémoire relatif aux remboursemens, & pour sa quotité, par le résultat des états dont le Roi a ordonné la remise aux Princes présidant les Bureaux.

Vous avez entendu, Messieurs, l'expression des sentimens du Roi, sur la nécessité de recourir à un moyen aussi fâcheux.

Ces sentimens ont pénétré vos cœurs, & le Roi est persuadé de votre zèle.

Tout tendra donc au même but, au bien général de l'État ; le Roi n'a point d'autre vœu ; ses Sujets n'ont point d'autre intérêt.

Ne perdez pas de vue que, quand le mal est connu, le remède doit être prompt pour être efficace, & qu'il faut se hâter de bannir l'inquiétude, dès qu'on peut regagner la confiance.

Sa Majesté compte donc que vous réunirez la célérité à la sagesse de vos délibérations ; & c'est ainsi, Messieurs, qu'en contribuant à la régénération des différentes branches de l'administration publique, vous aurez justifié la confiance du Souverain & mérité l'estime de la Nation.

Monseigneur le Garde des Sceaux, après son

difcours fini, eft remonté anx pieds du trône pour prendre les ordres du Roi; redefcendu & remis à fa place, il a fait figne à Monfieur le Contrôleur général qui, après avoir falué, s'être affis & couvert, a dit :

Le Roi m'a ordonné de faire la lecture des Mémoires fuivans.

Il a lû d'abord le Mémoire *fur le droit de Timbre*, & le *tarif* qui y eft annexé ; & enfuite le Mémoire *fur les rembourfemens à époques fixes*, tels qu'ils font ici.

MÉMOIRES
DE LA
QUATRIÈME DIVISION.

N.º I.er

MÉMOIRE
Sur le Droit du Timbre.

LE ROI ayant formé la résolution de mettre les recettes au niveau des besoins de l'État, par les voies les moins onéreuses à ses Peuples, & même de remplacer avec plus d'économie, d'équité & de douceur les droits trop pesans & trop vexatoires, que son amour pour ses Sujets le porte à supprimer; SA MAJESTÉ a préféré entre les moyens qui lui ont été proposés, le droit du Timbre, qui lui a paru celui qui pouvoit le plus efficacement faire concourir à la formation du revenu public les personnes riches en papiers qui échappent aux autres contributions, celui qui de lui-même doit se proportionner le mieux aux facultés des contribuables, & celui qu'il est le plus aisé de lier à des vues de police & d'utilité générale réclamées depuis long-temps pour l'intérêt du Commerce, prescrites même par les plus sages Ordonnances.

Le droit de Timbre en usage dans la plus grande partie de l'Europe a été établi en France par l'Édit de Mars 1655. Les principes de sa perception sont simples & connus; les établissemens qu'elle exige sont formés; sa législation particulière est réglée; & il présente un moyen facile de se conformer à l'esprit des dispositions du Titre III de l'Ordonnance du mois de Mars 1673, qui ont pour objet d'empêcher qu'il puisse être supprimé ou suppléé aucun feuillet dans les livres, registres & journaux de Commerce, & de mettre ainsi à portée de distinguer les faillites que le malheur entraîne, des banqueroutes que la fraude produit ou accompagne.

La nature de cette taxe, & les circonstances qui obligent le Roi de l'établir, n'admettent aucune exception. L'intention de Sa Majesté est de l'étendre à tous les pays de son obéissance, en accordant néanmoins aux Provinces où le Timbre n'a pas actuellement lieu, les indemnités qu'elles pourroient avoir droit de réclamer en raison de la portion de ce droit dont elles ont été exceptées jusqu'à ce jour, & de manière qu'elles n'ayent à supporter réellement que la portion qui en sera nouvelle, & qui devra être une charge commune pour tout le Royaume.

Le tarif qui sera communiqué à l'Assemblée des Notables, détermine tous les cas où le droit de Timbre doit être perçu, & il en fixe la quotité. On y verra qu'elle est graduée dans une proportion qu'on s'est appliqué à rendre la plus équitable qu'il étoit possible, soit par rapport aux choses, soit par rapport aux personnes.

Voici les principaux articles que Sa Majesté se propose d'ordonner à ce sujet :

1.° Sa Majesté ne changera rien à ce qui s'observe dans tout ce qui est contentieux & judiciaire, comme les jugemens, arrêts, exploits, actes & productions judiciaires quelconques, en quelque Tribunal que ce soit, dans les Provinces actuellement soumises pour tous ces actes à l'usage du papier & du parchemin timbrés.

2.° Il ne sera non plus rien innové dans les mêmes Provinces pour les actes & contrats qui se passent devant Notaires.

Le droit de Timbre y restera précisément le même sur ces actes, sans aucune augmentation.

3.° Dans les Provinces où l'usage du Timbre n'est pas actuellement établi, les actes dénommés dans les deux articles précédens, y seront soumis ; mais ils y seront timbrés d'un timbre différent, & il sera tenu par les Préposés au débit du papier & du parchemin timbrés, un regître particulier du produit des papiers & parchemins de cette espèce, duquel regître ils seront tenus de justifier aux États ou Assemblées provinciales de ces Provinces.

Sa Majesté fera remise auxdites Provinces, sur la Taille ou sur les Impositions analogues, d'une somme égale à ce qu'aura produit la vente du papier & du parchemin timbrés destinés à ces sortes d'actes, déduction faite de la valeur réelle du papier & du parchemin.

4.° Sa

4.° Sa Majesté se propose d'assujettir au Timbre toutes provisions de charges & offices, toutes commissions de places, offices & emplois, toutes nominations, brevets d'élections ou présentations aux bénéfices, toutes lettres ou brevets de noblesse, d'érection de terres en dignité, de réhabilitation, confirmation, commission, lettres d'état, de répit, de passe-ports, de naturalité, de surannation, de grâce & autres, de quelque nature que ce soit.

Les feuilles périodiques, les journaux, les affiches & annonces, les mercures, gazettes, almanachs, prospectus, les affiches, placards, avis divers, billets de mariage, de profession, d'enterrement, & même les ouvrages périodiques venant de l'étranger seront pareillement timbrés.

La formalité du Timbre sera aussi de rigueur pour toutes rescriptions & mandats délivrés dans les caisses de finance, toutes lettres de change & billets; les reconnoissances, quittances & décharges; les billets & coupons de loteries; les lettres de voiture, bulletins & bordereaux des Agens de change; comptes arrêtés ou certifiés en banque; factures de marchands, banquiers & autres, connoissemens, rôles d'équipage; certificats & déclarations pour les entrées de Paris & autres objets de même nature.

Enfin il ne sera permis de se servir que du papier timbré pour toutes commissions, obligations, promesses, testamens, codiciles, traités, marchés, baux, devis, contrats maritimes, police d'assurance & autres actes sous seing-privé, de quelque nature qu'ils soient, & entre telles personnes qu'ils soient faits & passés.

Et tous lesdits actes, pièces, billets & titres obligatoires généralement quelconques, ne pourront valoir & servir en justice, ni être mis à exécution, s'ils ne sont pas écrits sur papier timbré.

5.° Tous actes, titres & pièces de la nature ci-dessus exprimée, antérieurs à la loi qui sera donnée, devront être portés au bureau du Timbre, & timbrés pour qu'on puisse s'en servir en justice.

Et les droits seront payés ainsi qu'ils sont fixés par le tarif.

6.° Les reconnoissances des Directeurs & Préposés des Mont-de-piété, au-dessous de cent livres, & les billets, quittances & décharges au-dessous de douze livres, ne seront point assujettis à la formalité ni au droit du Timbre.

P

7.° Il ne fera rien innové concernant le Timbre des quittances des rentes & autres objets dûs par Sa Majesté.

8.° Sa Majesté entend que pour le bien & la police du Commerce, les difpofitions du Titre III de l'Édit du mois de Mars 1673, fervant de règlement pour le Commerce, & tendantes à conftater la nature, la date & le nombre des feuillets des livres, journaux, répertoires & regiftres de Commerce, foient exécutés, le Timbre tenant lieu de la cotte & paraphe ordonnées par les articles III & IV du Titre III dudit Édit, & les Prépofés à la diftribution du papier timbré, demeurant chargés à l'avenir de certifier le nombre des feuillets defdits regiftres & journaux.

A l'effet de quoi les Prépofés à la diftribution du papier timbré, feront tenus d'avoir en leurs bureaux, des regiftres des différens formats ufités dans le Commerce, d'un papier qui fera particulièrement à ce deftiné ; lefquels livres de Commerce feront marbrés fur les bords, timbrés en première & dernière feuille d'un timbre indicatif du nombre de leurs feuillets, & reliés avec des précautions propres à prévenir la falfification.

A l'inftant de la délivrance defdits livres & regiftres aux Négocians & Marchands, le Prépofé fera tenu de les dater & d'y infcrire un numéro correfpondant à celui de fon regiftre de débit, en telle forte qu'il foit toujours poffible de conftater la véritable date de l'ouverture d'un regiftre, & l'identité des feuilles qu'il contenoit lors de la délivrance.

Ne pourront faire foi en juftice les livres, regiftres & journaux de Commerce qui n'auroient pas été timbrés ; & quant à ceux actuellement exiftans, les Négocians & Marchands qui voudront leur donner l'authenticité juridique, devront les préfenter au bureau du Timbre, où ils feront timbrés fur le premier & le dernier des feuillets qui refteront blancs, & le nombre defdits feuillets blancs fera certifié au bas dudit timbre par le Prépofé, auquel fera pour ce travail & pour celui de compter les feuillets, payé une rétribution égale à ce que le timbre aura dû coûter.

Ne pourra ledit prépofé prendre aucune lecture ni connoiffance de la portion defdits regiftres ou journaux qui ne feroit pas totalement blanche.

9.° Il ne fera rien innové en ce qui concerne les papiers de mufique affujettis au Timbre par l'Arrêt du Confeil du 15 Septembre 1786 ; mais l'appofition du Timbre & la perception du droit sur ces papiers seront confiés aux Préposés de l'Administration générale, sauf le dédommagement qui pourra se trouver dû à l'école de déclamation & de chant, à laquelle le produit de ce droit particulier a été attribué.

10.° Il sera enjoint à tous Notaires & Secrétaires du Roi, de ne délivrer de copie collationnée que des actes & pièces sur papier timbré. Celles qui ne le seroient pas, seront timbrées à cet effet, & les Secrétaires du Roi ou Notaires en feront mention dans leur certificat de collation.

11.° Les estampes seront soumises au droit de Timbre : il sera ajouté au droit actuel sur les cartes à jouer ; les dés à jouer & les pièces de jeu de domino seront aussi timbrés.

12.° Pour l'assurance de l'observation de la formalité & du payement du droit, toutes injonctions nécessaires seront faites aux Juges, Greffiers, Notaires royaux & apostoliques, & autres personnes quelconques, pouvant concourir à l'exécution desdits actes.

13.° Pour rendre cette formalité plus facile à remplir, il sera établi dans tous les chefs-lieux de Bailliages & Sénéchaussées, un bureau général du papier & parchemin timbrés, où seront déposés les Timbres nécessaires ; & il y aura en outre des bureaux particuliers de distribution dans tous les lieux où ils seront jugés convenables au service & à la commodité publique.

Le papier & le parchemin contiendront, indépendamment du timbre, une légende indicative de la destination & du prix du timbre, lequel sera réglé, eu égard à la qualité des actes.

Et il sera libre à toutes personnes de faire timbrer le papier dont on entendra se servir.

14.° Les peines contre les contrefactions ne seront point autres que celles portées par les anciens Règlemens.

15.° La connoissance des contestations qui pourroient survenir sur l'exécution des différens articles de la loi, appartiendra pour Paris, au Lieutenant général de Police, & pour les Provinces, aux Commissaires départis en icelles ; sauf les cas où il y auroit lieu de procéder par la voie extraordinaire, lesquels cas seront de la compétence des Élections en première instance, & des Cours des Aides sur l'appel.

TARIF DES DROITS

Qui seront perçus sur les objets ci-après, assujettis au Timbre.

Actes judiciaires & notariés.

Pour les jugemens, procédures & actes judiciaires & notariés, ainsi qu'il est d'usage, & conformément aux anciens Règlemens actuellement exécutés.

Requêtes & Mémoires.

Pour les Requêtes & Mémoires au Conseil, aux sieurs Intendans & Commissaires départis, leurs ordonnances & celles de leurs Subdélégués, les Requêtes & Mémoires aux Prévôts des Marchands, Lieutenans généraux & particuliers de police, Maires ou Jurats, Syndics des Provinces & États, conformément à ce qui est prescrit par les Règlemens qui s'exécutent actuellement.

Répertoires, Livres & Registres-journaux.

Pour les Répertoires des Notaires, Tabellions, Greffiers & Huissiers; pour les livres, journaux & registres des Marchands, Fabriquans, Agens de change, Trésoriers, Receveurs généraux & particuliers, tant laïcs qu'ecclésiastiques, Officiers, Corps & Communautés, & généralement tous comptables & personnes publiques, par feuille de deux feuillets ou quatre pages............................ *un denier.*

Mémoires imprimés.

Pour les Mémoires, Précis, Consultations & autres Écrits imprimés, servant à l'instruction des procès & autres, sous

quelque titre que ce soit, ainsi que pour les pièces justificatives y annexées, trois deniers par chaque feuille de quatre pages de format in-4°, ci............ 3ᵈ
Et pour celles de format in-folio, six deniers, ci. 6.

Les premières & dernières feuilles de chaque exemplaire desdits Mémoires, Précis & Consultations, seront seulement timbrés; mais le droit de Timbre sera perçu sur la totalité des feuilles, & chaque exemplaire sera présenté au Timbre, broché, avec une déclaration signée de l'Imprimeur, de la quantité de feuilles dont il sera composé.

Ouvrages périodiques & autres.

Pour le journal de Paris, deux deniers, ci...... 2ᵈ
Pour les Affiches & Annonces, un denier ci.... 1.
Pour la Gazette de France & autres Gazettes de ce genre, deux deniers, ci.................. 2.
Pour Prospectus à raison du premier mille seulement, Almanachs, Journaux, Mercures & tous autres Ouvrages périodiques, deux deniers, ci..... 2.
Le tout par chaque feuille composée de quatre pages, de quelque format que ce soit, y compris les supplémens.
Pour toutes Annonces de Spectacles, trois deniers pour chacune, ci...................... 3ᵈ
Pour chaque Avis, Affiche, Placard, Billets de mariage, de profession & d'enterrement, un sou, ci.. 1ˢ

Papiers de Musique.

Pour les Papiers de Musique, suivant l'Arrêt du Conseil du 15 Septembre 1786.

Estampes, Cartes à jouer, Dés, & autres pièces de Jeu de Domino.

Les Estampes Françoises, d'une feuille entière de papier,
Les Estampes étrangères,
Le sixain de Cartes à jouer, ci............
Les Dés à jouer, la pièce, ci..............
Les pièces de Jeu de Domino, ci............

Commissions & Procurations d'Employés.

Pour les Commissions & Procurations d'Emplois quelconques, sans aucune exception, même pour ceux pour lesquels il n'auroit point été délivré jusqu'à présent de Commission, qui feront au-deffous de 1000 livres, une livre dix fous, ci............................ 1ˡ 10ᶠ

De 1000 livres à 2000 livres, trois livres, ci.. 3. 0.

De 2000 livres à 4000 livres, six livres, ci.. 6. 0.

Celles au-deffus, douze livres, ci......... 12. 0.

Et pour celles des Maîtres de poftes aux chevaux, des Directeurs des Poftes aux lettres & des Directeurs des Meffageries, deux livres, ci.. 2. 0.

Le prix fixé par le préfent Tarif, fera perçu pour les procurations notariées en fus du Timbre actuel du papier employé pour lefdites procurations.

Refcriptions & Mandats.

Pour les Refcriptions & Mandats qui feront délivrés par les caiffes de finance, au-deffous de 500 livres, dix fous, ci... 0ˡ 10ᶠ

De 500 livres jufqu'à 2000 livres, une livre, ci... 1.

De 2000 livres à 10,000 livres, deux livres, ci... 2.

Et au-deffus de 10,000 livres, trois livres, ci... 3.

Lettres de Change & Billets.

Pour ceux au-deffous de 500 livres, cinq fous, ci... 0ˡ 5ᶠ 0ᵈ

De 500 livres à 2000 livres, dix fous, ci. 0. 10.

De 2000 livres & au-deffus, une livre, ci. 1. 0.

Pour chaque billet ou coupon des grandes Loteries, cinq fous, ci.................. 0. 5. 0.

Pour chaque billet des petites Loteries, ou de la Loterie royale de France, fix deniers, ci... 0. 0. 6.

Actes fous fignatures privées.

Pour tous actes fynallagmatiques, conventions, teftamens olographes, & autres actes entre-vifs & de dernière volonté, baux à loyer, traités, marchés, contrats maritimes, polices d'affurance, lettres de voitures, bulletins &

bordereaux de négociation des Agens de Change, comptes de retour en change & rechange, comptes arrêtés ou certifiés en banque, factures des Marchands, Banquiers, Agens de Change, Commissionnaires & autres, comptes de tutelle & de gestion, certificats, mémoires d'Ouvriers & Fournisseurs, quittances au-dessus de douze livres, reconnoissances, quittances & décharges du Mont-de-piété, au-dessus de cent livres, & tous autres actes sous signature privée, cinq sous par feuille, demi-feuille ou quart de feuille, de quelque format que ce soit, sans cependant que le plus grand format puisse excéder les dimensions actuellement en usage, ci.................................... 0ˡ 5ᶠ.

Pour chaque certificat délivré par les Syndics, Curés & Marguilliers des paroisses, aux Propriétaires, pour jouir de l'exemption des entrées des productions de leur crû, ainsi que pour chaque certificat d'enregistrement, & pour chaque déclaration fournie au même effet par les Propriétaires, trois livres, ci........................ 3.

Et pour chaque certificat à remettre aux barrières, deux sous, ci......................... 0. 2.

Actes expédiés en la grande Chancellerie.

Pour les lettres de Noblesse, d'érection de justices, de terres en Baronie, Comté, Marquisat, Duché & autres, trente livres, ci.... 30.

Provisions de tous Offices dans le Conseil, à la Chancellerie, aux Requêtes de l'Hôtel, & dans toutes les Cours & Conseils Souverains & Provinciaux, douze livres, ci............... 12.

Provisions des Offices des Bureaux des Finances & Chambres du Domaine, du Châtelet de Paris, du Bailliage du Palais, Siége de la Connétablie & Maréchaussées de France, Siéges des Amirautés, Tables de Marbre, Élections, Chambres des Bâtimens, de la Marée, Juridictions des Greniers à sel, des Traites, Capitaineries royales, Connétablie, Robe-courte, Maréchaussée & Prévôté des Monnoies, Juridictions Consulaires, Bailliages, Sénéchaussées, Présidiaux, Vigueries, Châtellenies, Mairies,

Hôtels-de-ville, Prévôtés & autres Juridictions royales, tant ordinaires qu'extraordinaires, celles des Receveurs des Consignations, Commissaires aux saisies-réelles, Notaires, Commissaires, Jurés, Inspecteurs de Police, Gardes du Commerce, Jurés-Experts, Greffiers des Bâtimens & autres Officiers établis près lesdites Juridictions, six livres, ci.............. 6ˡ

Celles des Huissiers ordinaires esdits Tribunaux, Cours & Juridictions, trois livres, ci...... 3.

Celles des Offices de la Prévôté de l'Hôtel, & celles des Majors, Aides-majors, Commissaires aux revues, Lieutenans & Sous-lieutenans, six livres, ci................. 6.

Celles des Maréchaux-des-logis, Brigadiers & Gardes, trois livres, ci............... 3.

Celles des Offices de Receveurs généraux des Finances, Trésoriers généraux de la Guerre, de la Marine & de l'Artillerie, des autres Trésoriers dans les différens Départemens & Maisons du Roi, de la Reine & des Princes du Sang, vingt-quatre livres, ci................. 24.

Celles des Receveurs particuliers, des Payeurs des charges assignées sur les domaines & bois, & sur les fermes, des Payeurs & Contrôleurs des rentes sur l'Hôtel-de-ville de Paris, & des Agens de change, douze livres, ci........ 12.

Celles des charges dans la Maison du Roi, dans celles de la Reine & des Princes & Princesses du Sang, deux livres, ci........ 2.

Celles d'Offices dépendans de l'Université de Paris, notamment de Messager, trois livres, ci. 3.

Et pour tous les autres actes émanés de la grande Chancellerie & Commissions du grand Sceau, six livres, ci................. 6ˡ

Actes émanés de la petite Chancellerie.

Pour tous les actes émanés de la petite Chancellerie & Commissions du petit Sceau, trois livres, ci........................ 3.

Pour les sauf-conduits, lettres de répit &

paſſeports, une livre, ci.................. 1¹

Le prix du Timbre fixé par le préſent Tarif, ſera payé en ſus de celui qui ſe perçoit actuellement pour les actes émanés de la grande & de la petite Chancellerie, qu'il eſt d'uſage de timbrer.

Proviſions des Officiers des Seigneurs.

Pour celles des Baillis, Lieutenans & Procureurs fiſcaux des Seigneurs, trois livres, ci... 3.

De leurs Greffiers, Procureurs, Tabellions & autres Officiers, deux livres, ci......... 2.

De leurs Sergens, Gardes & Meſſiers, une livre, ci.............................. 1.

Commiſſions d'Offices.

Pour les commiſſions de tous les Offices dans le Conſeil, à la Chancellerie, aux Requêtes de l'Hôtel, & dans toutes les Cours & Conſeils Souverains & Provinciaux, douze livres, ci... 12.

Dans les autres Juridictions, ſix livres, ci.. 6.

Grades Militaires.

Pour les brevets ou commiſſions de grades d'Officiers généraux de terre & de mer, & Gouverneurs militaires, vingt-quatre livres, ci.... 24¹

Pour celles des Colonels & autres Officiers ſupérieurs, ſix livres, ci................. 6.

Pour tous les autres grades militaires, excepté les Cadets-gentilshommes, trois livres, ci... 3.

Brevets ou Commiſſions.

Pour les brevets ou commiſſions de charges ou places dans la Maiſon du Roi, dans celles de la Reine & des Princes & Princeſſes du Sang, tant celles délivrées par les Secrétaires d'État, que par les grands Officiers de la Couronne & autres, deux livres, ci............ 2.

Pour les brevets ou commiſſions de places ou

Offices dans les Capitaineries royales, dans la Connétablie, Robe-courte, Maréchauffée, & Prévôté de l'Hôtel des Monnoies, six livres, ci... 6.

Ceux des Gardes desdites Capitaineries, une livre, ci.................................... 1.

Ceux des Archers & Gardes de la Connétablie, Robe-courte, Maréchauffée, Prévôté des Monnoies, trois livres, ci................ 3.

Ceux de Directeur général & d'Inspecteurs généraux des Ponts & Chauffées, du Commerce, de l'École des mines, des Secrétaires des Chambres du Commerce & des Députés desdites Chambres, six livres, ci.............................. 6.

Ceux des Ingénieurs en chef, Inspecteurs particuliers, sous-Inspecteurs & Inspecteurs des haras, trois livres, ci............................. 3.

Ceux des principaux Officiers municipaux des villes, six livres, ci......................... 6.

Ceux des Officiers inférieurs, trois livres, ci... 3.

Ceux du Colonel des Gardes, du Lieutenant-Colonel, des Majors, Capitaines & Aides-majors, neuf livres, ci....................... 9.

Ceux des Inspecteurs, Contrôleurs, Huissiers, Sergens, Majors, Gardes & autres Offices desdits Hôtels-de-ville, trois livres, ci.......... 3.

Pour les commissions des Commis-mouleurs, des Porteurs de charbon & autres commissions pour vendre, exposer, détailler & colporter dans les rues, une livre dix sous, ci........ 1. 10^s

Amirautés.

Pour les brevets & commissions délivrés par le Grand-amiral de France ou ses Officiers, trois livres, ci..................................... 3.

Pour les permissions accordées par ledit Grand-amiral ou ses Officiers, & pour autres actes de cette nature émanés de son autorité, une livre, ci... 1.

Pour les commissions des Capitaines & autres Officiers des navires, trois livres, ci......... 3.

Pour chaque connoissement, une livre, ci... 1.

Pour les rôles d'équipage, dix sous par chaque feuille, ci.................................... 0. 10ᶠ

Pensions & Gratifications.

Pour les brevets & dons de pensions & ordonnances de gratifications, tant ordinaires qu'extraordinaires, au-dessous de 1000 livres, deux livres, ci.................................... 2.

Pour ceux au-dessus de 1000 livres, six livres, ci.................................... 6.

Nominations aux places de Finances.

Pour les Arrêts du Conseil, qui nommeront à des places ou adjonctions de Fermiers généraux, de ceux des Postes, de Régisseurs & Administrateurs généraux des droits du Roi, des Loteries, Régisseurs des poudres & salpêtres, Entrepreneurs ou Régisseurs des vivres & étapes, Fermiers des messageries & autres, vingt-quatre livres, ci.. 24ˡ

Nominations aux Bénéfices.

Pour les nominations aux Archevêchés & Abbayes, quarante-huit livres, ci.................................... 48. 0ᶠ

Aux Prieurés & Canonicats, douze livres, ci. 12.

Aux Cures, Chapelles, Prébendes, Vicariats perpétuels & Bénéfices quelconques, trois livres, ci.................................... 3.

Pour les démissoires, lettres d'ordination, visa, excat, dispenses & autres actes, deux sous, ci.. 0. 2ᶠ

Pour les lettres, brevets ou commissions des Recteurs des Universités, des Professeurs desdites Universités, des Chaires publiques du Collége royal, de l'École des mines & des Professeurs émérites, deux livres, ci............ 2.

Pour les lettres de Doctorat, de Licence & de Baccalauréat, dix sous, ci............... 0. 10.

Celles de Maîtres ès Arts, cinq sous, ci... 0. 5.

Pour les brevets d'élections ou nominations quelconques à des places dans les Universités, une livre, ci.................................... 1.

Et généralement pour tous autres actes quelconques de la nature de ceux dénommés au préfent Tarif, quoique non exprimés en icelui, les droits de Timbre feront payés fur le même pied que pour les objets auxquels ils feront dans le cas d'être affimilés.

N.° II.

MÉMOIRE

Sur les Remboursemens à époques fixes.

UNE des principales caufes du déficit qui fe trouve dans les Finances, réfulte des rembourfemens à époques fixes.

Le defir bien fondé de rendre plus rapide le fuccès des emprunts que les befoins de l'État ont néceffité, a fait imaginer, fur-tout depuis dix ans, d'en indiquer le rembourfement à des époques certaines & rapprochées. L'avantage d'affurer l'aifance du moment a, pour lors, principalement frappé. L'embarras où des rembourfemens accumulés & précipités pourroit jeter dans les années fuivantes, a fait moins d'impreffion. Tous les emprunts qui fe font faits depuis 1776, & qui n'ont pas été à fonds perdu, ont eu cette forme aggravante.

Les rembourfemens qu'ils exigent s'élèvent à environ cinquante millions, & doivent être inceffamment portés à plus de cinquante-deux. Le tableau en fera joint à ce Mémoire.

Ces engagemens publics forment un article de dépenfe qui ne peut fouffrir ni retard, ni réduction, & fur lequel ne s'étend pas le pouvoir de l'économie.

Ils font confidérables jufqu'en 1797, ils vont enfuite en diminuant progreffivement jufqu'en 1811.

Plufieurs moyens fe préfentent pour y faire honneur.

Le premier feroit d'impofer, & il n'y pas de doute que ce feroit celui qui devroit être préféré par la Nation, s'il s'agiffoit d'une dépenfe médiocre ou qui dût être perpétuelle. Mais dans les circonftances actuelles un furcroît d'impôts de cinquante millions ajouté à ceux qui font indifpenfables, affligeroit la bonté du Roi.

Un autre moyen lui a été proposé, ce seroit d'emprunter annuellement vingt-cinq millions, dont on renverroit les remboursemens à des époques plus éloignées, & de n'imposer que le surplus des sommes nécessaires pour parfaire les remboursemens.

Cette vue, qui auroit diminué d'environ vingt-cinq millions le déficit actuel & la nécessité présente de l'imposition, auroit eu plusieurs avantages.

Mais Sa Majesté a jugé que les Finances étant dans un état de déficit considérable, & la Nation étant déjà soumise à de très-lourds impôts, elle ne devoit être imposée de nouveau qu'à ce qui seroit absolument nécessaire pour subvenir à ses besoins publics & faire face à ses engagemens.

La dépense des remboursemens accumulés lui a paru devoir être regardée comme une suite des accidens de la guerre. Elle a trouvé préférable d'y satisfaire comme aux dépenses de la guerre elle-même, (& comme à toute dépense inévitable trop forte & qui doit être trop promptement acquittée) par une suite d'emprunts sagement combinés, qui rejettassent sur un plus grand nombre d'années le fardeau de la libération, de sorte qu'on ne fût pas obligé de trop surcharger le Peuple.

Sa Majesté a fait calculer l'ordre le plus avantageux pour effectuer, conformément à ce principe, les remboursemens dont l'époque est fixée. Le résultat de ce travail a été, qu'en empruntant pendant quatre années, *cinquante millions* par an; dans la cinquième & la sixième, *quarante millions* seulement; *trente-cinq millions* à la septième; *trente-trois millions* par année, dans la huitième, la neuvième & la dixième, & seulement *vingt-quatre millions* tous les ans, dans les années suivantes; & partageant sur quinze années le remboursement de chacun de ces emprunts, la libération de l'État seroit au bout de vingt-cinq ans à *cent mille francs* près, au même point où elle l'auroit été par un emprunt annuel de *vingt-cinq millions*, toujours remboursable de même en quinze années; que l'augmentation des charges du Trésor royal suivroit à peu-près la marche naturelle des améliorations propres à la compenser, & que le déficit actuel seroit diminué de *cinquante millions*, ce qui rendroit infiniment plus facile l'établissement de l'ordre dans les finances, & permettroit d'y ramener le niveau sans surcharge, peut-être même avec un véritable soulagement pour le Peuple.

En effet, l'ordre apporté dans les remboursemens, sans cesser de remplir avec exactitude les engagemens du Roi, peut, comme on vient de le voir, diminuer de près de *cinquante millions* le déficit actuel.

Et ce déficit étant ainsi réduit, les économies pourront vraisemblablement s'élever assez haut pour que l'augmentation de revenu procurée par le droit de Timbre & par la répartition égale & juste d'une charge que supportent déjà en entier la classe des plus pauvres contribuables, suffise aux besoins de l'État, tandis que le Peuple profitera de tous les encouragemens donnés à l'Agriculture, & de toutes les facilités accordées au Commerce.

Il faut observer, en terminant ce Mémoire, que les remboursemens à époques fixes ne doivent pas être confondus avec les remboursemens réguliers, effectués par la Caisse d'amortissemens en conséquence de l'Édit d'Août 1784.

Les opérations de cette Caisse, qui ne coûte au Roi que *trois millions* par an, mais qui s'accroit du produit des extinctions de rentes viagères & de celui des intérêts des contrats qu'elle rembourse, ne doivent jamais être interrompues. Elles tiennent aux meilleurs principes d'administration; mais on ne peut y assigner que le terme indéfini de la libération générale des dettes de l'État, qui peuvent se perpétuer par plusieurs causes, & même s'accroître par des événemens politiques, sans qu'il soit possible d'en prévoir exactement l'intensité, ni la fin: tandis que les remboursemens à époques fixes, deviennent à ces époques des dettes exigibles, qu'il faut acquitter avec exactitude à leur échéance, & qui, si elles le sont pour lors par des capitaux, eux-mêmes empruntés, exigent au moins qu'on ne les dénature pas, & qu'on en détermine irrévocablement l'extinction.

La lecture des Mémoire finie, le Roi a levé la Séance; Sa Majesté s'est retirée dans le même ordre qu'Elle étoit arrivée.

Changemens survenus dans le Ministère, pendant l'intervalle entre la Séance précédente & la suivante.

Le 1.ᵉʳ Mai, le Roi a nommé Chef de son Conseil royal des Finances, Monsieur Étienne-Charles de Loménie de Brienne, Archevêque de Toulouse, l'un des Notables convoqués, qui a prêté serment en cette qualité entre les mains de Sa Majesté le 3 Mai.

Le même jour, Monsieur de Fourqueux a envoyé au Roi sa démission, de la place de Contrôleur-général des Finances. Le 6 du même mois, Sa Majesté a fait choix pour le remplacer de Monsieur Pierre-Charles-Laurent de Villedeuil, Maître des Requêtes ordinaire de l'Hôtel du Roi, aussi l'un des Notables convoqués, qui a prêté serment à la Chambre des Comptes.

SIXIÈME ET DERNIÈRE SÉANCE.

Le Vendredi 25 Mai 1787.

LE ROI étant parti du Château dans le même cérémonial & accompagné des mêmes personnes qu'à la Séance précédente, à l'exception de Monseigneur le Prince de Lambesc, Grand-écuyer de France, qui ne s'y est pas trouvé; Sa Majesté est entrée sur le midi dans la salle d'Assemblée.

Sa Majesté est montée sur son trône, & après s'être assise, avoir ôté & remis son chapeau, a prononcé le discours suivant.

DISCOURS DU ROI.

MESSIEURS, en vous appelant autour de moi pour m'aider de vos conseils, je vous ai choisis capables de me dire la vérité, comme ma volonté étoit de l'entendre.

J'ai été content du zèle & de l'application que vous avez portés à l'examen des différens objets que j'ai fait mettre sous vos yeux. Je vous ai annoncé des abus qu'il étoit important de réformer; vous me les avez dévoilé sans déguisement; vous m'avez en même temps indiqué les remèdes que vous avez jugé les plus capables pour y remédier.

Aucun ne me coûtera pour établir l'ordre & le maintenir: il falloit pour y parvenir mettre de niveau la recette & la dépense. C'est ce que vous avez préparé, constatant vous-même le déficit; en recevant de ma part l'assurance de retranchemens & de bonifications considérables; en reconnoissant la nécessité des impositions que les circonstances me contraignent à exiger de mes Sujets.

J'ai au moins la consolation de penser que la forme de ces impositions en allégera le poids, & que les changemens utiles, qui feront la fuite de cette Assemblée, les rendront moins sensibles. Le vœu le plus pressant de mon cœur, sera toujours celui qui tendra au soulagement & au bonheur de mes Peuples.

Vous allez voir, Messieurs, dans l'exposé qui va vous être fait de ce que j'ai résolu, les égards que je me propose d'avoir pour vos avis.

Le discours du Roi fini, Monseigneur le Garde des Sceaux s'est approché du trône en faisant trois profondes inclinations; la première avant de quitter sa place, la seconde après avoir fait quelques pas, & la troisième, lorsqu'il a été sur le premier degré du trône, puis il a pris à genoux les ordres de Sa Majesté.

Il est ensuite retourné à sa place, en faisant de même trois profondes inclinations au Roi.

Lorsqu'il a été à sa place, il a dit : *Le Roi ordonne que l'on prenne séance ;* toute l'assemblée a pris séance. Alors s'étant assis, il a dit : *Le Roi permet que l'on se couvre ;* ceux qui avoient droit de se couvrir se sont couverts ainsi que Monseigneur le Garde des Sceaux qui a prononcé assis, le discours suivant:

DISCOURS

De Monseigneur le Garde des Sceaux.

MESSIEURS,

LES travaux que vous terminez aujourd'hui, feront une époque mémorable du règne de Sa Majesté. Nos descendans les compteront avec reconnoissance parmi les titres de gloire qui doivent honorer le Roi & la Nation.

Les augustes prédécesseurs de Sa Majesté avoient fréquemment appelé auprès du trône les représentans ou l'élite de leur Empire, pour concerter des loix, remédier aux abus, pacifier des troubles, prévenir des orages, & pour faire rendre à leur autorité tutélaire la liberté d'assurer le bonheur des Peuples.

On avoit vu trop souvent avec douleur dans ces conseils Nationaux, les précieux momens consacrés à de si importantes délibérations, se perdre en vaines disputes ou en projets chimériques. Les grands Corps de l'État ne s'assembloient presque jamais que pour se diviser.

Une triste expérience sembloit avoir condamné ces orageuses Assemblées à une plus longue désuétude, depuis plus d'un siècle & demi que l'autorité royale s'est inébranlablement affermie.

Le Roi a observé dans sa sagesse les changemens qu'ont amené parmi nous le progrès des lumières, les relations de la société & l'habitude de l'obéissance.

Tout étoit calme au-dedans & au-dehors de son Royaume, quand Sa Majesté frappée dans le silence de ses Conseils, d'une foule d'abus qui appeloient de prompts & puissans remèdes, a conçu le projet d'interroger des Membres distingués des divers Ordres de son État, & de leur confier le plus douloureux secret de son cœur, en mettant sous leurs yeux le tableau de ses Finances.

Sa Majesté vous a choisis, Messieurs, sur la foi de la renommée qui ne trompe jamais les Rois, pour concourir au rétablissement de l'ordre dans toutes les parties de l'Administration.

Vous avez dignement répondu à ses espérances.

Vos délibérations ont constamment attesté l'union des cœurs & l'unité des principes ; & la gloire de ce concert unanime commencera, Messieurs, à cette Assemblée, dans les annales de la Monarchie.

Admis à la noble fonction d'éclairer votre Souverain sur les plus grands objets de la prospérité publique, vous avez trouvé toutes les avenues du trône ouvertes à la vérité.

Vous avez pesé avec un respect religieux dans vos conférences les facultés du Peuple, mais vous avez cédé à la nécessité qui est la première loi ; & en balançant les besoins de l'État avec ses moyens, cette Assemblée a présenté à l'Univers le spectacle touchant d'une généreuse émulation de sacrifices entre le Roi & la Nation.

Tout vous a été révélé sans déguisement : le mystère ne convient qu'à la méfiance ou à la foiblesse.

L'incertitude auroit aggravé le mal, en livrant aux inquiétudes de l'imagination des besoins qui semblent diminuer, dès qu'ils font rigoureusement déterminés par la précision du calcul.

On a découvert sous vos yeux le tableau des revenus & des charges de l'État; & pour la réduction des dépenses, comme pour l'accroissement & la durée des tributs, le concours des différens *Bureaux* de l'Assemblée a formé le résultat solemnel de l'opinion publique.

C'est ainsi, Messieurs, que vous avez été le conseil de votre Roi, & que vous avez préparé & facilité la révolution la plus désirable, sans autre autorité que celle de la confiance, qui est la première de toutes les puissances dans le gouvernement des États.

La Nation fidèle à son ancien caractère de loyauté, n'a fait entendre aux pieds du Trône que les nobles conseils de l'honneur & de cet amour héréditaire pour ses Rois, qui est le patriotisme des François.

Vous avez cherché le remède d'un désordre dont la soudaine révélation vous a affligé sans vous abattre; & vous l'avez trouvé, comme le Roi l'avoit prévu, dans l'économie, les retranchemens, les bonifications, & dans une augmentation limitée des tributs.

En exécutant des réformes si dignes de son cœur, le Roi va être glorieusement secondé par son auguste Famille.

La Reine, dont la bonté recherche avec tant d'ardeur les moyens de contribuer à la félicité publique, s'est empressée d'ordonner qu'on lui présentât le tableau de tout le bien & de tous les sacrifices qu'Elle peut faire.

Les augustes Frères de Sa Majesté, qui viennent de donner de si grands exemples de zèle & de patriotisme, préparent au Trésor public tous les soulagemens qu'il peut attendre des réductions dans leurs Maisons, & de leur amour pour les Peuples.

Tout sera donc réparé, Messieurs, sans secousse, sans bouleversement des fortunes, sans altération dans les principes du Gouvernement, & sans aucune de ces infidélités dont le nom ne doit jamais être proféré devant le Monarque de la France.

L'Univers entier doit respecter une Nation qui offre à son Souverain de si prodigieuses ressources; & le crédit public devient plus solide aujourd'hui que jamais, puisque tous les plans proposés dans cette Assemblée ont eu pour base uniforme la religieuse fidélité du Roi à remplir ses engagemens.

Pour atteindre à un but si digne de sa sollicitude, le cœur

du Roi a été profondément affecté de la nécessité d'établir de nouveaux impôts ; mais des sacrifices dont Sa Majesté abrégera fidèlement la durée, n'épuiseront pas un Royaume qui possède tant de sources fécondes de richesses, la fertilité du sol, l'industrie des habitans & les vertus personnelles de son Souverain.

La réforme arrêtée ou projetée de plusieurs abus, & le bien permanent que préparent de nouvelles loix concertées avec vous, Messieurs, vont concourir avec succès au soulagement actuel des Peuples.

La Corvée est proscrite ; la Gabelle est jugée ; les entraves qui gênoient le Commerce intérieur & extérieur seront détruites ; & l'Agriculture encouragée par l'exportation libre des grains, deviendra de jour en jour plus florissante.

Les nouvelles charges des Peuples finiront avec les besoins qui les font naître.

Le Roi a solemnellement promis que le désordre ne reparoîtroit plus dans ses Finances, & Sa Majesté va prendre les mesures les plus efficaces pour remplir cet engagement sacré dont vous êtes les dépositaires.

Une nouvelle forme dans l'Administration, sollicitée depuis long-temps par le vœu public, & récemment recommandée par les essais les plus heureux, a reçu la sanction du Roi, & va régénérer tout son Royaume.

L'autorité suprême de Sa Majesté accordera aux Administrations Provinciales les facultés dont elles ont besoin pour assurer la félicité publique. Les principes de la constitution Françoise seront respectés dans la formation de ces Assemblées, & la Nation ne s'exposera jamais à perdre un si grand bienfait de son Souverain, puisqu'elle ne peut le conserver, qu'en s'en montrant toujours digne.

L'évidence du bien y réunira tous les esprits. L'Administration de l'État se rapprochera de plus en plus du gouvernement & de la vigilance d'une famille particulière ; & une répartition plus équitable que l'intérêt personnel, surveillera sans cesse, allégera le fardeau des impositions.

Pour rendre à jamais durables dans son Royaume les utiles résultats de vos travaux, le Roi va imprimer à tous ses bienfaits le sceau des loix.

Sa Majesté desire que le même esprit qui vous anime, Messieurs, se répande dans les Assemblées qu'Elle daigne honorer de sa confiance ; & Elle espère qu'après avoir montré fous fes yeux un amour si éclairé du bien public, vous en développerez le germe dans toutes fes Provinces.

Après fon difcours, Monfeigneur le Garde des Sceaux eft remonté aux pieds du trône avec le même cérémonial que ci-deffus, pour prendre les ordres du Roi ; redefcendu & remis à fa place, il a fait figne à Monfieur l'Archevêque de Touloufe, qui, après avoir falué & s'être couvert, a prononcé, affis, le difcours fuivant :

DISCOURS

De Monfieur l'Archevêque de Touloufe, Chef du Confeil royal des Finances.

MESSIEURS,

LE ROI m'a ordonné de remettre en peu de mots fous vos yeux, le réfultat de vos délibérations & le précis des réfolutions que Sa Majefté a formées en conféquence, l'Affemblée y verra le bien auquel elle a concouru, & celui que le Roi prépare ; elle y remarquera fur-tout la fatisfaction & la confiance de Sa Majefté, jufte récompenfe de votre zèle pour fon fervice, & le bien de l'État.

Les troubles & les diffentions, fuite ordinaire des guerres civiles, & que le règne glorieux de Henri IV n'avoit pu entièrement éteindre, avoient obligé Louis XIII à ramener à fon Confeil, l'adminiftration directe des moindres détails. Tout alors dut être foumis immédiatement à l'autorité, pour qu'elle pût reprendre fes droits, & elle dut avoir d'autant plus d'action, qu'elle avoit eu moins d'influence. Le Roi n'a pas cru qu'un régime dicté par les circonftances dût fubfifter lorfque ces circonftances n'exiftoient plus. Il a fenti que plus l'autorité avoit de force, plus elle pouvoit avoir de confiance, & que ce ne feroit pas l'affoiblir, mais l'éclairer & même la rendre plus active, que de remettre à des Affemblées Provinciales une partie de l'adminiftration.

Sa Majefté s'eft en conféquence déterminée à en établir dans toutes les Provinces de fon Royaume où il n'y auroit pas d'États particuliers, & Elle a cru devoir vous consulter sur la formation & la composition de ces Assemblées.

Sa Majesté a vu avec satisfaction, & les Peuples verront avec reconnoissance, qu'aucun sentiment, aucun préjugé personnel, n'ont influé dans vos délibérations. Vous avez pensé que la Nation étoit une, & que tous les Ordres, tous les Corps, toutes les associations particulières dont elle étoit composée, ne pouvoient avoir d'autres intérêts que les siens. Vous avez en conséquence abjuré toute distinction lorsqu'il seroit question de contribuer aux charges publiques; la liberté civile, étendue à tous les états, n'admet plus ces taxes particulières, vestiges malheureux de la servitude dont elles ont été la compensation. Le Gouvernement mieux ordonné, rejette en conséquence toutes ces exemptions pécuniaires qui ont été la suite de ces taxes, & il n'est plus permis de penser que celui qui recueille moins doive payer davantage.

Unis & assimilés par une antique association, les deux premiers Ordres en ont resserré les liens sans jalousie ni rivalité, & lorsqu'ils ont réclamé des formes & des priviléges, l'opinion des Députés des villes, qui s'est jointe à leurs instances, a bien fait voir que l'amour du bien public avoit seul dicté leurs réclamations.

Le Roi est bien éloigné, Messieurs, de vouloir donner atteinte à ces formes & à ces priviléges. Il sait qu'il y a dans une Monarchie des distinctions qu'il est important de conserver ; que l'égalité absolue ne convient qu'aux États purement républicains ou despotiques ; qu'une égale contribution ne suppose pas la confusion des rangs & des conditions ; que les formes anciennes sont la sauve-garde de la constitution, & que leur ombre même doit être ménagée, lorsqu'elles sont obligées de céder à l'utilité générale.

C'est d'après ces principes que seront établies les Assemblées Provinciales. Les deux premiers Ordres y auront la présidence & la préséance dont ils ont toujours joui dans les Assemblées Nationales ; & cette prérogative ne peut leur être précieuse qu'autant qu'elle tourne à l'avantage des Peuples. Ce n'est pas une vaine égalité démentie à chaque instant par des besoins toujours renaissans, que le Peuple a intérêt de réclamer ; c'est du secours & de l'appui que sa foiblesse invoque, & c'est dans le Clergé & la Noblesse qu'il peut & doit les trouver. Ces temps malheureux, pendant lesquels les Nobles étoient les fléaux des campagnes, n'existent plus; leur présence en éloigne l'oppression & la misère ; & dès qu'une fois il est convenu que la contribution doit être égale & également répartie, l'élévation des Grands n'est plus qu'un moyen de défendre le foible, de soulager ses peines, & d'assurer l'accès de ses réclamations.

Puisqu'un seul & même intérêt doit animer les trois Ordres, on pourroit croire que chacun devroit avoir un égal nombre de représentans. Les deux premiers ont préféré d'être confondus & réunis ; & par-là le Tiers-état, assuré de réunir à lui seul autant de voix que le Clergé & la Noblesse ensemble, ne craindra jamais qu'aucun intérêt particulier n'en égare les suffrages. Il est juste d'ailleurs que cette portion des Sujets de Sa Majesté, si nombreuse, si intéressante & si digne de sa protection, reçoive au moins par le nombre des voix, une compensation de l'influence que donnent nécessairement la richesse, les dignités & la naissance.

En suivant les mêmes vues, le Roi ordonnera que les suffrages ne soient pas recueillis par Ordre, mais par tête. La pluralité des opinions des Ordres ne représente pas toujours cette pluralité réelle, qui seule exprime véritablement le vœu d'une Assemblée.

Excepté la première convocation, personne ne sera partie des Assemblées Provinciales qu'il n'ait été élu ; & si Sa Majesté se réserve d'approuver le choix qui aura été fait du Président, ce choix ne pourra jamais tomber que sur un Membre de l'Assemblée, & qui en aura réuni les suffrages.

La forme des élections, celle des Assemblées subordonnées à l'Assemblée générale, tout ce qui concerne les unes & les autres, sera déterminé d'après ces premières bases, & aussi d'après les circonstances locales auxquelles Sa Majesté se propose d'avoir égard. L'uniformité des principes n'entraîne pas toujours l'uniformité des moyens, & le Roi ne regardera pas comme indignes de son attention, les ménagemens que peuvent exiger des coutumes & des usages auxquels il est possible que les Peuples de certaines Provinces attachent leur bonheur.

L'activité des Assemblées Provinciales sera déterminée de manière qu'elles puissent procurer tous les avantages pour lesquels elles sont établies. Le Roi est bien persuadé que des Assemblées qui lui devront leur existence, en sentiront assez le prix pour ne pas s'exposer à la perdre en abusant de fa confiance ; & le pouvoir néceffaire pour l'exécution fe concilie facilement avec l'intervention indifpenfable de l'autorité & la furveillance de ceux qui font chargés de fes ordres.

Le Roi commencera par fuivre à cet égard, les Règlemens dont l'expérience a confirmé la fageffe dans les provinces de Guyenne & de Berri. Si quelques articles de ces Reglemens ont befoin d'être modifiés, Sa Majefté recevra les Mémoires qui lui feront envoyés par les Affemblées Provinciales ; Elle ne négligera rien pour porter à fa perfection ce grand & important établiffement qui immortalifera fon règne par les biens fans nombre qu'il doit produire.

Un des grands objets qui feront confiés aux Adminiftrations Provinciales, eft la confection des chemins ; & peut-être l'exiftence de ces Adminiftrations étoit-elle néceffaire pour affurer l'abolition de la Corvée en nature. Tout le monde étoit frappé depuis long-temps de la rigueur & de l'injuftice de cet impôt terrible, dont la durée parmi nous fera l'étonnement des fiècles fuivans. Mais l'impofition en argent avoit auffi fes abus & fes inconvéniens, on pouvoit craindre fon intervention ; on difoit que dans des temps malheureux, elle pourroit fubfifter & la Corvée en nature être rétablie : la confiance manquoit, & fans elle, le bien même ne peut s'opérer. L'établiffement des Affemblées Provinciales diffipera ces inquiétudes ; les travaux publics ne feront plus arrofés des larmes du pauvre & du malheureux ; les fonds deftinés à ces travaux ne pourront être employés à d'autres ufages, & chaque propriétaire contribuera fans regret, à des ouvrages délibérés & dirigés par ceux qu'il aura choifis lui-même pour fes repréfentans.

La Loi qui détruira la Corvée fera encore un de ces bienfaits fignalés qui illuftreront le règne de Sa Majefté ; elle répandra la joie dans les campagnes, en même-temps que la libre exportation des grains animera l'Agriculture & entretiendra l'abondance. Les crifes qui affligent quelquefois les États deviennent prefque toujours l'époque d'heureufes révolutions. L'horreur des guerres civiles a donné naiffance à ces belles Ordonnances qui font encore parmi nous la règle des jugemens. Du fein d'un défordre paffager, naîtront des inftitutions utiles qui en répareront le malheur & le feront oublier.

Un de ces changemens importans fera le reculement des

traites à l'extrême frontière. Des barrières innombrables séparoient les Provinces du même Royaume, & les rendoient étrangères les unes aux autres; le Roi en consommera la destruction, tentée, méditée depuis plus de trente ans, & qu'il lui étoit réservé d'opérer.

Si les intérêts particuliers de quelques Provinces peuvent demander des délais, si les rapports des traites avec la perception de la Gabelle, peuvent faire croire que les unes ne peuvent être aussi utilement changées, tant que l'autre subsistera, le Roi trouvera dans la liaison même de ces deux objets, une raison de plus de s'en occuper sans interruption. Il avoit songé à adoucir le régime de la Gabelle; vous avez pensé, Messieurs, qu'un impôt vicieux en lui-même ne pouvoit être amélioré: la Nation n'oubliera pas que cette grande pensée est dûe au Prince auguste qui, en l'absence de Sa Majesté, a présidé cette Assemblée; elle n'oubliera pas l'ardeur généreuse avec laquelle son auguste Frère l'a suivie & protégée. Fidèles à leur impulsion, vous avez fait naître dans le cœur du Roi l'espérance d'effacer jusqu'au nom du plus fâcheux des impôts; & quoique l'expression de la satisfaction paroisse convenir mieux à la Majesté Royale, que celle de la reconnoissance, Sa Majesté me permet de vous dire qu'Elle a vivement ressenti la délibération de l'Assemblée à ce sujet: c'est la servir de la manière la plus chère à son cœur, que de lui montrer qu'un grand bien n'est pas impossible.

Le Roi vous a aussi consultés sur le régime de ses forêts & de ses Domaines. Vous avez fait, sur les Mémoires qui vous ont été communiqués, plusieurs observations qui produiront d'utiles améliorations.

Mais ce n'étoit pas assez, Messieurs, d'avoir ainsi concouru, par vos avis, à l'exécution des grands projets que Sa Majesté méditoit pour le bonheur de ses Peuples; une tâche plus pénible & plus douloureuse vous restoit à remplir, & vous avez su, en vous y livrant, concilier tout ce que vous deviez au Roi & au Peuple; leurs intérêts sont en effet les mêmes, & le moment le plus terrible pour un État, seroit celui où ils seroient séparés ou contraires.

Un déficit énorme vous avoit été annoncé dès la première Séance de cette Assemblée. Vous avez senti que puisque la plaie de l'État étoit connue, il falloit la sonder dans sa profondeur; que le plus grand malheur pour une Nation puissante, étoit de n'être pas éclairée sur l'étendue des maux auxquels elle avoit à remédier, & que si la circonstance devoit la porter à des efforts extraordinaires, il falloit au moins s'assurer à quel point ces efforts devoient s'étendre ou s'arrêter.

Le Roi a approuvé votre zèle ; il vous a communiqué tous les états qui étoient entre ses mains, & après un examen pénible, vous avez constaté, autant qu'il étoit en votre pouvoir, le déficit dont il falloit établir la réalité. Quelques Bureaux l'ont porté entre cent trente & cent quarante millions ; quelques-uns l'ont porté encore plus haut ; le terme moyen qui résulte de leurs recherches, peut être fixé à cent quarante millions : triste, mais importante vérité dont la connoissance est dûe à votre zèle. Le plus grand service que vous ayez pu rendre à l'État, a été d'avoir presqu'entièrement dissipé le nuage qui empêchoit de connoître au juste la situation des Finances.

On ne peut sans doute, Messieurs, s'empêcher d'être frappé d'un déficit si considérable ; mais qu'on ne croye pas qu'il est impossible de le faire disparoître. Une grande Nation peut éprouver de grandes secousses ; mais elle ne succombe jamais, & dès que le mal est connu, la nécessité du remède assure son efficacité.

Plusieurs dépenses qui forment ce déficit, sont occasionnées par des remboursemens à époques fixes, qui passent cinquante millions. Ces remboursemens peuvent être opérés par des emprunts successifs, qui reculeront un peu la libération, mais pas assez pour nuire au crédit public ; & celui-ci bien ménagé, empêchera que ces emprunts ne soient une nouvelle charge pour l'État.

Si dans une grande fortune particulière il y a toujours des ressources, comment n'y en auroit-il pas à espérer dans celles d'un grand Royaume ! La principale est l'ordre & l'économie : vous avez indiqué à Sa Majesté des retranchemens & des bonifications ; Elle vous avoit prévenus en vous faisant connoître plusieurs économies qu'Elle avoit ordonnées, & depuis, Elle vous a assuré qu'Elle les porteroit au moins à quarante millions ; & vous ne devez pas être étonnés, si elles n'ont pas encore été réalisées ; les abus qui s'introduisent insensiblement, ne peuvent aussi en un moment être réformés. Une dépense inutile peut être attachée à un service nécessaire auquel il faut suffire à moins de frais ; ce seroit une espèce de désordre que de remédier au désordre même avec précipitation. Déjà la Reine a recherché Elle-même,

& fait rechercher encore tous les retranchemens dont fa Maifon eft fufceptible ; déjà les Princes, Frères du Roi, fe propofent de remettre au Tréfor royal une partie des fommes qu'ils en reçoivent; déjà le Roi a ordonné à fes Miniftres & à tous les Ordonnateurs, de préparer toutes les économies que chaque partie peut fupporter. La Bouche, la Vénerie, les Écuries, les Poftes, les Haras, les dons, les grâces, le plus grand comme le plus foible des départemens ; tout fubira l'examen que les circonftances rendent néceffaire ; chaque efpèce de dépenfe recevra fa réduction, chaque efpèce de recette la bonification qui lui eft propre. La volonté de Sa Majefté vous eft connue ; Elle ne vous a pas demandé de fuppléer à ces quarante millions, qui doivent être produits par les bonifications qu'Elle fe propofe. L'année ne fe paffera pas fans qu'elles foient exécutées ou évidemment préparées, & ce court délai ne fervira qu'à affurer le fuccès & la durée des mefures que Sa Majefté aura préparées.

Ces emprunts & ces bonifications réduiront le déficit à cinquante millions, & encore faut-il compter dans ces cinquante millions, quinze à feize millions de dépenfes qui auront un terme, & qui par-là, ne demandent que pour un temps les moyens d'y fatisfaire.

Ces cinquante millions ne pourront être fans doute comblés fans de nouveaux impôts; Sa Majefté ne l'a vu & ne l'a annoncé qu'avec douleur. Vous avez partagé fa peine & héfité vous-mêmes fur le choix des impôts. Le Roi péfera vos obfervations ; il fe décidera pour l'impofition la moins onéreufe, pour celle qui établira le plus l'égalité fi défirable entre les contribuables, pour celle qui portera le moins fur le Commerce & l'Induftrie, enfin pour celle dont les frais & la perception feront moins fenfibles : s'il n'eft pas en fon pouvoir d'affranchir fes Peuples d'une charge nouvelle, il eft dans fon cœur d'en adoucir le poids, & d'en abréger la durée.

Cette intention de Sa Majefté eft clairement exprimée par les précautions qu'Elle a annoncées aux Bureaux, & qu'Elle fe propofe de prendre pour que le déficit actuel ne fe reproduife jamais.

En conféquence de ces précautions, Sa Majefté fe propofe de faire publier, dès la fin de cette année (& Elle efpère qu'Elle en aura la poffibilité), un état exact de la recetts & de la dépense; & si la nécessité évidente d'une augmentation de revenu exige, dès le moment, que les impositions soient accrues, Sa Majesté ne les portera au taux jugé jusqu'à ce moment nécessaire, que lorsque cet état, fait avec précision & exactitude, ne laissera aucun doute sur le produit des premiers impôts qui auront été établis, sur le résultat des retranchemens & bonifications annoncés, enfin sur le déficit qui pourroit rester encore après que toutes ces bonifications auront été portées au moins à quarante millions.

Cet état de recette & de dépense sera discuté & arrêté dans un Conseil de finance, dont Sa Majesté fera connoître dans peu la composition; Elle sent l'insuffisance de celui qui existe, & sur-tout des fonctions qui lui sont attribuées. C'est dans un Conseil de finance qu'Elle veut que les emprunts, les impôts, toutes les grandes opérations soient concertés; c'est dans un Conseil de finance qu'Elle entend que soit faite & vérifiée tous les ans la distribution des revenus publics entre les Départemens; c'est par ce Conseil & la publicité de ses résultats, que Sa Majesté se garantira des surprises & des erreurs. Louis XIV en avoit conçu la nécessité; le Roi ne tardera pas à faire revivre & perfectionner cette essentielle institution.

Ajoutez à ces deux grandes précautions, la publication annuelle du montant de la dette publique & des fonds qui lui seront affectés; ajoutez la réduction & la publication des dons, des grâces & des pensions; ajoutez l'engagement d'affecter à chaque emprunt un fonds qui lui serve de gage; ajoutez le rapprochement de la comptabilité & la réduction des acquits de comptant, aux seules dépenses pour lesquelles ils sont absolument nécessaires, & vous verrez, Messieurs, découler de ces principes d'ordre inaltérables, la réformation des principaux abus, pour la suppression desquels Sa Majesté vous a appelés. Il en existera sans doute encore; & comment supposer qu'ils pourront être totalement détruits dans une grande Monarchie! mais au moins ceux qui seront connus ne seront pas négligés; ceux qui seront inévitables ne seront pas protégés; ceux qui sauront pour un temps, se soustraire à la réforme, n'échapperont pas au desir de la procurer. Ce desir constant dans Sa Majesté, les fera peut-être s'évanouir d'eux-mêmes. « Les règles les plus austères, disoit » un grand Ministre à une Assemblée de Notables, sont

& semblent douces aux esprits les plus déréglés, quand « elles n'ont en effet comme en apparence, autre but que » le bien public & le soutien de l'État. Nul n'osera se plaindre, « ajoutoit-il, quand on ne fera aucune chose qui n'ait cette « fin, & quand le Roi même, qui, en tel cas, est au-dessus « des règles, voudra servir d'exemple ».

Telles sont, Messieurs, les assurances que vous allez reporter à vos concitoyens, & si quelques-uns vous demandoient avec inquiétude, ce qu'a donc produit cette longue & célèbre Assemblée ! vous leur direz avec confiance, que la Nation y a reçu de son Souverain une nouvelle vie & une nouvelle existence dans les Assemblées Provinciales; que l'égalité de la contribution, la suppression de la Corvée en nature, la liberté du commerce des Grains, y ont été établies par le vœu national; que les Traites, les Gabelles, plusieurs droits onéreux seront détruits ou considérablement adoucis; vous leur direz que la dette publique est solidement assurée, que la balance sera posée entre la recette & la dépense, que celle-ci sera incessamment diminuée, que l'autre sera proportionnée aux besoins réels; vous leur ajouterez qu'il leur en coûtera des sacrifices, mais que ces sacrifices seront ménagés avec soin, qu'ils porteront principalement sur les plus aisés, qui ne dureront qu'autant que la nécessité d'y avoir recours subsistera; vous leur direz enfin que ces espérances vous ont été données par le Roi même, & que vous en avez pour gage les précautions qu'il a prises & qu'il vous a communiquées.

Ce que vous direz à vos concitoyens, les Nations étrangères se le diront à elles-mêmes. Jusqu'à présent elles n'ont connu la France que par des aperçus & des conjectures; maintenant elles peuvent juger de l'immensité de ses ressources. La crise actuelle deviendra l'époque d'une nouvelle splendeur; & si les vues du Roi sont fidèlement remplies, je ne crains pas de dire que la situation du Royaume sera plus assurée & plus imposante qu'elle ne l'a jamais été. Il est encore possible de porter au plus haut point le bonheur au dedans, & la considération au dehors. Il ne faut que de l'ordre dans un grand Royaume, & il n'est rien que les Peuples ne doivent attendre des intentions paternelles de Sa Majesté.

Après le discours de Monsieur l'Archevêque de Toulouse, Monseigneur le Garde des Sceaux a été prendre les ordres du Roi ; revenu à sa place, assis & couvert, il a dit : *si quelqu'un desire exprimer au Roi ses sentimens, Sa Majesté lui permet de parler.*

Toute l'Assemblée s'est alors levée pour entendre MONSIEUR, qui a exprimé les sentimens de la Noblesse par le discours suivant, qu'il a prononcé debout & couvert, après avoir salué Sa Majesté.

DISCOURS

De MONSIEUR, Frère du Roi.

SIRE,

L'HONNEUR que j'ai d'être le premier des Gentils-hommes que Votre Majesté a convoqués à cette Assemblée, m'est bien précieux en ce moment, puisqu'il me procure l'avantage d'être leur organe auprès de Vous. Consultés par Votre Majesté sur les affaires les plus importantes de l'État, nous nous sommes acquittés du devoir qu'Elle nous avoit imposé, avec ce zèle, cette franchise & cette loyauté, qui furent dans tous les temps les caractères distinctifs de la Noblesse Françoise. Votre Majesté a daigné nous dire qu'Elle étoit satisfaite de nos travaux ; c'est la récompense la plus flatteuse que nous en puissions espérer. Il ne nous reste plus qu'à supplier Votre Majesté d'accueillir avec bonté les assurances de notre respect, de notre amour & de notre reconnoissance, pour la confiance dont Elle a bien voulu nous honorer.

Monsieur l'Archevêque de Narbonne, le plus ancien de sacre des Évêques convoqués, est resté debout, ainsi que tous les Membres du Clergé, & a prononcé son discours après avoir salué Sa Majesté.

DISCOURS

De Monsieur l'Archevêque de Narbonne.

SIRE,

LE Clergé de votre Royaume a toujours tenu à honneur & à gloire d'être un des premiers anneaux de la chaîne nationale.

Nous disions à Votre Majesté, lors de notre dernière Assemblée (& c'est le langage que nous ont transmis les Pontifes vénérables qui ont perpétué d'âge en âge la célébrité de l'église Gallicane), que la qualité de Ministres des Autels, ajoutoit encore aux devoirs que nous impose celle de Sujets & de Citoyens : ces dispositions ne se démentiront jamais, & chacun de nous s'est empressé de déclarer, dans cette auguste Assemblée, combien nous étions éloignés de toute prétention, qui pût aggraver le fardeau des contributions publiques. Penser autrement, eût été manquer à l'esprit de la religion, dont nous sommes les Ministres. Il n'existera jamais aucune nuance dans l'ordre social, sur laquelle la religion ne répande l'impression de sa grandeur, de son utilité & de sa bienfaisance.

Nous avons réclamé la conservation de nos formes : elles tiennent à la constitution de la Monarchie ; elles reposent, ainsi que toutes les propriétés, sous la garde des loix & sous la protection spéciale de Votre Majesté.

Nous respectons, nous chérissons les liens qui nous sont communs avec tous les Sujets qui vivent sous vos loix ; & aux leçons de zèle, de patriotisme, de dévouement à votre Personne sacrée, que notre Ministère nous prescrit de donner à nos concitoyens, nous ajouterons toujours la plus puissante de toutes, celle de l'exemple.

Daigne le Dieu qui veille à la conservation de cet Empire, écarter les obstacles qui pourroient s'opposer à la prompte exécution des plans d'ordre, de justice & d'économie, que votre sagesse a formés !

Puisse le concours des forces & des volontés particulières, hâter le rapprochement de l'époque heureuse où le développement & l'action de tous les ressorts de cette puissante

Monarchie, doivent lui faire goûter le bonheur qu'elle a droit de se promettre de la tendre affection d'un Roi pour son Peuple, & de l'amour inépuisable d'un Peuple pour son Roi.

Monsieur le Premier Président du Parlement de Paris a pris aussitôt la parole; & après avoir salué le Roi, a prononcé son discours, pendant lequel il s'est tenu debout, ainsi que tous les Premiers Présidens, Présidens & Procureurs généraux des Parlemens & Conseils Souverains.

DISCOURS

De Monsieur le Premier Président du Parlement de Paris.

SIRE,

LE zèle seul a dicté les sentimens que vous nous avez permis de déposer aux pieds de votre Trône, au commencement de cette Assemblée mémorable. Permettez que le même intérêt pour la gloire de votre règne & pour le bonheur de vos Sujets, nous dicte encore à la fin de ces Séances les expressions de l'amour & du respect dont vos Peuples sont pénétrés pour Votre Majesté.

Les Notables animés par une émulation patriotique ont tous concouru, avec une égale activité, à vous proposer les moyens qu'ils ont jugé les plus utiles pour seconder les vues de Votre Majesté; ils ont vu avec effroi la profondeur du mal.

Une administration prudente & mesurée doit aujourd'hui rassurer la Nation contre les suites fâcheuses, dont votre Parlement avoit prévu plus d'une fois les conséquences.

Les promesses que Votre Majesté a bien voulu faire, & dont la publicité est annoncée dans tout le Royaume, vont consoler vos Peuples & leur faire entrevoir l'avenir le plus heureux. Les différens plans proposés à Votre Majesté, méritent la délibération la plus réfléchie; le temps qu'Elle veut prendre pour faire connoître ses volontés, ne peut que ranimer & affermir la confiance publique.

Il seroit

Il seroit indiscret à nous, Sire, dans ce moment, d'oser indiquer les objets qui pourroient de préférence mériter votre choix. C'est à votre prudence qu'il appartient de déterminer vos sages résolutions; le silence le plus respectueux, est dans ce moment notre seul partage: Daignez, Sire, en suivant les mouvemens de votre cœur, & de votre amour pour vos Sujets, maintenir l'ordre que vous allez établir dans vos Finances, & recevoir les humbles hommages que nous dictent la tendresse, l'amour & le respect dont toute la Nation est pénétrée pour Votre Majesté.

Monsieur le Premier Président de la Chambre des Comptes de Paris, après avoir observé les mêmes formalités, a fait connoître au Roi les sentimens de la Cour qu'il préside, par le discours suivant.

DISCOURS

De Monsieur le Premier Président de la Chambre des Comptes de Paris.

SIRE,

La Chambre des Comptes s'unit par ma voix aux sentimens de cette auguste Assemblée; elle vouloit faire entendre l'accent de sa douleur, mais elle ranime ses espérances, en voyant Votre Majesté s'éclairer sur les besoins de ses Peuples, & laisser approcher la vérité du Trône. Dissimuler nos malheurs, ce seroit affoiblir la gloire de les réparer. Votre Majesté vient de mesurer l'abime, son cœur en a frémi, son courage & notre amour vont bientôt en combler la profondeur.

Les Puissances rivales de la France, l'Europe entière ont été instruites de nos désastres: hâtons-nous de leur annoncer que Votre Majesté va les faire oublier; hâtons-nous de leur montrer ce que peut l'exemple du Monarque sur une Nation libre & généreuse.

Vous gouvernez, Sire, les mœurs publiques: ces abus destructeurs qui précipitoient l'État sur le penchant de sa ruine, aujourd'hui dévoilés & déjà flétris par l'opinion, ne

R

soutiendront point vos regards ; votre sagesse les fera disparoître, comme les ombres de la nuit se dissipent à la clarté du jour.

Les loix sont la sauve-garde des Empires ; la France repose aussi à l'ombre de sa législation : mais il est un genre de stabilité qui lui est propre & qui fait son bonheur ; c'est l'amour réciproque du Souverain & des Peuples.

Premier Potentat de l'Univers, vos Sujets, Sire, se glorifient de vous dire, comme autrefois Pline à cet Empereur, les délices du genre humain & le modèle des Rois ; *la Nation ne peut être heureuse sans vous ; vous ne pouvez l'être sans elle.*

Les Notables rendus à leurs concitoyens, enorgueillis de leur Maître, après avoir plaidé les intérêts de votre gloire en plaidant pour la Patrie aux pieds du Trône, auront encore des consolations à offrir en annonçant des sacrifices.

Ils diront que l'immuable probité a gravé en caractères ineffaçables dans le cœur de Votre Majesté, l'obligation des réformes & la volonté de les effectuer. Ils garantiront à vos Sujets que les nouveaux subsides, dont l'accablante nécessité vous déchire, n'auront que la durée des besoins.

Ils présenteront l'émulation du bien public, embrasant tous les cœurs, & votre Royale Famille s'empressant à donner les premiers exemples du patriotisme.

Ils diront que notre Souveraine, si digne de régner sur les François, vient de se montrer tout ce que devoit être l'auguste Compagne du Roi, & la Mère du Dauphin.

Ils annonceront les jours desirés de l'économie, le rétablissement de l'ordre, l'égale distribution des charges publiques ; toutes les sources de la prospérité seront rétablies & mieux dirigées, & la Nation attendrie verra dans cette régénération l'aurore du règne le plus heureux de la Monarchie.

Puisse l'Assemblée des Notables, Sire, devenir l'époque de votre bonheur & de votre gloire ; puisse l'amour pour nos Souverains, ce sentiment précieux qui nous distingue autant des autres Nations, que votre race s'élève au-dessus des Rois de l'Univers, s'accroître & s'étendre encore ; puissent rester à jamais gravées au fond de nos cœurs ces paroles d'un auteur célèbre.

Je rends grâces au Ciel de m'avoir fait naître dans un siècle & sous le gouvernement où je vis, & de ce qu'il a voulu que j'obéisse à ceux qu'il m'a fait aimer.

Que ces expressions touchantes passent de bouche en bouche ;

qu'elles deviennent un cantique national, & qu'elles soient comme la prophétie du règne de Votre Majesté.

Monsieur le Premier Président de la Cour des Aides de Paris a suivi l'exemple de Monsieur le Premier Président de la Chambre des Comptes, en faisant son discours.

DISCOURS

De Monsieur le Premier Président de la Cour des Aides de Paris.

SIRE,

CETTE Assemblée fera à jamais époque dans les annales de la Monarchie.

Une heureuse harmonie a, dès le premier instant, uni tous ses Membres : une noble franchise, & l'expression de la vérité ont accompagné toutes leurs délibérations. Un respect profond, un amour sans bornes, un intérêt vif & sincère à la gloire de Votre Majesté suffisoient pour animer & soutenir leur courage.

L'exécution des réformes que Votre Majesté dispose, & les soulagemens qu'Elle promet successivement à un Peuple qui l'adore, & qu'Elle chérit, préparent à la Nation des jours plus fortunés.

Ils attesteront à la postérité que Votre Majesté s'occupe sans cesse du bonheur de ses Sujets ; ils apprendront à l'Univers entier quelles sont les ressources d'un grand Empire.

Ces différens discours prononcés, Monsieur l'Abbé de la Fare, Élu général du Clergé de la Province de Bourgogne, en qualité de premier Député du premier Pays d'États, s'est levé, a salué Sa Majesté & prononcé son discours, tel qu'il est rapporté ici ; & pendant ce temps tous les Députés des Pays d'États sont restés debout.

R ij

DISCOURS

De Monsieur l'Abbé de la Fare, Élu général du Clergé des États de Bourgogne.

SIRE,

Qu'il soit aussi permis aux Pays d'États de votre Royaume, d'exprimer à Votre Majesté les sentimens d'amour & de fidélité dont ils sont pénétrés ; la plus belle de leurs prérogatives est de porter librement aux pieds du Trône les tributs que réclament les besoins de l'État. Pleins de confiance dans la parole sacrée de Votre Majesté & dans celle des Rois vos augustes prédécesseurs, les Députés des Pays d'États vont porter à leurs concitoyens, l'assurance que les privilèges des Corps & des Provinces, ces restes antiques & précieux des formes & de la constitution nationale, seront religieusement conservés & maintenus : ils leur retraceront les plans de bienfaisance, d'ordre & d'économie que Votre Majesté a conçus ; & tous ensemble réuniront leurs vœux pour la gloire de leur Monarque & pour la plus grande prospérité de ce Royaume.

Ce discours a été suivi par celui de Monsieur le Lieutenant Civil du Châtelet de Paris, qui a témoigné à Sa Majesté sa gratitude particulière de l'avoir mis du nombre des Notables convoqués.

DISCOURS

De Monsieur le Lieutenant Civil du Châtelet de Paris.

SIRE,

Le respect me feroit une loi de me tenir dans le silence, s'il m'étoit possible de renoncer au glorieux avantage de joindre un nouvel hommage aux justes acclamations de l'auguste Assemblée, à laquelle Votre Majesté a daigné m'appeler.

Je m'abstiendrai de parler des matières importantes dont les Bureaux se sont occupés ; il me suffit d'observer qu'elles y ont été traitées dans l'esprit & par les principes des loix. Mais seul de ma classe, j'ose croire qu'il m'est permis, que je dois même lui déférer le témoignage des transports d'admiration, de reconnoissance, de fidélité, d'amour & de zèle, non-seulement de la Compagnie à laquelle il lui a plu de m'attacher, mais également de toutes les Juridictions auxquelles Votre Majesté a confié le premier degré de l'administration de sa justice.

Enfin Monsieur le Prévôt des Marchands de Paris, a été l'interprète des sentimens des Corps Municipaux, & les a exprimés dans le discours qui suit, pendant lequel tous les Maires se sont tenus debout.

DISCOURS

De Monsieur le Prévôt des Marchands de la Ville de Paris.

SIRE,

Il est heureux, il est honorable pour moi d'être aujourd'hui dans cette Assemblée auguste, l'organe & l'interprète de votre bonne Ville de Paris, dont le patrimoine le plus cher a toujours été le bonheur de ses Maîtres. Votre bonne Ville de Paris, Sire, ne peut aujourd'hui que répéter les vœux de tous les Ordres, de toutes les villes de votre Royaume : leur dévouement, leurs sentimens sont égaux. Votre Majesté eût été l'exemple & le modèle du meilleur de nos Rois, si notre destinée toujours heureuse ne l'avoit réservée à notre propre bonheur. Tous vos Sujets, Sire, vous sont également chers. Quelle consolation pour vos Provinces en apprenant les sacrifices personnels que daigne faire Votre Majesté, & tout ce qui l'environne, en y ajoutant les propres paroles de Votre Majesté, que ce sont ceux qui coûtent le moins à son cœur ; en voyant enfin que Votre Majesté destine & consacre ces mêmes

R iij

sacrifices à la partie la plus indigente & peut-être jufqu'à vous, Sire, la plus oubliée de vos Sujets.

Depuis votre avénement au Trône, Sire, vos regards paternels se sont toujours portés sur cette claffe si intéreffante. qui vivifie l'État, le nourrit par ses travaux, le régénère par de nouveaux Sujets qui apprennent en naiffant à aimer leurs Maîtres, à le bénir avec leurs pères, à vivre & à mourir pour leurs Rois.

Je dois à la Province dont il avoit plu à Votre Majefté de me confier l'adminiftration, ce tribut auffi pur que vrai des fentimens qui ne s'y éteindront jamais, des bienfaits que Votre Majefté m'avoit ordonné en la quittant d'y répandre, pour réparer les défaftres qu'elle venoit d'éprouver. Cette claffe d'hommes, Sire, eft le tréfor, la première richeffe, la feule richeffe inépuifable d'un grand Empire. Dans cette bonne & excellente Nation, l'amour des Maîtres eft un héritage qui se tranfmet d'âge en âge.

Votre Majefté a joui dans fa province de Normandie du raviffement, des acclamations de fon Peuple, du plus grand bonheur d'un bon Roi, celui d'être aimé. Combien doublera l'impatience de vos Sujets, de ceux auxquels il refte à ajouter à la même faveur dont Votre Majefté, toujours jufte, ne les privera pas, le tribut de leur reconnoiffance ! Il ne nous refte plus, Sire, qu'à les mettre & les laiffer fous la fauvegarde des bontés paternelles de Votre Majefté.

Puiffent nos neveux, Sire, jouir long-temps du bonheur de vivre fous les loix de Votre Majefté. Daignez réalifer les efpérances que vous donnez à vos Peuples que vous aimez & qui vous aiment. Le feul, le vrai bonheur d'un grand Roi eft dans la félicité publique, & la félicité de vos Peuples peut feule faire la profpérité, la gloire & le bonheur de votre règne.

Le Roi a enfuite levé la Séance, & Sa Majefté s'eft retirée dans le même ordre qu'Elle étoit arrivée.

N. B. Le Roi a permis que les Huiffiers de la Chancellerie qui auroient dû être à genoux pendant toute la Séance, derrière Monfeigneur le Garde des Sceaux, se tinffent debout quand il a eu fini de parler.

Le Roi, nonobftant fa Déclaration du 22 Février dernier, lûe dans la première Séance de l'Affemblée, qui ordonne que les rangs que Sa Majefté a voulu y être tenus par les Notables, ne pourront tirer à conséquence ni préjudicier à leurs droits, pour ceux qu'ils ont coutume de tenir dans de pareilles Séances, ayant daigné permettre que les Corps qui croiroient avoir à se plaindre de l'ordre dans lequel ils sont placés dans la liste, en fissent insérer à la fin du présent Procès-verbal, toutes protestations d'usage, Messieurs les Maréchaux de France ont remis à Monseigneur le Garde des Sceaux, la réclamation suivante.

RÉCLAMATION
De Messieurs les Maréchaux de France.

LES Maréchaux de France qui sont en toute occasion les Chefs de la Noblesse, n'ont pas cru devoir, au commencement de l'Assemblée, réclamer contre la préséance qui y a été accordée aux Pairs, le Roi ayant déclaré que les rangs qu'on y tiendroit ne tireroient à aucune conséquence.

Les Maréchaux de France supplient le Roi de vouloir bien ordonner qu'il soit inséré dans le Procès-verbal de l'Assemblée, que s'ils se sont abstenus de toute réclamation pendant qu'elle a duré, ils ne s'en réservent pas moins tous les droits & prérogatives attachés à leur dignité.

N. B. Le Roi au moment de son arrivée, avoit permis que quelques personnes qui se trouvoient dans l'enceinte de l'Hôtel des Menus-plaisirs, entrassent dans la Salle d'Assemblée, & y restassent derrière les barrières pendant toute la Séance.

LE Roi ayant décidé que MONSIEUR, Monseigneur Comte d'Artois, Messeigneurs les Duc d'Orléans, Prince de Condé, Duc de Bourbon, Prince de Conti & Duc de Penthièvre, Monseigneur le Garde des Sceaux de France, Monsieur l'Archevêque de Toulouse, Chef du Conseil Royal des finances, Messieurs les Secrétaires d'État Commissaires de Sa Majesté, Monsieur Laurent de Villedeuil, alors Contrôleur général des Finances, & tous les Notables convoqués signeroient, après la clôture de cette sixième & dernière Séance, la minute du présent Procès-verbal, qui sera déposée au Trésor des Chartes de la Couronne; les sieurs Hennin & du Pont, Secrétaires-greffiers de l'Assemblée, ont reçu dans la Salle même, la signature de tous les Notables, à l'exception de Monsieur le Maréchal de Contades, de Monsieur le Procureur général de la Chambre des Comptes de Paris, & de Monsieur le Maire Royal de Nancy, dont les deux premiers étoient absens pour cause de maladie, & le dernier ne s'est pas trouvé au moment de la signature. Ils ont depuis été prendre celle des Princes, de Monseigneur le Garde des Sceaux & des Ministres Secrétaires d'État & Commissaires de Sa Majesté.

Signé LOUIS-STANISLAS-XAVIER; CHARLES-PHILIPPE; L. P. J. D'ORLÉANS; LOUIS-JOSEPH DE BOURBON; L. H. J. DE BOURBON; L. F. J. DE BOURBON; L. J. M. DE BOURBON.

DE LAMOIGNON; ✢ L'ARCH. DE TOULOUSE; le B.ᵒⁿ DE BRETEUIL; le C.ᵗᵉ DE MONTMORIN; LAURENT DE VILLEDEUIL

✢ ALEX. AUG. Arch. Duc de Reims; ✢ C. G. Év. Duc de Langres; MONTMORENCY DE LUXEMBOURG; BÉTHUNE Duc DE CHAROST; ✢ ANT. E. L. Arch. de Paris; le Duc DE HARCOURT; M. M. Duc DE NIVERNOIS; le Duc DE LA ROCHEFOUCAULD; le Duc DE CLERMONT-TONNERRE.

; le M.ᵃˡ Duc DE BROGLIE; N. M.ᵃˡ Duc DE MOUCHY; le M.ˡ DE MAILLY; le M.ᵃˡ D'AUBETERRE; le M.ᵃˡ P.ᶜᵉ DE BEAUVAU; le M.ᵃˡ DE CASTRIES; le M.ᵃˡ DE VAUX; le M.ᵃˡ DE SÉGUR; le M.ᵃˡ DE CHOISEUL-STAINVILLE.

Le Duc de Croy; le Comte d'Egmont; le C.ᵗᵉ de Périgord; Estaing; Montmorency P.ᶜᵉ de Robecq, le Duc de Chabot; le Duc de Guines; le Duc du Châtelet; le Duc de Laval; le C.ᵗᵉ de Thiard; Chastenet de Puységur; le C.ᵗᵉ de Montboissier; le B.ᵒⁿ de Flachslanden; le M.ⁱˢ de Choiseul-la-Baume; le C.ᵗᵉ de Rochechouard; le M. de Langeron; Levis Mirepoix; le C.ᵗᵉ de Brienne; Bouillé; le M.ᵠˢ de Croix-d'Heuchin; La Fayette; La Tour-du-Pin de Gouvernet.

Bertier de Sauvigny; Boutin; Lenoir; de Vidaud; Lambert; Dupleix de Bacquencourt; de Chaumont de la Galaisière; Esmangart; Bertier; Le Camus de Néville.

✢ Arthur, Richard Dillon, Arch. & Primat de Narbonne; ✢ Jean-de-Dieu Raimond de Boisgelin, Arch. d'Aix; ✢ J. M. Arch. d'Arles; ✢ J. M. Arch. de Bordeaux; ✢ Marie-Joseph de Galard Terraube, Évêque du Puy; ✢ Al. Év. de Blois; ✢ Seignelay, Évêque & Comte de Rodez; ✢ Pierre, Év. de Nevers; ✢ François, Évêque de Nancy; ✢ Louis-François de Bausset, Évêque d'Alaix.

D'Aligre.................. Joly de Fleury.
Lefevre d'Ormesson de
  Noyseau..............
Bochart de Saron.....
De Senaux............... De Cambon.
Le Berthon............... Dudon.
De Bérulle............... Reynaud.
Le Gouz de S. Seine.... Pérard.
Camus de Pontcarré..... Belbeuf.
Des Gallois de la Tour... Le Blanc de Castillon.

Du Merdy de Catuélan...	De Caradeuc.
Gillet de la Caze....	Bordenave.
Hocquart............	Lançon.
Perreney de Grosbois.	De Beaumez.
De Pollinchove......	Doroz.
Cœurderoy..........	De Marcol.
Le Bon de Spon........	Loyson.
Malartic............	

Nicolay............	
Barentin...........	Hocquart.
Angran.	

L'Abbé DE LA FARE; le C.^{TE} DE CHASTELLUX; NOIROT; ☨ FRANÇOIS, Archev. de Damas, Coadjuteur d'Alby; le Mis D'HAUTPOUL SEIRÉ; le Chevalier DESUC DE SAINTAFFRIQUE; ☨ URB. R. Évêque de Dol; LE PROVOST, Chevalier de la Voltais; FABLET DE LA MOTTE-FABLET; l'Abbé DE FABRY; le Marquis D'ESTOURMEL; DUQUESNOY.

LE PELETIER; GOBLET; TOLOZAN DE MONTFORT; ISNARD; le Vicomte DU HAMEL; DUPERRÉ DUVENEUR; le M. DE BONFONTAN; GÉRARD; HUVINO DE BOURGHELLES...........
GIRARD DUPLESSIX; MAUJEAN; le CH.^{ER} DEYDÉ; PUJOL; SOUYN; LE CARON DE CHOCQUEUSE; HUEZ; LE FORESTIER G.^{TE} de Vendeuvre; CRIGNON DE BONVALET; DE BEAUVOIR; BENOIT DE LA GRANDIÈRE; ROULHAC; DUVAL DE LA MOTTE, CH.^{er} de S.-Louis, Maire de Montauban; REBOUL, Maire de Clermont; & VERDIER.

L'Assemblée étant séparée & le Roi rentré dans son appartement, MONSIEUR, Monseigneur Comte d'Artois & les Princes furent faire leurs révérences à

Sa Majesté, qui avoit permis que tous les Notables convoqués paruſſent de nouveau devant Elle avant de ſe retirer. Pour cet effet, le Roi ſe plaça dans ſon Cabinet, entouré des Princes & des perſonnes ayant leurs entrées, qui avoient accompagné Sa Majeſté. Les Notables défilèrent ſuivant l'ordre qu'ils avoient tenu dans l'Aſſemblée, en entrant par la Chambre de parade, & reſortant par la porte de glaces qui rend dans la galerie; les deux Secrétaires-greffiers fermoient la marche.

Nous ſouſſignés, Secrétaires-greffiers de l'Aſſemblée, après avoir reçu ou été prendre les ſignatures, comme il a été dit ci-deſſus, avons clos le préſent Procès-verbal, qui ſera par nous dépoſé au Tréſor des Chartes de la Couronne, ſuivant les ordres de Sa Majeſté, auſſitôt que l'impreſſion en aura été faite à l'Imprimerie Royale, où nous en remettrons une copie collationnée ſur l'original.

Et ayant en notredite qualité & en vertu deſdits ordres, raſſemblé les Procès-verbaux des délibérations priſes dans les ſept Bureaux, entre leſquels l'Aſſemblée étoit partagée, dûement ſignés des Princes qui les préſidoient, des Conſeillers d'État-Rapporteurs, de nous ſéparément pour chacun des deux premiers, & des Secrétaires des Commandemens des Princes, tant pour leſdits deux premiers que pour les autres, nous en ferons en même temps le dépôt audit Tréſor des Chartes.

FAIT à Verſailles le lundi deuxième jour du mois de juillet de l'année mil ſept cent quatre-vingt-ſept.

Signé HENNIN & DU PONT.

F I N.

PLAN

DE LA SALLE D'ASSEMBLÉE DES NOTABLES,

À LA SÉANCE

PRÉSIDÉE PAR LE ROI,

Avec son Explication.

EXPLICATION DU PLAN DE LA SALLE D'ASSEMBLÉE DES NOTABLES,
À LA SÉANCE PRÉSIDÉE PAR LE ROI.

1. LE ROI.
2. MONSIEUR.
3. Mgr Comte D'ARTOIS.
4. Mgr le Duc D'ORLÉANS.
5. Mgr le Prince DE CONDÉ.
6. Mgr le Duc DE BOURBON.
7. Mgr le Prince DE CONTI.
8. Mgr le Duc DE PENTHIÈVRE.
9. M. le Duc de Fleury.
10. M. le Prince de Lambesc.
11. Les quatre Capitaines des Gardes du Roi.
12. M. le Maréchal Duc de Duras.
13. M. le Duc de Liancourt.
14. M. le Duc de Coigny.
15. M. le Duc de Brissac.
16. M. le Maréchal Duc de Lévis.
17. M. le Bailli de Crussol.
18. Le Roi d'armes.
19. Les deux Huissiers-massiers.
20. Le G.^{d}-maître des cérémonies.
21. Le Maître des cérémonies.
22. L'Aide des cérémonies.
23. Les quatre Hérauts d'armes.
24. Six Gardes de la Manche.
25. Mgr le Garde des Sceaux.
26. Deux Huissiers de la Chancellerie.

NOTABLES.
PAIRS DE FRANCE.
27. M. l'Archevêque de Reims.
28. M. l'Évêque de Langres.
29. M. le Duc de Luxembourg.
30. M. le Duc de Béthune-Charost.
31. M. l'Archevêque de Paris.
32. M. le Duc de Harcourt.
33. M. le Duc de Nivernois.
34. M. le Duc de la Rochefoucauld.
35. M. le Duc de Clermont-Tonnerre.

NOBLESSE.
36. Bancs de Mrs de la Noblesse, sans rang ;

Voici leurs noms,
M.^{rs} le Duc de Croï, le Comte d'Egmont, le Comte de Périgord, le Comte d'Estaing, le Prince de Robecq, le Duc de Chabot, le Duc de Guines, le Duc du Châtelet, le Duc de Laval, le Comte de Thiard, le Comte de Puységur, le Comte de Montboissier, le Baron de Flaschslanden, le Mis de Choiseul-la-Baume, le Comte de Rochechouart, le Marquis de Langeron, le Comte de Brienne, le Marquis de Bouillé, le Marquis de Mirepoix, le Mis de Croix-d'Heuchin, le Marquis de la Fayette & le Marquis de Gouvernet.

37. CONSEILLERS D'ÉTAT.
Mrs Bertier de Sauvigny, Boutin, de Fourqueux, Lenoir, de Vidaud, Lambert, Dupleix de Bacquencourt & de la Galaizière.

38. LES MAÎTRES DES REQUÊTES.
Mrs Esmangart, Bertier, le Camus de Neville & Laurent de Villedeuil.

39. LES MARÉCHAUX DE FRANCE
Mrs de Contades, de Broglie, de Mouchy, de Mailly, d'Aubeterre, de Beauvau, de Castries, de Vaux, de Ségur & de Stainville.

40. LE CLERGÉ.
M.^{rs} les Archevêques de Narbonne, de Toulouse, d'Aix, d'Arles & de Bordeaux ; les Évêques du Puy, de Blois, de Rhodès, de Nevers, de Nanci & d'Alais.

41. Les Premiers Présidens des Parlemens & Conseils souverains ;
SAVOIR :
M.^{rs} le Premier Président du Parlement de Paris, les Présidens d'Ormesson, de Saron & de Lamoignon ; & les Premiers Présidens des Parlemens de Toulouse, de Bordeaux, de Grenoble, de Dijon, de Rouen, d'Aix, de Rennes, de Pau, de Metz, de Besançon, de Douai, de Nanci, & des Conseils souverains d'Alsace & de Roussillon.

42. Les Procureurs généraux des mêmes Parlemens & Conseils souverains.

43. M. le Premier Président de la Ch.^{re} des Compt s de Paris.
44. M. le Procureur général de la même Cour.
45. M. le Premier Président de la Cour des Aides de Paris.
46. M. le Procureur général de la même Cour.
47. M. le Lieutenant civil du Châtelet de Paris.
48. M. le Prévôt des Marchands de Paris.
49. M. le premier Échevin.
50. M. le Prévôt des Marchands de Lyon.
51. Bancs des Chefs municipaux des Villes, sans rang :

Voici leurs noms,
M.^{rs} le Maire de Marseille, le Lieutenant de Maire de Bordeaux, le premier Capitoul de Toulouse, le Préteur royal de Strasbourg, le Mayeur de Lille, le Procureur du Roi Syndic de Nantes, le Maître Échevin de Metz, le Maire royal de Nanci, le Viguier de Montpellier, le Prévôt de Valenciennes, les Maires de Reims, d'Amiens, de Troyes, de Caen, d'Orléans, de Bourges, de Tours, de Limoges, de Montauban, de Clermont & de Bayonne.

52. Les Députés des États de Bourgogne.
53. Ceux des États de Languedoc.
54. Ceux des États de Bretagne.
55. Ceux des États d'Artois.
56. M. le Baron de Breteüil.
57. M. le Comte de Montmorin.
58. M. le Contrôleur général.
59. Le sieur Hennin.
60. Le sieur Dupont.
61. Un grand Bureau.
62. Deux Officiers des G.^{s} du-corps.
63. Dix Gardes-du-corps.
64. Six Poêles.
65. Porte d'entrée du Roi.
66. Porte d'entrée de M.^{rs} les Notables.

PLAN
De la Salle d'Assemblée des Notables à la séance présidée par Le Roi.

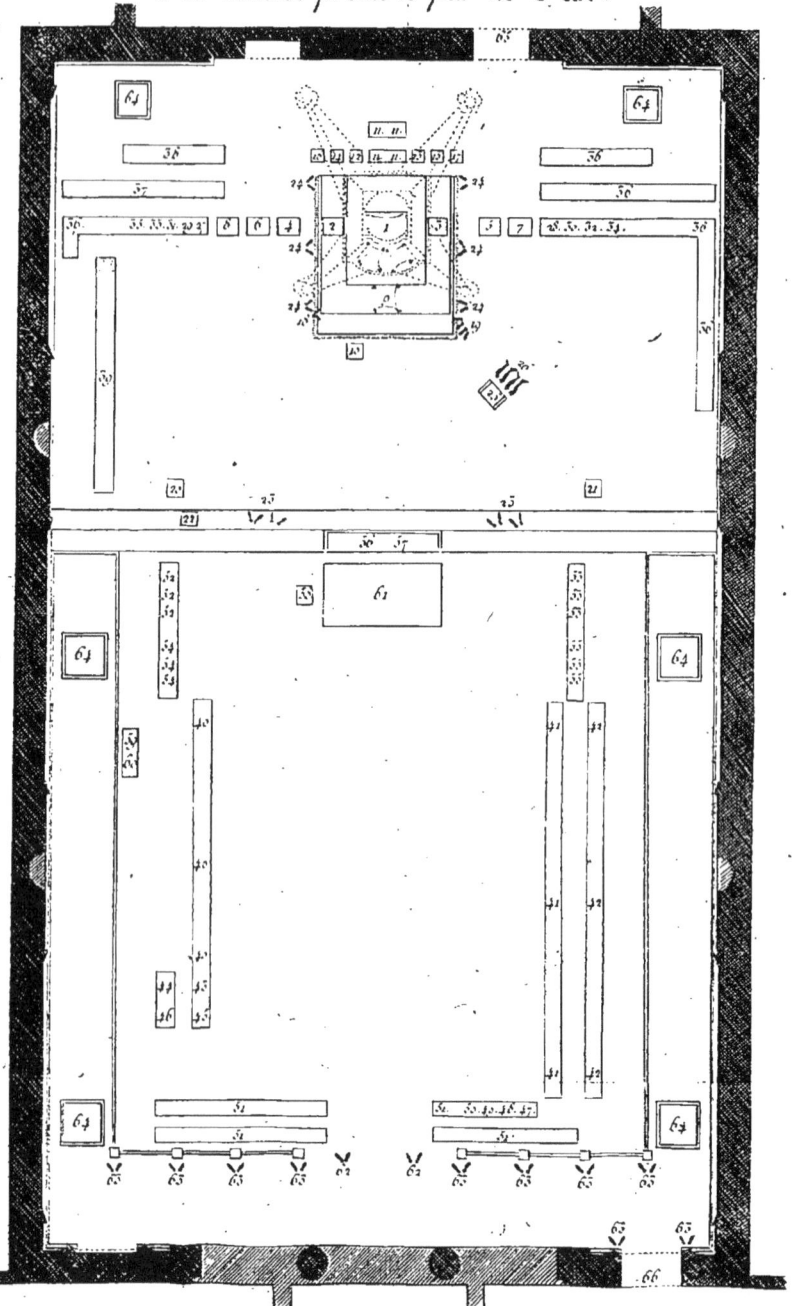

PLAN

DE LA SALLE D'ASSEMBLÉE DES NOTABLES,

À LA SÉANCE

PRÉSIDÉE PAR MONSIEUR,

Avec son Explication.

EXPLICATION DU PLAN DE LA SALLE D'ASSEMBLÉE DES NOTABLES,
À LA SÉANCE PRÉSIDÉE PAR MONSIEUR.

1. MONSIEUR.
2. Mgr Comte D'ARTOIS.
3. Mgr le Duc D'ORLÉANS.
4. Mgr le Prince DE CONDÉ.
5. Mgr le Duc DE BOURBON.
6. Mgr le Prince DE CONTI.
7. Mgr le Duc DE PENTHIÈVRE.
8. M. le Maréchal Duc de Lévis, Capitaine des Gardes DE MONSIEUR.
9. M. le Bailli de Cruſſol, Capitaine des Gardes de Mgr Comte D'ARTOIS.
10. M. le Prince de Saint-Mauris, Capitaine des Suiſſes DE MONSIEUR.
11. M. le Vicomte de Monteil, Capitaine des Suiſſes de Mgr Comte D'ARTOIS.
12. Le Secrétaire des Commandemens DE MONSIEUR.
13. Le Secrétaire des Command.^{s} de Mgr Comte D'ARTOIS.
14. Le G.^{d}-maître des cérémonies.
15. Le Maître des cérémonies.
16. L'Aide des cérémonies.

NOTABLES.

17. M. l'Archevêque de Reims.
18. M. l'Évêque de Langres.
19. M. le Duc de Luxembourg.
20. M. le Duc de Béthune-Charoſt.
21. M. l'Archevêque de Paris.
22. M. le Duc de Harcourt.
23. M. le Duc de Nivernois.
24. M. le Duc de la Rochefoucauld.
25. M. le Duc de Clermont-Tonnerre.
26. M. le Maréchal de Contades.
27. M. le Maréchal de Broglie.
28. M. le Maréchal de Mouchy.
29. M. le Maréchal de Mailly.
30. M. le Maréchal d'Aubeterre.
31. M. le Maréchal de Beauvau.
32. M. le Maréchal de Caſtries.
33. M. le Maréchal de Vaux.
34. M. le Maréchal de Ségur.
35. M. le Maréchal de Stainville.

36. *La Nobleſſe ſans rang;*

SAVOIR:

M.^{rs} les Ducs de Croï, Comte d'Egmont, Comte de Périgord, Comte d'Eſtaing, P.^{ce} de Robecq, Duc de Chabot, Duc de Guines, Duc du Châtelet, Duc de Laval, Comte de Thiard, Cte de Puyſégur, Cte de Montboiſier, Baron de Flaſchslanden, Marquis de Choiſeul-la-Baume, Comte de Rochechouart, Marquis de Langeron, Comte de Brienne, Marquis de Bouillé, Marquis de Mirepoix, Marquis de Croix-d'Heuchin, Marquis de la Fayette & Marquis de Gouvernet.

37. *Le Clergé, dans l'ordre ſuivant:*

M.^{rs} les Archevêques de Narbonne, de Toulouſe, d'Aix, d'Arles & de Bordeaux; les Évêques du Puy, de Blois, de Rhodès, de Nevers, de Nanci & d'Alais.

38. *La Magiſtrature, comme il ſuit:*

M.^{rs} le Premier Préſident du Parlement de Paris, les Préſidens d'Ormeſſon, de Saron & de Lamoignon, les Premiers Préſidens des Parlemens de Toulouſe, de Grenoble, de Bordeaux, de Dijon, de Rouen, d'Aix, de Rennes, de Pau, de Metz, de Beſançon, de Douai, de Nanci, & des Conſeils ſouverains d'Alſace & de Rouſſillon.

39. Les Procureurs généraux des mêmes Parlemens & Conſeils ſouverains.

40. M. le Premier Préſident de la Chambre des Comptes de Paris.

41. M. le Procureur général de la même Cour.
42. M. le Premier Préſident de la Cour des Aides de Paris.
43. M. le Procureur général de la même Cour.
44. M. le Lieutenant civil.
45. M. le Prévôt des Marchands de Paris.
46. M. le Premier Échevin de Paris.
47. M. le Prévôt des Marchands de Lyon.
48. *Les Officiers municipaux, ſans rang;*

SAVOIR:

Des villes de Marſeille, Bordeaux, Rouen, Touloufe, Straſbourg, Lille, Nantes, Metz, Nanci, Montpellier, Valenciennes, Reims, Amiens, Troies, Caen, Orléans, Bourges, Tours, Limoges, Montauban, Clermont & Bayonne.

49. *Les Députés des Pays d'États;*

SAVOIR:

De Bourgogne, de Languedoc, de Bretagne & d'Artois.

50. *Les Membres du Conſeil;*

SAVOIR:

Mrs Bertier de Sauvigny, Boutin, de Fourqueux, Lenoir, de Vidaud, Lambert, Dupleix de Bacquencourt, de la Galaizière, Eſmangart, Bertier, le Camus de Neville & Laurent de Villedeuil.

51. M. le Baron de Breteüil.
52. M. le Comte de Montmorin.
53. M. le Contrôleur général.
54. Les ſieurs Hennin & Dupont, Secrétaires, Greffiers de l'Aſſemblée.
55. Un grand Bureau.
56. Six Poêles.
57. Porte d'entrée des Princes.
58. Porte d'entrée de M.^{rs} les Notables.

PLAN
De la Salle d'Assemblée des Notables
à la séance présidée par Monsieur.

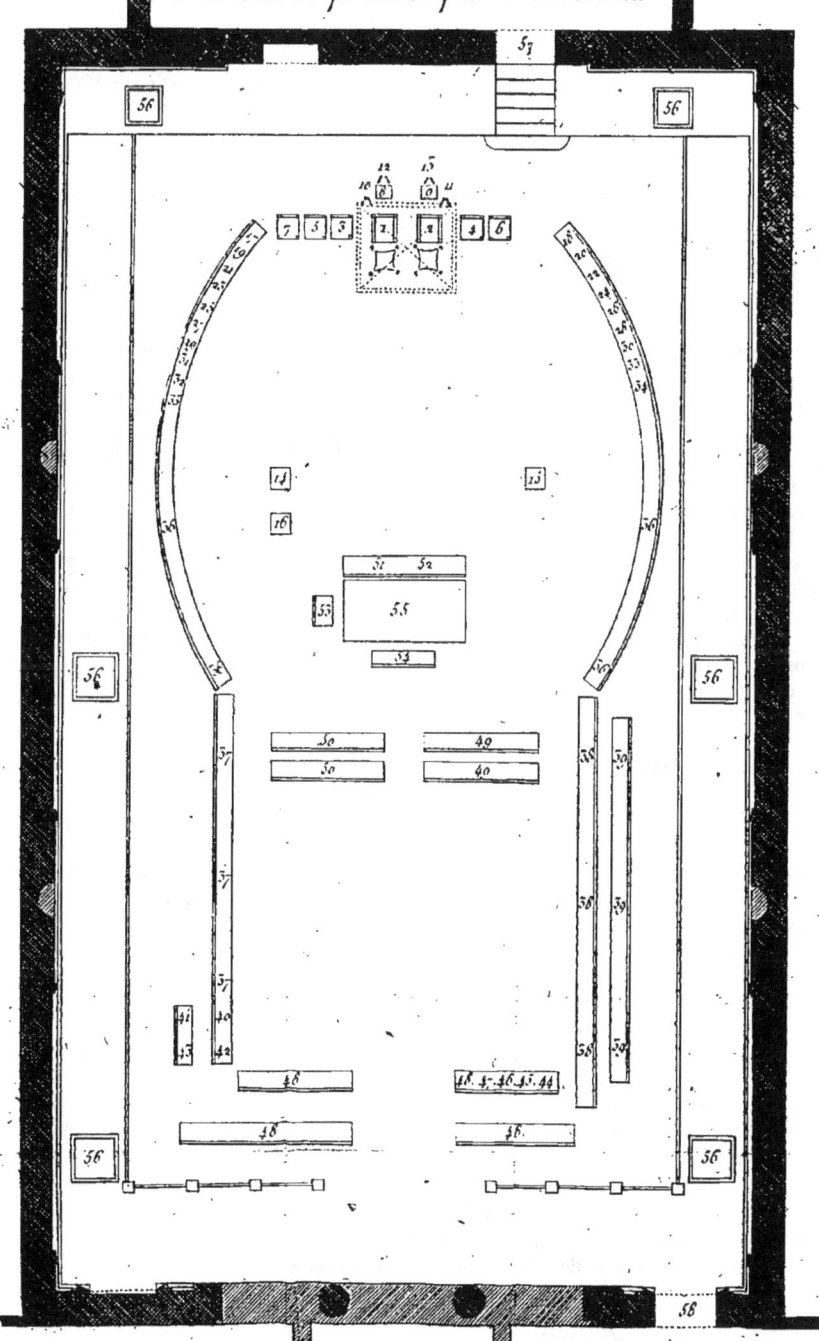

RÉCAPITULATION des avantages de chaque District ou Province, dans l'exécution des Plans de réforme sur les Droits de Traites, & sur l'Impôt du Sel.

NOMS DES PROVINCES.	REMISE sur les Perceptions DE L'IMPÔT DU SEL.		REMISE sur les Droits de TRAITES, suivant l'État annexé.	TOTAL des Remises résultantes des deux Plans réunis.
	DÉTAIL.	TOTAUX.		
	Livres.	*Livres.*	*Livres.*	*Livres.*
Généralité de Paris...		992020	425034	1417054.
Généralité d'Orléans...		819009	234940	1053949.
Généralité de Tours...		629384	485327	1114711.
Généralité de Bourges...		272936	283448	556384.
Généralité de Moulins...		130650	192551	323201.
Généralité de Châlons-sur-Marne & Réthelois.		585369	541142	1126511.
Généralité de Soissons...		352706	131096	483802.
Généralité d'Amiens...		532105	150240	682345.
Boulonois & Calaisis...			89308	89308.
Généralité de Caen, Partie sujette aux Gabelles.	94682			
Idem... Partie sujette au droit de Quart-Bouillon...	322920	417602	268376	685978.
Généralité de Rouen...	462005	666005	661633	1327638.
Généralité d'Alençon...		551430	176020	727450.
Bourgogne...		505873	390383	895256.
Lyonnois, Forès, Beaujolois, Dombes, Bresse, Bugey & Mâconnois...		670000	269657	939657.
Lorraine & Trois-évêchés...		579083	382770	961853.
Franche-Comté...		221274	56925	278199.
Provence...		110850	903483	1014333.
Languedoc, Vivarais, Vélay, Gévaudan, Rouergue & Auvergne...		923978	663198	1587176.
Dauphiné...		636680	446846	1083526.
Roussillon...		38788	61872	100660.
Guyenne, Aunis, Poitou, Angoumois, Pays de Foix, Généralités d'Auch & Pau...			1133648	1133648.
Flandre, Haynaut, Artois & Cambresis...			966622	966622.
Alsace...			364705	364705.
Bretagne...			1179030	1179030.
Isles de Rhé & d'Oleron...			12025	12025.
TOTAUX...		9635742	10470268	20106010.

OBSERVATIONS.

Les Remises sur les Perceptions actuelles formeront un objet de............ 20106010.
Il convient d'y ajouter la suppression des droits sur les Sels exportés à l'étranger, pour la Pêche & les Colonies appartenans tant au Roi qu'à divers particuliers, objet de.. 110000 ⎱ 570000.
Les droits déjà supprimés sur les Eaux-de-vie exportées à l'étranger, objet de 460000 ⎰

Ainsi la remise effective est de................ 20676010.

GABELLE.

ÉTAT contenant, 1.° la Comparaison des quantités de Sel vendues, année commune, par la Ferme générale, dans les Provinces de grandes & petites Gabelles, avec les quantités fixées pour devoir de Gabelle, à titre d'abonnement & à un prix invariable ; 2.° la Comparaison du montant de ce que paye chaque Province, au prix actuel du Sel, déduction faite des frais d'achat & de transport ; avec le montant de ce qu'elles payeront à l'avenir pour le Sel de leur fixation respective, déduction faite également des frais de transport ; 3.° le Résultat des modérations qui auront lieu en faveur de chaque Province, suivant la fixation projetée, tant pour la quantité qui sera diminuée, que pour le prix qui sera réduit, à raison du cinquième du prix principal, dans les grandes Gabelles, dans celles du Lyonnois, de la Lorraine & des Trois-évêchés, & d'un dixième dans le surplus des petites Gabelles.

NOMS DES GÉNÉRALITÉS ET PROVINCES.	CONSOMMATIONS ET PERCEPTIONS ACTUELLES.			PERCEPTIONS À RAISON DE LA NOUVELLE FIXATION.				SOULAGEMENT résultant de la nouvelle FIXATION en chaque PROVINCE.
	CONSOMMATIONS actuelles EN SEL de la Ferme.	PRIX actuel DU SEL dans chaque district déduction faite des frais d'achat & de voiture.	PERCEPTIONS actuelles au profit DU ROI.	QUOTITÉS de la fixation pour chaque PROVINCE.	PRIX DU SEL, déduction faite des frais d'achat & de voiture.		PERCEPTIONS au profit DU ROI.	
	Minots.	L. S. D.	Livres.	Minots.	L.	S.	Livres.	Livres.
Généralité de Paris, non compris les villes de Paris & Versailles..........	96192.	60. 10. 6	5822021.	92000.	52.	10	4830000.	992021.
Généralité d'Orléans...............	72296.	61. 3. 7	4423009.	68000.	53.	″	3604000.	819009.
Généralité de Moulins.............	21241.	60. 16. 9	1292250.	22000.	52.	16	1161600.	130650.
Généralité de Châlons-sur-Marne.....	64080.	61. 13. 3	3960945.	63000.	53.	16	3389400.	571545.
Généralité de Soissons..............	39808.	60. 11. 2	2410706.	39200.	52.	10	2058000.	352706.
Généralité d'Amiens................	53513.	59. ″ 6	3158605.	51500.	51.	″	2626500.	532105.
Généralité de Rouen, excepté la Ville..	70466.	56. 14. 10	3998005.	68000.	49.	″	3332000.	666005.
Généralité de Caen.................	12816.	56. 12. 1	725492.	12900.	48.	18	630810.	94682.
Généralité d'Alençon...............	56718.	55. 12. 3	3154230.	54000.	48.	4	2602800.	551430.
Généralité de Tours................	105817.	58. 19. 2	6239384.	110000.	51.	″	5610000.	629384.
Généralité de Bourges..............	28320.	61. 1. ″	1728936.	28000.	52.	″	1456000.	272936.
Bourgogne........................	63120.	47. 15. 11	3016873.	62000.	40.	″	2511000.	505873.
Lyonnois, Forès, Beaujolois, à l'exception de la ville de Lyon............	48000.	40. ″ ″	1930000.	47000.	33.	″	1551000.	379000.
Mâconnois, Bresse, Bugey & Dombes.	35400.	50. ″ ″	1770000.	34000.	43.	10	1479000.	291000.
Lorraine..........................	84221.	26. ″ ″	2189746.	80000.	22.	10	1800000.	389746.
Trois-évêchés.....................	28622.	33. 10. ″	958837.	28500.	27.	10	769500.	189337.
Franche-Comté....................	104586.	9. ″ ″	941274.	90000.	8.	″	720000.	221274.
Réthelois, Rocroi & Charleville......	10152.	12. ″ ″	121824.	9000.	12.	″	108000.	13824.
Pays de Quart-Bouillon.............	112292.	10. ″ ″	1122920.	80000.	10.	″	800000.	322920.
Dauphiné & Principauté d'Orange.....	92150.	32. ″ ″	2944800.	80000.	29.	″	2320000.	624800.
Briançon & Ville-Vieille.............	4660.	18. ″ ″	83880.	4000.	18.	″	72000.	11880.
Languedoc, Vélay, Vivarais & Gévaudan.	182638.	31. ″ ″	5661778.	170000.	29.	″	4930000.	731778.
Belcaire & Chalabre................	3670.	12. ″ ″	44040.	3300.	12.	″	39600.	4440.
Auvergne.........................	24030.	27. ″ ″	648810.	23000.	26.	″	598000.	50810.
Rouergue.........................	36850.	27. ″ ″	994950.	33000.	26.	″	858000.	136950.
Roussillon........................	12752.	25. 5. ″	321988.	12000.	23.	12	283200.	38788.
Provence.........................	69460.	22. 10. ″	1562850.	66000.	22.	″	1452000.	110850.
	1533874.		61018153	1430400.			51302410.	9635743.

OBSERVATIONS.

La fixation des quantités a été réglée suivant le plus ou le moins d'éloignement des lieux de franchise.
Les villes de Paris, Versailles, Rouen & Lyon ne sont pas comprises dans cet état ; il leur sera fait une remise proportionnée, lorsqu'il y aura un parti pris à leur égard.

www.ingramcontent.com/pod-product-compliance
Lightning Source LLC
Chambersburg PA
CBHW050657170426
43200CB00008B/1323